如何实现国家治理现代化

ADVANCING MODERNIZATION OF NATIONAL GOVERNANCE

对改革基本问题的思考

魏加宁◎著

中国发展出版社
CHINA DEVELOPMENT PRESS

图书在版编目（CIP）数据

如何实现国家治理现代化：对改革基本问题的思考 / 魏加宁著. 北京：中国发展出版社，2017.4

ISBN 978-7-5177-0581-9

Ⅰ. ①如… Ⅱ. ①魏… Ⅲ. ①国家—行政管理—现代化管理—研究—中国 Ⅳ. ①D630.1

中国版本图书馆CIP数据核字（2016）第236089号

书　　　名： 如何实现国家治理现代化：对改革基本问题的思考

著作责任者： 魏加宁

出 版 发 行： 中国发展出版社

（北京市西城区百万庄大街16号8层　100037）

标 准 书 号： ISBN 978-7-5177-0581-9

经　销　者： 各地新华书店

印　刷　者： 北京市密东印刷有限公司

开　　　本： 710mm × 1000mm　1/16

印　　　张： 19.5

字　　　数： 281千字

版　　　次： 2017年4月第1版

印　　　次： 2017年4月第1次印刷

定　　　价： 59.00 元

联 系 电 话：（010）88919581　68990692

购 书 热 线：（010）68990682　68990686

网 络 订 购： http://zgfzcbs. tmall. com//

网 购 电 话：（010）88333349　68990639

本 社 网 址： http://www.develpress. com. cn

电 子 邮 件： 370118561@qq. com

前　言

PREFACE

中共十八届三中全会《中共中央关于全面深化改革若干重大问题的决定》明确提出全面深化改革的总目标是："完善和发展中国特色社会主义，推进国家治理体系和治理能力现代化"。为了贯彻落实这一决定，特撰写本书。

本书试图就近年来我一直在思考的有关改革的一些基本问题从经济学者的角度进行学术性探讨。首先谈一下我为什么近年来热衷于有关改革方面的研究。

有一次，我与我的导师吴敬琏先生在讨论我今后的研究方向时，我说道：由于我在危机管理方面的研究在国内做得比较早，所以很想在这个领域继续深入研究。吴敬琏老师在听了我的话之后说道："如果不改革的话，恐怕天天都要应对危机！"这句话对我触动很大！于是，从此以后我便把更多的精力放在了研究与改革相关的问题上。这些年，先后参加了国务院发展研究中心"383 改革方案"研究，负责其中的政府改革部分；参加了金融 40 人论坛的改革课题研究，负责政府与法治改革子课题并参与了财税改革研究；参与了新供给 50 人论坛《十三五期间的近期任务与面向 2049 的远期方向》课题，负责其中的政府改革部分；此外还负责组织实施了国务院发展研究中心《改革方法论》和《改革推进方式》招标课题的研究，以及国家发改委委托的《从深度和广度上推进市场化改革、处理好政府和市场的关系研究》课题，最近还参加了国务院发展研究中心的“经济体制改革第三方评估”，北京大学光华管理学院的《财税改革课题》等。

基于上述与改革相关课题的研究，我对中国的改革问题有了比较多的思考，也有了一些比较清晰的思路。出版本书的目的，就是想把我这些年来的研究成果向读者做一个比较系统的汇报，以提供给所有对中国改革问题感兴趣的读者参考、批评和指正。

本书共分为四章，包括实现国家治理现代化的改革目标，以及政府改革、财税改革和金融改革三大宏观改革。

第一，关于国家治理现代化的改革目标。“推进国家治理体系和治理能力现代化”已经写入党的十八届三中全会《中共中央关于全面深化改革若干重大问题的决定》，并作为今后全面深化改革的总目标，昭示天下。这一目标凝聚了全党的共识，形成了新的改革动力，也标志着党的认识、国家的发展、国民的觉悟实现了一次大的飞跃。

关于国家治理，著名学者福山先生曾有一个比较成熟的分析框架，但就中国国情而言，该框架似乎还存在着一些不大适应的地方。于是，本书对福山先生的分析框架进行了修正，着重从“治理体系现代化”和“治理方式现代化”两个维度来研究国家治理现代化的框架。我认为，当前中国所面临的不仅有“国家治理体系现代化”的问题，也有“国家治理方式现代化”的问题，在实现国家治理现代化方面，我们面临着双重任务。关于改革目标，第一章有比较详细的阐述。

第二，关于政府改革。要想全面深化改革，必须首先推进政府自身的改革，因为政府改革如果能够真正走在前面，对于推动其他方面的改革将具有示范和引领作用。

当前中国政府管理体制主要存在四个方面的问题：一是职能转变

不到位，越位、缺位、错位同时并存；二是主要关系不顺畅，政府作用不适当，市场机制受压制，社会组织被限制，地方政府公司化；三是组织结构不合理，决策、执行、监督三者之间责任分工不清，缺乏制衡机制；四是行政审批效率低下，审批项目过多、时间过长、效率过低，缺少问责监督。此外，政府管理体制还面临着来自技术创新、国际国内等诸多因素的严峻挑战，加快改革已经时不我待、刻不容缓。关于政府改革的重点，第二章有比较详细的阐述。

第三，关于财税改革。研究财税改革的目的之一是为了理顺中央与地方关系或曰政府间关系，财税改革主要包括财政支出结构与事权划分、财政收入结构与税种划分、政府间转移支付以及地方政府债务等方面。书中选取了联邦制国家和单一制国家的典型代表作为参考，并着重探讨中国中央与地方关系现状以及未来财税改革的方向，对此，第三章有比较详细的阐述。

第四，关于金融改革。近十多年来中国金融行业发展迅速，金融领域改革步伐较快，但通过进一步反思发现，我们在推进金融改革时，思想还不够解放，胆子还不够大，还需要进一步解放思想。“十三五”时期，中国金融改革的重点似应着眼于三大基础性改革：完善和巩固利率市场化 、推进商业银行民营化以及加强金融安全网建设，对此，第四章有比较详细的阐述。

记得2012年我在接受《人民日报》记者采访时曾经提出，过去三十多年中国经济的快速发展，除了有“人口红利”和“改革红利”以外，还有一个很重要的因素就是“和平红利”。 现在我想进一步指出的是，所谓“和平红利”，既包括外部的和平，也包括内部的和平，也就是所谓的社会稳定。如果不能在正确的方向上加快推进改革，把各项改革措施落到实处，我们就有可能丧失“和平红利”。一旦丧失了“和平红利”，不仅经济发展无从谈起、社会进步无从谈起，而且已有的发展成果还有可能会毁于一旦。要想避免这样的“恶梦”变成现实，就需要全体党员和全体国民共同努力，坚定不移地把改革推向前进，早日达成国家治理现代化这一宏伟而艰巨的目标，从而实现国家的长治久安和人民的幸福安康。

本书内容纯属我个人的学术观点，与所在单位无关，不代表任何部门的意见。由于本人在理论、经验以及认识上的局限，书中难免有不少错漏之处，还望广大读者批评指正。

魏加宁

2016年6月6日

目　录
CONTENTS

第三章 财税改革：以政府间关系为视角

第四章 金融改革：三大基础性改革

第一章

改革目标：国家治理现代化

第一节　改革新目标的提出

一、关于“奋斗目标”的提法

长期以来，有关“奋斗目标”的提法实际上或多或少都存在着一定的缺陷。

首先，关于“小康社会”的提法。早在2005年讨论“十一五”规划的时候笔者就曾经提出：时至今日，“小康社会”的提法恐怕已经起不到振奋人心的作用了。一方面，对于沿海地区、富裕地区以及城市里的人们来说，大部分已经过上、甚至超过了“小康”水平的生活，“小康社会”目标对于这部分人来说已经无所谓了，已经实现了。但是另一方面，对于西部地区、贫困地区以及农村地区的人们来说，在腐败蔓延、奢靡成风的社会环境里，即使自己的生活实现了“小康”又有什么意义呢？他们仍然会抱有巨大的差距感和强烈的不公平感。因此，“小康社会”的提法已经具有一定的现实局限性，或者说已经起不到振奋人心、鼓舞士气的作用了。

其次，关于“民族复兴”的提法。笔者一直有一个疑问就是：衡量“民族复兴”的标准是什么？如何来界定我们是否已经实现了“民族复兴”——是以明清为标准，还是以隋唐为标准，或者是以秦汉为标准？很显然，这是说不清楚的，并且时至今日，就是真的想回去恐怕也回不去了。所以笔者认为“民族复兴”的提法也有一定的历史局限性。

再次，关于“和平崛起”的提法。笔者在2002年时曾经参加过时任中共中央党校副校长郑必坚领导的《和平崛起》课题的研究，这是笔者所参加过的最高层级的课题，因为这个课题是直接向政治局常委做的汇报，当时的中央领导集体非常重视这个课题。由于当时国际上存在着“两论”——“中国威胁论”和“中国崩溃论”，因此郑校长提出“和平”是针对“威胁论”而言，“崛起”是针对“崩溃论”而言。郑校长的思路非常清晰，也很有针对性。但是坦率地讲，这个提法也有一定的局限性，因为它主要是针对国外的，是跟外国人讲的，而不是主要针对中国国内事务的。

所以，近年来笔者一直在主张：我们的奋斗目标还是应当回到“现代化”的轨道上来，但是，这个“现代化”已经不再仅仅是生产、生活等“硬件”设施上的现代化，而应当是治理方面的现代化，也就是“软件”方面的现代化，要建设“现代国家”。在十八届三中全会之前的几次内部座谈会上，笔者都讲过这个观点。

二、关于“改革动力”的形成

20世纪80年代，中国在实行改革开放之初，举国上下对于推进改革开放还是存在一定共识的，当时尽管也存在着不小的阻力，但总体上讲，改革的动力要远远大于改革的阻力，所以改革能够不断向前推进。

为什么当时的改革能够具有较强的动力呢？一个重要原因就是，在改革开放之前，我们实行的是闭关锁国的政策，如同清朝末年一样，只要关起门来就会觉得自己是世界上最好的、最了不起的。尽管外部世界在快速发展变化，但是我们自己却落后而不自觉。按照“文化大革命”时期的官方说法是，“全世界还有四分之三的劳苦大众生活在水深火热之中，在等待我们去解放”。但是，实行改革开放以后，国门一旦打开，政府官员、专家学者们纷纷走到国外，到发达国家实地一看，才猛然发现其实根本不是那么回事——人家发达国家的高楼大厦、高速公路，以及经济发展水平和现代化程度都要比我们高得多。于是就有了一种落差感，有了共识——我们落后了，要抓紧时间赶上去。要赶紧出国学习，赶紧改革开放。可见，改革的动力主要来自于落差感。

然而，随着三十多年的改革开放和高速发展，中国今天在“硬件”方面与国外的差距已经越来越小，无论是高楼大厦还是高速公路，中国与发达国家之间的差距都已经大大缩小，在有些方面中国的“硬件”水平甚至比发达国家还要高。于是，改革的动力减弱了，有人开始认为现在已经不再需要学习别人了，而是要别人来学习我们了，于是也就有了所谓“中国模式”的提出。

专栏1-1　“东亚模式”的提出

1990年日本泡沫经济已经开始破灭，但是日本人在泡沫经济时期形成的“暴发户”幻觉依然还在，于是就支持世界银行组织专家研究“东亚模式”（应当说日本人还是比较含蓄的，没有敢直接提“日本模式”），于是，我们就见到了1993年世界银行的研究报告《东亚奇迹：经济增长和公共政策》，报告充分论述了“东亚模式”的优势。但是没过多久，正当学术界对“东亚模式”的讨论蒸蒸日上的时候，1997年东亚金融危机爆发了，同时，掩盖、拖延了多年的日本金融危机也终于全面爆发。关于日本的金融危机，笔者曾经撰写过一篇名为《日本“住专问题”，究竟是金融危机，还是制度危机》的文章，刊登在吴敬琏主编的《改革》杂志1996年第3期。

但殊不知，在治理方面、在“软件”方面——大到国家治理，小到社会治理，甚至企业治理等方方面面——我们与发达国家还存在着较大的差距。如果在国外生活、学习一段时间，深入下去仔细观察，你就会发现：虽然我们在“硬件”方面已经非常现代化了，但是在“软件”方面，在治理、管理方面仍然相当落后，“软件”与“硬件”严重不匹配，就好比“赶大车的”在“开高铁”，风险可想而知。君不见，治理问题层出不穷，各种矛盾日益尖锐，各类风险不断显现。如果再不抓紧推进新一轮改革开放，早晚我们将面临严重的治理危机，几十年辛辛苦苦建设起来的“硬件”设施就有可能会毁于一旦。

正如毛泽东同志所说，“虚心使人进步，骄傲使人落后。”一个人是如此，一个国家亦是如此——如果我们有了客观的认识和谦虚的态度，中国的改革开放就能够拥有新的动力，中国就一定能够继续前进。十八届三中全会之前，笔者在各种内部会议上曾多次阐述上述观点。

三、改革新目标的提出

党的十八届三中全会《中共中央关于全面深化改革若干重大问题的决定》提出了新的全面深化改革总目标。包括笔者在内的许多人在看到这一提法时，真的是十分振奋！说实话，虽然多年来我们也一直在奔走呼吁，希望国家能够在治理方面有所进步、有所改革，但是把“推进国家治理体系和治理能力现代化”写进党的十八届三中全会的《决定》里面，甚至把它写成今后全面深化改革的总目标，坦率地讲，我们连做梦也没有想到，所以当看到这一提法时真的是拍案叫绝！我们为党的进步、为国家的进步而欢欣鼓舞。

回首改革开放以来党对改革目标的不断探索我们不难看到，走到今天这一步实在是不容易。党的十一届三中全会只是提出了改革开放的口号和方向，限于当时的认识水平和政治环境，并没有能够提出明确的改革目标。到了党的十二届三中全会提出“社会主义商品经济”、十四大提出“社会主义市场经济”，也还只是将改革的目标限定在经济范畴，并未触及其他领域。然而，十八届三中全会提出的“推进国家治理体系和治理能力现代化”，则是作为“全面深化改革”的总目标，已经不仅仅局限于经济领域了。有人将“国家治理现代化”与当年周恩来总理提出的农业、工业、国防、科技“四个现代化”相提并论，甚至将其列为“第五个现代化”，而我认为这实际上是“矮化”了“国家治理现代化”这一崇高目标！其实，如前所述，农业、工业、国防、科技“四个现代化”只是“硬件”的现代化，而国家治理现代化则属于“软件”的现代化，与前面的每一个现代化既不属于同一层次，也不属于同一性质，而是“软件”与“硬件”相互匹配、互相依托的“一个硬币的两个不同侧面”。“软件”的现代化是现代化“硬件”正常运转所必需的，不可或缺的。

应当看到，能够把推进国家治理体系和治理能力现代化作为新时期全面深化改革的总目标，并写进党的决议之中，这不仅是党的认识上的一次大的飞跃，也是国家发展过程中的一次大的飞跃，更是全体国民觉悟的一次大的飞跃。

第二节　关于国家治理现代化

一、从“福山框架”谈起

就国家治理而言，著名学者福山有一个比较成熟的分析框架。福山先生指出，我们过去有关政府与市场关系的讨论是有问题的，过去的讨论一直是围绕着大政府与小市场，还是大市场与小政府的问题展开的。福山先生认为，研究的重点不应当放在政府与市场谁大谁小的问题上，而应当放在政府职能范围与政府执行能力之间的关系上。福山先生在他的《国家构建》一书中提出了一个全新的分析框架，如图 1–1 所示。

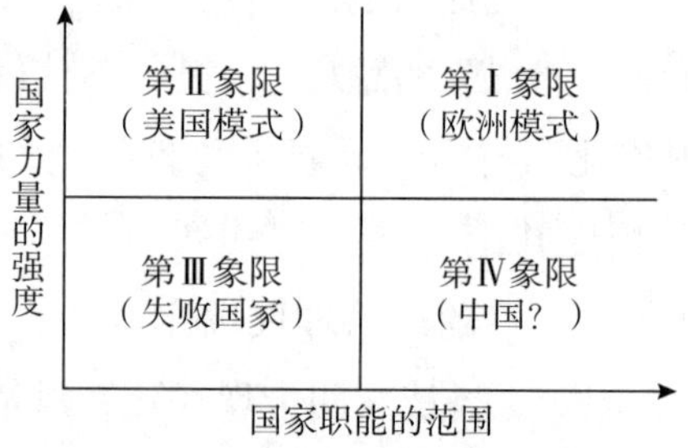

图 1-1　国家力量强度与国家职能范围的关系

资料来源：弗朗西斯·福山：《国家构建》，中国社会科学出版社，2007 年版。

注：笔者根据其书中观点对图略作补充修正。

图 1–1 中，所谓“欧洲模式”（即福利国家模式）就是指，不仅国家的力量强度比较强，而且国家的职能范围也比较广，故而位于第Ⅰ象限。

所谓“美国模式”就是指，虽然国家的力量强度很大，但是国家的职能范围则相对比较小，故而位于第Ⅱ象限。

所谓“失败国家”就是指，国家既管不了什么事，也没有什么能力，故而位于第Ⅲ象限。

某些国家，如果按照福山的分析框架推理，就是一方面国家管了很多事情，但另一方面国家的力量强度又还不够强，所以放在第Ⅳ象限的位置上。

并且，福山先生进一步指出，随着时间的推移，一个国家的坐标位置是可以发生位移的（如图 1–2）。

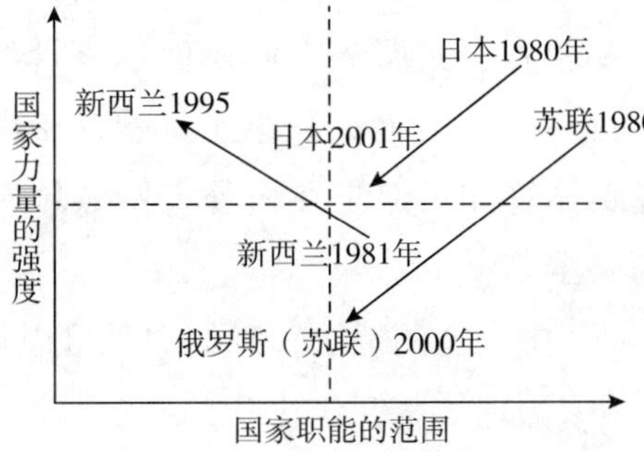

图 1-2 一个国家的坐标位置会随着时间推移发生变化

资料来源：弗朗西斯·福山：《国家构建》，中国社会科学出版社，2007 年版。

根据福山的分析，在图 1–2 中，首先，苏联（现俄罗斯）从一个国家职能范围广、国家能力较强的位置移至一个国家职能范围窄且国家能力也相应减弱的位置上。

其次，日本在同时期也出现了相同的情况，一方面将部分国有企业私有化并放宽了对某些本国产业的管制，但另一方面它的官僚机构的能力似乎也在下降。

然而新西兰则正好相反，20 世纪 80 年代前，新西兰建立了世界上最广泛的福利国家，但这显然会导致政府债务规模不断上升。之后实行货币浮动汇率、取消外汇管制及将国有资产私有化等一系列改革，都是缩小新西兰政府职能范围的措施。而这一时期，新西兰的国家能力是在不断上升的。

二、对"福山框架"的改进

在福山的分析框架里，有一个问题值得进一步深入探讨——中国到底应当如何定位？应当把中国放在什么位置上？放在第Ⅳ象限是否合适？

了解中国现实就会发现，中国现在的问题可能还不仅仅是管理职能范围大小的问题，也不仅仅是国家力量强弱的问题，而是一种更加复杂的局面。一方面，从横坐标看，中国政府有许多该管的事情并没有管，主要表现在市场监管和基本公共服务方面；而不该管的却管了许多，主要体现在宏观调控方面。另一方面，从纵坐标看，中国在有些领域国家的力量很强，比如说媒体管控；但是在另外一些领域，国家的力量却又薄弱的很，比如食品安全。

于是，按照十八届三中全会的提法，我们似乎可以把这一分析框架改进为：横坐标改为"国家治理体系现代化"，纵坐标改为"国家治理能力现代化"（见图 1–3）。

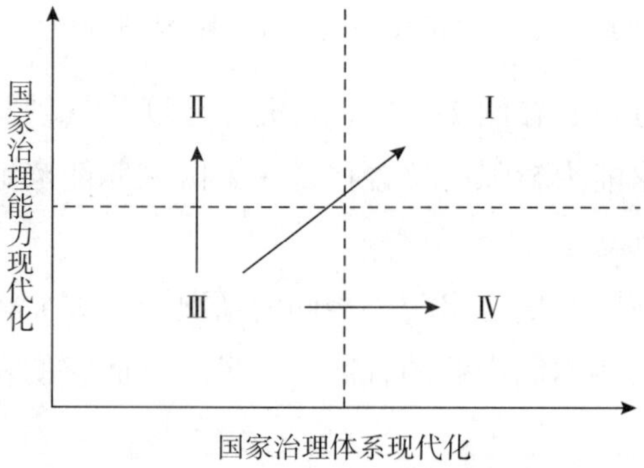

图 1-3 十八届三中全会框架

但是，进一步思考我们又会发现，这种分类又会面临一个新的问题——“国家治理能力”如何能够实现“现代化”呢？一般而言，“能力”只有大小、强弱之分，似乎很难区分出是否属于“现代化”。于是，分析框架似乎应当进一步改进为：横坐标为“国家治理体系”的现代化，纵坐标为国家“治理方式”或“治理工具”或“治理手段”的现代化（见图 1–4）。

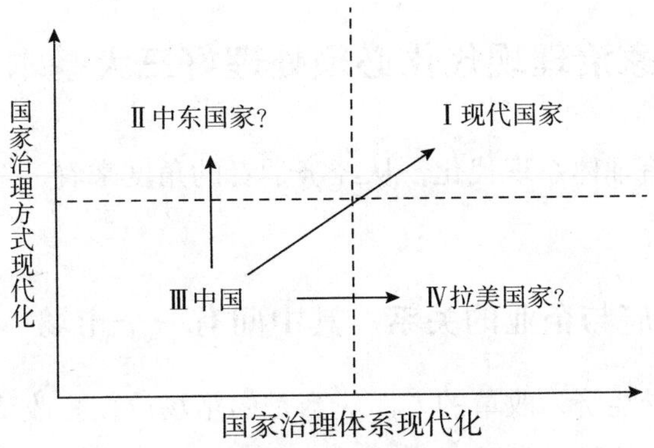

图 1-4 国家治理现代化分析框架

综上所述，作为一个现代国家，不仅它的国家治理体系应当是现代化的，而且它的国家治理方式也应当是现代化的。

作为推论，笔者猜想：首先，欧美等现代发达国家，不仅其国家治理体系是现代化的，而且其治理方式也大都是现代化的。其次，拉美国家可能只是国家治理体系比较现代化，比如民主选举等，但是它的治理方式似乎不够现代化，缺乏法治。再次，一些中东国家可能与拉美国家正好相反，这些中东国家的治理方式（工具）可能十分现代化，但是其治理体系仍然比较落后——一些国家甚至还实行的是酋长制，根本没有民主选举可言。最后，至于中国，我们现在所面临的，不仅有国家治理体系现代化的问题，而且也有国家治理方式现代化的问题，我们面临着双重改革任务。

第三节　国家治理现代化的三大基本关系

一、实现国家治理现代化必须处理好三大基本关系

关于国家治理体系现代化，从经济学者的角度来看，至少要处理好以下三个基本关系。

（一）政府与企业的关系，其中间有一个市场

核心是市场经济，改革的方向应当是向市场放权。改革的基本原则应当是：凡是企业能够做的就尽量让企业去做，让市场去调节。只有企业做不了、市场调节不好的，才由政府出手进行干预，以弥补市场失灵。

（二）政府与政府的关系，也就是中央与地方的关系，其中间有一个部门

核心是地方（财政）自治，改革的方向应当是向地方分权。改革的基本原则应当是：凡是基层政府能够做的，就尽量让基层政府去做。只有基层政府做不了、做不好的，上级政府或中央政府才出手相助，如大灾时的抗灾救灾，当地方政府都已经瘫痪的情况下，中央政府就不能再等着地方政府打报告了。但是，在正常情况下，还是应当尽量由地方政府去做。日本有一个很严格的规定：如果下级政府要求上级政府进行援助时，下级政府必须要打报告给上级政府提出请求以后，上级政府才可能会出手相助。

（三）政府与国民的关系，其中间有一个社会

核心是民主法治，改革的方向应当是向社会让权。改革的基本原则应当是：凡是国民自己能够做的，就尽量让国民自己去做。国民做不了的，尽量让社会（组织）进行调和。只有国民做不了、社会调和不好的，才由政府出面。如：向老弱病残提供必要的社会保障和社会救济，这类事情必须由政府出面兜底。

总而言之，所谓“国家治理现代化”应当是市场经济、地方自治与民主法治“三位一体”，共同构建“现代国家”的基本框架。

二、实现国家治理现代化必须把握好三大基本平衡

关于如何实现国家治理的现代化，其实就是要沿着上述三条路径，逐步理顺三大基本关系。

（一）在理顺政府与企业关系时，必须把握好价格改革与企业改革之间的平衡

在推进改革、理顺政府与企业（或“政府与市场”）关系的过程中，有两个方面的改革是最为重要的：一个是价格改革，一个是企业改革。20世纪80年代改革开放之初，在吴敬琏和厉以宁两位著名经济学家之间曾经就“价格改革优先，还是企业改革优先”的问题展开过一场学术争论。根据多年改革实践我们认识到，二者必须协调推进，不可偏废。因为如果光有价格改革而没有企业改革来配合，没有引入竞争机制的话，那么改革就等于涨价，就会导致老百姓的不满，就会使改革的阻力增大。但是如果光有企业改革而没有价格改革来配合，企业经营没有良好的参照系，没有一个正确的价格信号来加以引导的话，那么企业之间的竞争也就没有办法公平进行。所以说，在推进改革时，必须要把握好价格改革和企业改革之间的平衡，二者要协调推进，不可过度失衡，更不可偏废一方（见图1–5）。

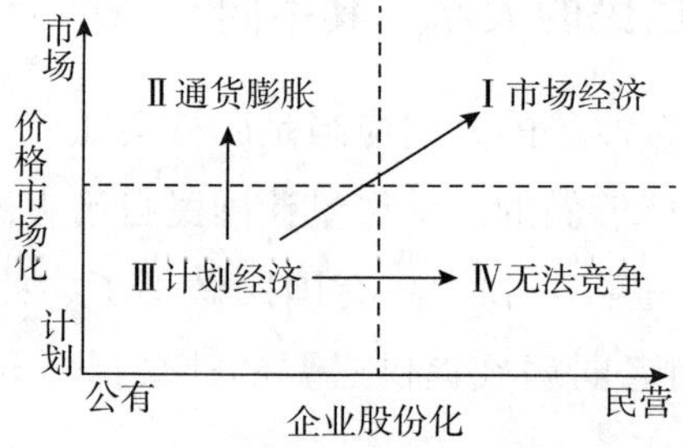

图 1-5 价格改革与企业改革

改革开放以来，中国市场化改革所走过的路径大体上可以用图 1–6 来表示。该图是根据北京师范大学以及樊纲等人的文献、数据稍加梳理而成，大体上表明在 1995 年以前基本上是价格改革快于企业改革；1996 年以后，企业改革开始快于价格改革，非国有经济的比重快速提高。

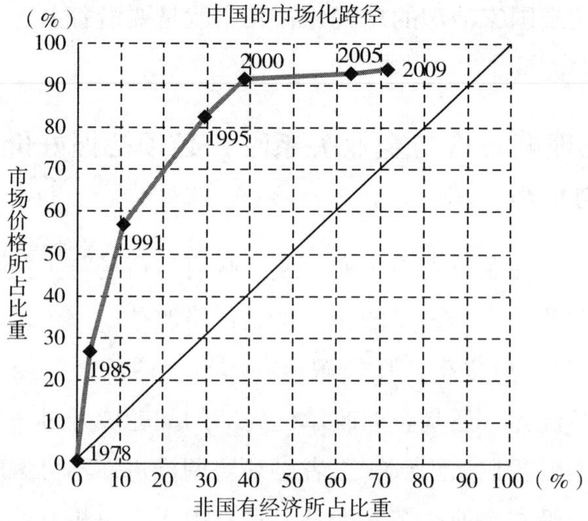

图 1-6 中国市场化与股份化所走过的路径

注：“市场价格所占比重”是根据商品价格、农产品价格、生产资料价格综合而成的市场决定的价格所占比重；“非国有经济所占比重”指非国有经济在工业产值中所占比重。

资料来源：北京师范大学经济与资源管理研究院：《2010 中国市场经济发展报告》，北京师范大学出版社 2010 年版。樊纲：《中国市场化指数》，经济科学出版社 2001 年版。樊纲、王小鲁：“中国各地区市场化相对进程报告”，载于《经济研究》，2003（3），第 9 ~ 18 页。樊纲、王小鲁：《中国市场化指数——各地区市场化相对进程 2006 年报告》，经济科学出版社 2007 年版。樊纲、王小鲁、马光荣：“中国市场化进程对经济增长的贡献”，载于《经济研究》，2011（9），第 4 ~ 16 页。

此外，根据各地的数据也可以看出，1997 年到 2009 年期间，中国的改革路径，无论是市场化价格所占比重，还是非国有经济所占比重，总体上都是在不断上升的，但前者上升的速度似乎慢于后者（见图 1–7）。

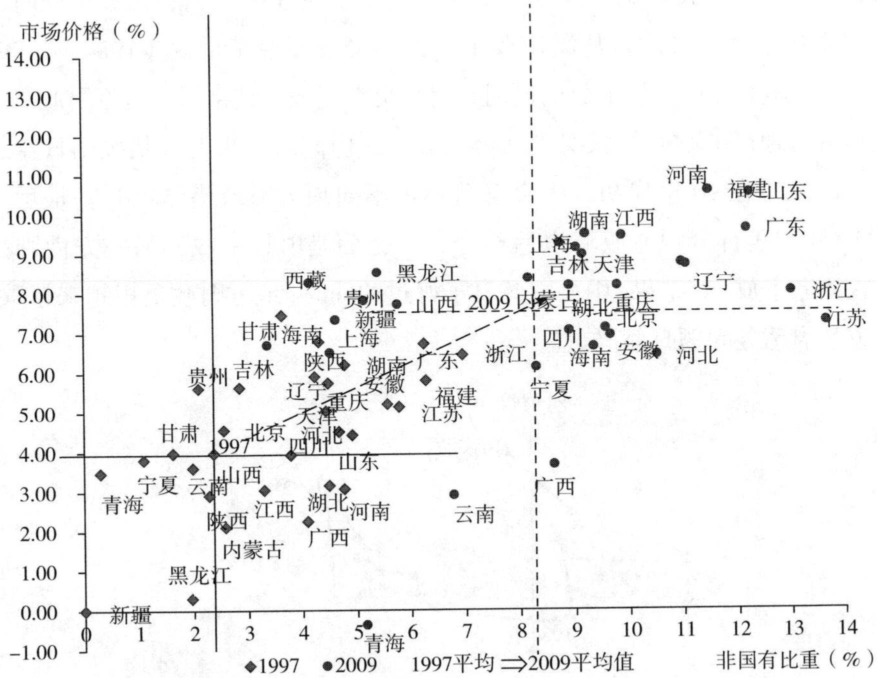

图 1-7　中国各地的价格改革与企业改革路径

注：所谓“中国市场化的路径”：纵坐标为“市场价格比重”，根据商品价格、农产品价格、生产资料价格综合而成的市场决定的价格所占比重；横坐标为非国有比重，为“非国有经济在全社会固定资产总投资中所占比重的得分”。

资料来源：樊纲：《中国市场化指数》，经济科学出版社 2001 年版。樊纲、王小鲁：“中国各地区市场化相对进程报告”，载于《经济研究》，2003（3），第 9 ~ 18 页。樊纲、王小鲁：《中国市场化指数——各地区市场化相对进程 2006 年报告》，经济科学出版社 2007 年版。樊纲、王小鲁、马光荣：“中国市场化进程对经济增长的贡献”，载于《经济研究》，2011（9），第 4 ~ 16 页。

（二）在理顺中央与地方关系时，必须把握好事权（支出责任）与财力（财权）之间的平衡

中央与地方关系可以从司法、行政、财政、财权、事权等多种角度进

行分析。这里，我们仅从财政的角度来考察中国改革开放以来中央与地方关系的演变。

回顾历史，如图 1–8 所示，改革开放以来大体可以分为三个大的阶段。首先，在改革开放初期（1978 ～ 1984 年），大体上是在财权上收的同时，事权变化不大。其次，从城市改革开始到分税制改革前夕（1984 ～ 1993 年），大体上是在事权下放的同时，财权也在下放，其结果，地方财政（尤其是沿海地区的财政）状况不断得到改善，但同时中央财政状况则日益趋紧，以至于在 90 年代初，中央财政不得不向地方财政借钱度日。最后，从 1994 年实行分税制改革以后至今，一方面是财权上收，另一方面则是事权不断下放，其结果，中央财政日子好过的同时，地方财政负担越来越重，地方政府债务问题日益严重。

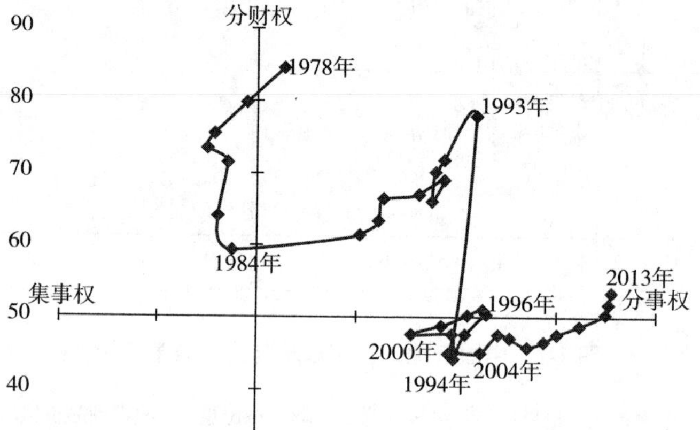

图 1-8　改革开放以来中国地方财政收支比重变化

注：1. 横轴为地方（非中央）政府财政支出占一般政府总支出比重，表示在事权上，左为中央集权，右为地方分权。

2. 纵轴为地方（非中央）政府财政收入占一般政府总收入比重，表示在财力上，下为中央集权，上为地方分权。

3. 为了与其他部分的图形一致，此处把分权放在了上面，集权放在了下面（下同）。

资料来源：中华人民共和国国家统计局：《中国统计年鉴》，中国统计出版社 2014 年版。

进一步，当我们把视野拓宽到国际上时，就会发现一个比较有意思的现象，以 G20 国家为例，如图 1–9 所示，凡单一制国家（相对比较集权）基本上都位于图的左下方；而联邦制国家基本上都位于图的右上方。只是日本是一个比较特殊的例外。日本虽然是单一制，但实行地方自治。中国就更有意思了，（如果数据是准确的）它跑到了联邦制国家的右侧。也就是说，地方的支出责任所占比重过高。至于说未来的改革方向，这是需要进一步探讨的问题。

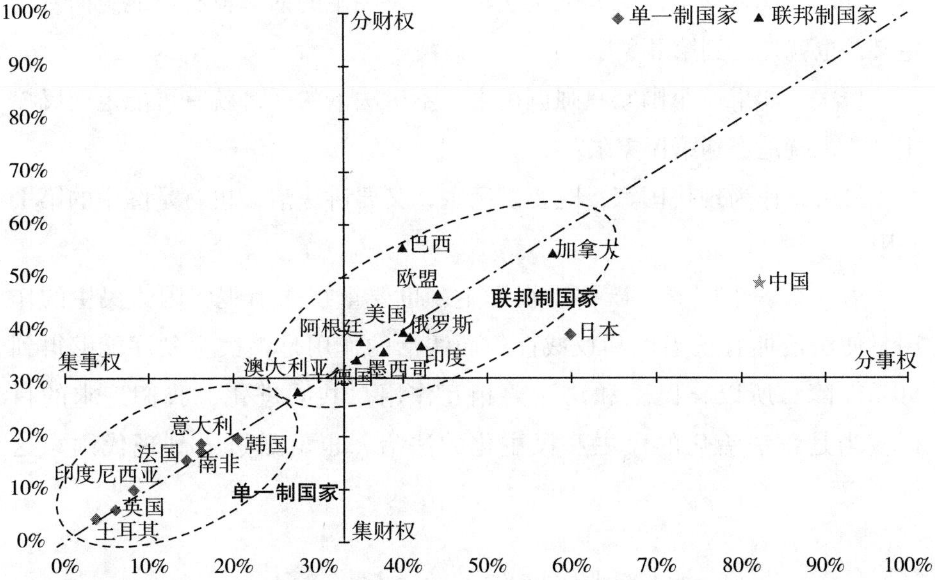

图 1-9　G20 国家地方财政收支比重

资料来源：

1. 国际货币基金组织（IMF）GFS 数据库（不含中国、欧盟和日本）。
2. 中国数据来自《中国统计年鉴 2013》。
3. 欧盟数据来自欧盟统计局（Eurostat）数据库。
4. 日本数据来自日本财务省数据。

作图：杨坤等。

（三）在理顺政府与国民关系时，必须把握好民主和法治之间的平衡

1. 民主与法治

作为分析框架，如图 1–10 所示，横坐标表示民主化，纵坐标表示法治化。

首先看所谓“失败国家”，位于左下方第Ⅲ象限的左下角。在这些国家，既没有民主，也无所谓法治。

其次，如果一个国家只强调法治、不讲民主的话，就有可能走向专制主义，也就是走到第Ⅱ象限。

再次，如果一个国家只强调民主、不讲法治的话，就有可能走向民粹主义，也就是走到第Ⅳ象限。

最后，作为现代国家，既要讲民主，又要讲法治，也就是图中的第Ⅰ象限。

为什么一个国家，既要重视民主，也要重视法治呢？因为民主的作用是使法治拥有正当性和权威性；而法治的作用是使民主秩序能够得到可靠保障。所以，民主和法治要相互作用、共同进化。我们追求的目标应当是：法治化的民主和民主化的法治，也就是进入到现代国家这个象限。

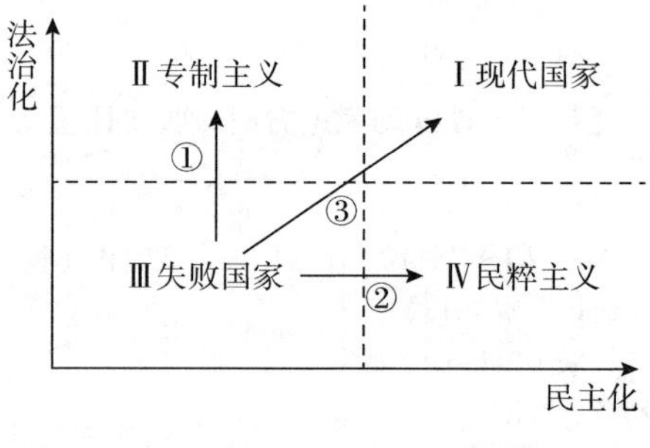

图 1-10　民主化与法治化

以上仅是从理论上的推论。进而我们把国际上通行的民主化指数和法治化指数代进这个分析框架以后，就会发现一个很有意思的分布，不仅印证了前面的推论，而且给人以许多启迪（见图 1–11）。

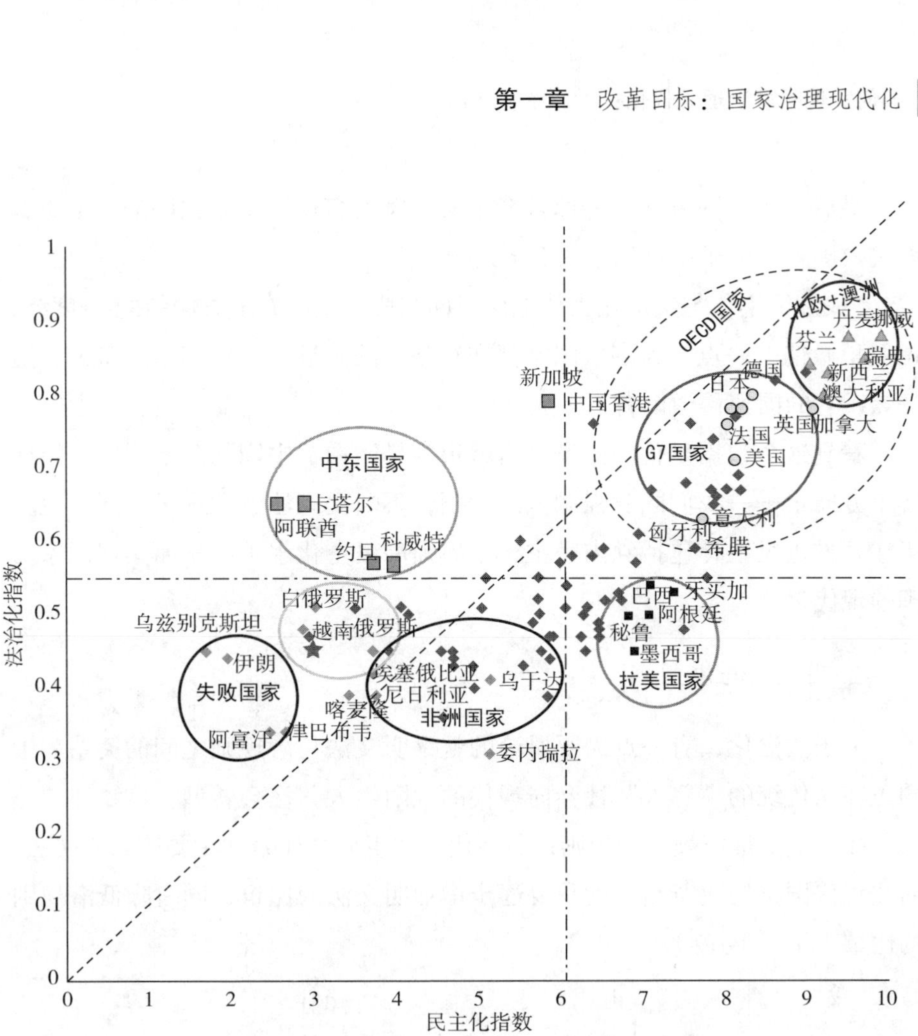

图 1-11　民主化指数与法治化指数（分布图）

资料来源：民主化数据来自《Democracy index 2012，Democracy at a standstill，A report from the Economist Intelligence Unit》；法治化数据来自《The World Justice Project Rule of Law Index 2014》，其中卡塔尔、科威特的法治化数据来自世界治理指数网站，www.world-governance.org.

首先，几乎所有 OECD 发达国家都位于右上方的第Ⅰ象限，其中第一梯队是北欧国家和澳大利亚、新西兰等国，G7 国家为第二梯队。

其次，拉美国家大多位于第Ⅳ象限，这些国家，一方面民主化水平比较高，但是另一方面法治化却相对滞后。

再次，中东国家大多位于第Ⅱ象限，也就是说，一些中东国家，虽然法治化水平可能比较高，拥有先进的法治队伍和法治设备；但是民主化水平则相对较低，一些国家现在还是酋长制。

最后，非洲国家和一些原社会主义国家大多位于第Ⅲ象限的右上方，而失败国家则位于第Ⅲ象限的左下角。

总之，民主化与法治化大体上可以回归成一条向右上方倾斜的45度线，位置稍微偏上一点。大多数国家都在这条线的附近，有的国家稍微偏左上一点，有的国家稍微偏右下一点。

看到这个数据量化的图谱之后就很容易明白，中国的改革到底应当往哪个方向走——我们既要强调依法治国，不断提高法治化水平，同时也应当注意推进民主，包括党内民主，不断提高民主化水平，从而实现国家治理的现代化。

2. 明文法与潜规则

关于法治化，有一点需要讨论的就是明文法与潜规则之间的关系。中国正在从传统的“熟人”社会向现代的“陌生人”社会转型。传统的“熟人”社会主要是依赖于潜规则；而现代的“生人”社会则主要依靠明文法。通往现代国家的改革路径就是要逐步增加明文法的比重，同时降低潜规则的比重（见图 1–12）。

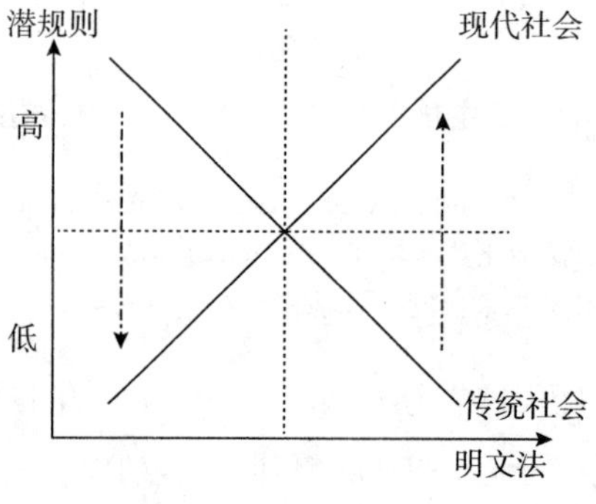

图 1-12　明文法与潜规则

3. 民主与民粹

关于民主化，有一个必须讨论和澄清的问题是民主与民粹的关系。在推进民主化的过程中，必须正确区分民主和民粹，如图 1–13 所示。

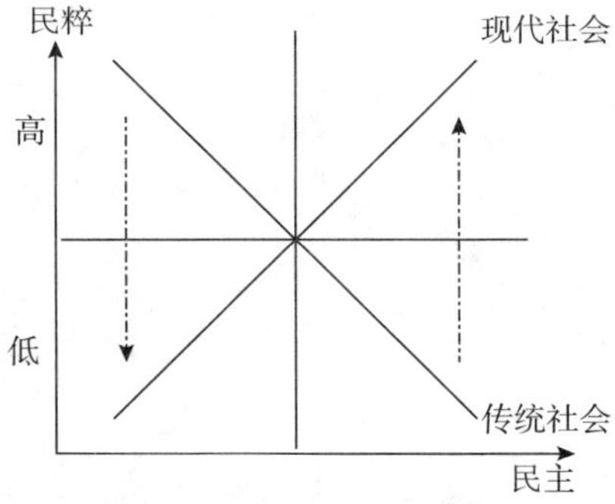

图 1-13 民主与民粹

无论是在国内还是在国外，人们经常把民主与民粹搞混，常常误把民粹当作民主，甚至有一些文章将“文化大革命”时期称之为“中国式的民主”。笔者认为，“文化大革命”时期根本不是民主，而是民粹。为此，我们有必要对民主和民粹进行一下区分（见图 1–13）。

首先，民主追求的是公平正义，而民粹追求的则是无原则地迎合某一个特定阶层，只要是这个阶层说的话，不管对错，大家都去迎合它。

其次，民主追求的是法内自由，而民粹追求的则是法外自由。像“占中”“占领华尔街”之类的活动，其实都是民粹的表现，而不是民主的表现形式。

再次，民主追求的是维护公权，而民粹则是侵犯私权。像“文化大革命”时期那样，几个红卫兵坐在一起商量一下之后就可以随便地把一个人的家抄掉——不管他是“地富反坏右”，还是“革命老干部”。那是什么？那根本不是在维护公权，而是在侵犯私权！

应当注意的是，只有不断地增加民主，才能够有效地减少民粹。推进国家治理现代化，就是要不断地增加民主的比重，以降低民粹的比重。

只有把民主和民粹正确区分开来，真正的民主才能够实现。否则，就会有人以为民主是个坏东西，把一些本来不属于民主的东西（实为民粹）也视作民主，然后就像“把孩子和脏水一块倒掉”一样，把民主也统统加以否定。所以，正确区分民主和民粹是非常重要的，无论是对反对民主的人来说，还是对主张民主的人而言。

第二章
政府改革：此轮改革重中之重

要想全面深化改革，当务之急是要首先推动政府自身的改革。如果政府自己不改光改别人，改革就会失败。因此，政府改革是全面深化改革的核心环节和首要任务，也是改革的难点所在。政府改革如果能够真正走在前面，对于全面深化经济体制改革、社会体制改革乃至政治体制改革，具有“牵一发而动全身”、引领改革全局、提高改革公信力的关键性作用和先导性意义。

当前中国政府管理体制存在着职能转变不到位、主要关系不顺畅、组织结构不合理、行政审批低效率等突出问题，在全球化、互联网时代，在面临国内经济社会转型带来的各种挑战之时，尽快启动新一轮的政府改革已经刻不容缓、时不我待。

按照党的十八大提出的“建设职能科学、结构优化、廉洁高效、人民满意的服务型政府”的具体要求，“十三五”时期中国政府改革的重点应当放在以下四个方面：一是重新调整分类，转变政府职能；二是确立基本原则，理顺主要关系；三是引入制衡机制，改进组织结构；四是加快落实已启动改革项目，大幅度永久性减少行政审批。①

第一节 加快推进政府改革时不我待、刻不容缓

改革开放三十多年来，中国在政府改革方面的努力从未间断过，大约每5 ~ 6年就集中推进一次，迄今为止已经进行了7次大的机构改革（即1982年、1988年、1993年、1998年、2003年、2008年、2013年）。改

① 本章的大部分内容为十八届三中全会前参加“383改革方案”时所起草的政府改革一章，因此参考吸纳了课题组其他成员的部分意见，并且其中有些内容已经变成了现实。

革的主要内容大体上是围绕着调整政府职能、优化组织结构、改进管理方式来展开的。政府改革适应着经济发展，促进着经济发展，取得了不少成绩，但也遗留下一些问题，并面临着新的严峻挑战。

一、当前政府管理体制存在的主要问题

党的十七大对中国行政管理体制改革提出的要求是：努力建设服务型政府、加快完善公共服务体系；转变职能、理顺关系、优化结构、提高效能；形成权责一致、分工合理、决策科学、执行顺畅、监督有力的行政管理体制。

与此相对照，十七大以来，中国在政府改革方面虽然也取得了一定的进展，如大部制改革；但是面临的阻力很大，力度有所减弱，效果差强人意。以上一届大部制改革为例，在众目睽睽之下，在没有任何合理解释的情况下，竟然连铁道部都没有能够纳入到大交通部的框架之内，改革的阻力之大由此可见一斑。

对照十七大提出的要求，中国政府管理体制自身存在的问题主要有四大方面：一是职能转变不到位，二是主要关系不顺畅，三是组织结构不合理，四是行政审批低效率。

（一）职能转变不到位，越位、缺位、错位同时并存

由于计划经济的体制惯性和改革开放以来的种种失误，导致政府成为经济调节的主导力量，并且调控频率过高，调控力度过大；行政干预过多，市场机制弱化；微观干预过多，总量调节弱化；直接调控过多，间接调节弱化；严重影响了经济的正常运行和自我调节。

政府成为市场监管的唯一主体，并且监管重心偏离，监管严重错位。事前审批过多，事后监管不足；门槛设置过多，行为监管不足；监管盲区过多，一线监管不足；严重影响了企业的正常经营和自我约束。

政府成为社会管理的唯一主体，并且管理理念陈旧，管理方式落后。

行政控制过多，社会组织偏弱；社会矛盾积聚，减压途径阻塞；维稳成本过高，疏导机制匮乏；严重影响了社会的正常运转和和谐发展。

政府成为公共服务的唯一主体，并且供给严重不足，难以满足需求。供给方式落后，缺乏统一标准；公立机构逐利，民营机构难进；需求快速膨胀，供给增长缓慢；严重影响了国民的正常生活和满意程度。

总之，政府该管的事情没有管好，不该管的事情管得过多，导致经济效率下降，收入差距过大，社会矛盾积累，腐败现象蔓延，维稳成本增大，政府债务膨胀。

（二）主要关系不顺畅，政府作用不适当，市场机制受压制，社会组织被限制，地方政府公司化

改革开放以来，中国一直在努力推进政府职能转变，但为何始终进展不大，甚至有时还会进三步、退两步呢？原因之一在于：与政府相关的基本关系没有理顺，基本原则并不清晰，改革方向左右摇摆。

作为现代国家，在市场经济条件下三大基本关系最为重要，并且均与政府相关：一是政府—市场—企业的关系，二是中央—部门—地方的关系，三是政府—社会—国民的关系。与政府相关的这三组关系，决定着政府的职能定位和组织结构，也是现代国家治理的基本架构。

1. 政府—市场—企业的关系上：政府直接干预企业，市场机制严重扭曲，企业经营倍受干扰

改革开放以来，围绕着政府与市场的关系问题已经讨论多年，并取得了一些重大的突破和进步，正是依靠这些突破和进步，我们才取得了过去三十多年的辉煌成就。

但同时也应当承认，时至今日，我们在理论上和实践中，还时常自觉或不自觉地残留着传统计划经济时期的思维理念和行为方式，对政府的作用期待过大，甚至滥用政府职权。比如，我们常常喜欢说，政府“可以集中力量办大事”，并付诸具体行动，其结果必然是导致国进民退现象突出

和地方政府债务高企；又比如，我们常常用政府干预来压制市场调节，甚至用政府干预这只“看得见的手”来干扰、排斥、甚至替代市场调节这只“看不见的手”，导致所谓的“中国式市场失灵”（其实是市场缺失造成的）。

在十八大之前的10年间，中国经济运行中的“政府主导”特征非但没有随着经济的发展而逐步减弱，反而被以加强宏观调控的名义进一步强化；各级政府在资源配置方面的作用非但没有随着市场的发育而有所减少，反而规模越来越大、范围越来越广、干预越来越频繁，“公司化”倾向日益严重；宏观调控方式非但没有随着经验的丰富而得到改善，反而进一步退化为直接调控、行政调控和随意调控，甚至干脆就是微观干预；市场调节手段，尤其是价格杠杆非但没有随着市场经济的建立而得到有效运用，反而进一步受到压制、扭曲和固化；市场监管方面，政府审批项目过多、种类过滥，审批程序烦琐复杂、耗时过长、效率低下，导致企业经营受到严重阻碍。

2. 中央—部门—地方的关系上：中央集权过度，部门协调失灵，地方缺乏约束

与计划经济的集中决策模式不同，市场经济的基本特征就是分散决策。因此，在政府与政府（中央与地方）的关系上，与计划经济相匹配的是中央集权体制，而与市场经济相匹配的则是地方分权体制。

应当指出的是，中央高度集权的单一制体制最容易出现的毛病就是，但凡利益（财权）就层层上收，但凡责任（事权）就层层下放——而这正是1994年实行分税制改革以后中国所走过的道路，也正是地方政府债务负担日趋严重的深层次体制原因之一。

在中央集权体制不断得到强化的条件下，地方政府为了谋生存、为了求发展、为了与其他地区展开竞争，就必然会以各种方式与中央政府分庭抗礼、阳奉阴违、暗中博弈，在追求“政绩”的同时，也制造了大规模的隐性负债。在单一制体制下，中央政府与地方政府的关系，就如同总公司与分公司的关系，中央政府在管着地方政府人事、财力和项目等诸多事务的情况下，从法理上讲，对于地方政府的债务也必须承担“兜底”义务，

因而必然会在地方政府中产生巨大的道德风险，导致地方政府债务快速膨胀，迟早将把中央财政拖下水。

3. 政府—社会—国民的关系上：政府直接面对民众，社会组织受到压抑，民众不满情绪不断增强

在政府—社会—国民的关系上，早在计划经济时期，社会环节缺失，而国民的所有“民生问题”——从摇篮到坟墓——一切均由政府大包大揽，政府无所不包、无所不管、无所不在；其结果，不仅导致国家财政难以为继，而且形成了“大锅饭”体制和“养懒人”制度。

改革开放以来，中国曾一度积极推进市场化改革，其初衷之一就是要彻底打破“大锅饭”体制，破除“养懒人”制度，把生产的决策权交还给企业，把民生的决策权交还给国民。改革开放的头20年，我们在这方面做出了不少探索，取得了一些成绩，尽管也出现了一些问题，但总体方向基本正确。

然而进入21世纪以后，在“重视民生”的口号指引下和舆论导向下，各级政府在重视民生的同时，也出现了一些值得关注的倾向：一是民生定义被泛化；二是民生职责政府化；三是民生目标短期化。其结果，一方面各级财政的民生支出在快速增长，并且呈刚性特征，能上不能下；另一方面又不顾实际财力把公众的胃口吊得过高，导致社会公众需求得不到满足就骂政府。于是就出现了一种奇怪的现象：尽管政府的民生支出在大幅增长，但是民众的满意度非但没有提升，反而迅速下降，形成了民怨不断攀升的尴尬局面。与此同时，因政府对民生大包大揽、全面垄断，而社会组织和民间机构则受到压制，发育不足，导致社会矛盾快速聚集，社会风险不断上升，政府威信不断下降。

（三）组织结构不合理，决策、执行、监督三者之间界限不清，缺乏应有制衡

首先，在组织结构上，决策、执行、监督三者之间的界限不清，权力过度集中，缺乏相互制衡。以宏观调控为例，究竟谁是决策者？谁是执行

者？谁是监督者？谁也说不清楚。权力过度集中，职责相互交叉，责任界限模糊，问责机制缺乏，必然导致“决策不出中南海，政令不出中南海，监督不出中南海”的政策阻滞现象。

其次，决策上，不科学、不民主、不规范、不透明的现象时有发生。以货币政策为例，究竟是由谁来做出决策（都有哪些人参与决策）？如何做出决策（是投票表决，少数服从多数，还是一票否决）？决策的依据是什么（依据哪些统计数据和真实情况）？哪位决策参与者都表了什么态？赞成还是反对？等等，透明度极差，根本无法问责。

再次，执行上，有法不依、执法不力、滥用权力的现象屡见不鲜。以宏观调控为例，部门职能错位，层层跑偏离题，机会主义行事，选择性执法，不能依法办事，缺乏法律约束。如金融监管部门在经济过热时的“命令停贷事件”和国际金融危机期间的“催贷行为”，都严重违反了《商业银行法》，但却不了了之。

最后，监督上，反馈机制失真、纠错机制失灵、问责机制缺失。由于政府在制定宏观调控政策时，往往缺乏准确数据和科学计算，但却又制定一个过于精准的调控目标，并且要求各方全力以赴达到这一目标。根据“瞄不准”原理，往往越是想准确打中“靶心”就越有可能偏离“靶心”，越是偏离“靶心”就越想打中“靶心”，结果导致政府对经济活动的过度干预和频繁干扰。最终，当宏观调控没有精准打中“靶心”时，各级政府就会利用自己手中权力，对统计工作进行干预，对统计数字进行“修订”，一方面导致政府的公信力大大丧失；另一方面又使得下一轮宏观调控所依据的统计数字严重失真，造成新一轮调控目标偏离应有轨道，形成恶性循环。

总而言之，统计部门缺乏应有的独立性，各级政府干扰过多，统计数据严重失真。中央银行缺乏必要的独立性，政府部门干扰过多，货币信贷严重超发。审计部门缺乏足够的独立性，部门阻力过于强大，问责力度严重不足。决策、执行和监督之间既相互协调又相互制约的运行机制远未得到确立，导致行政成本居高不下，贪污腐败十分严重，不作为和乱作为现象交替出现。

（四）审批项目过多、时间过长、效率过低，缺少问责监督

审批事项随意设置、项目过多、种类过滥，严重妨碍市场机制作用的有效发挥。审批程序繁琐复杂、耗时过长、效率过低，无法为社会公众提供优质服务。审批方式陈旧单一，审批行为不够规范，审批过程暗箱操作，自由裁量权过大，办事透明度过低；与部门利益挂钩，乱收费现象严重；审批权责脱节，缺少问责机制，缺乏约束监督，腐败案件频发。

本届政府上来之后，大力推进简政放权，上述问题有所改进，但又出现了政府官员不作为以及各部门放权力度不一致，导致一些企业跑项目时，要么见不到人，要么需要分头跑中央部门、省级政府和市级政府，反而加重了企业的协调负担和工作量。

总之，行政审批制度存在的这些问题，既限制了市场和社会的创造活力，也制约了产业升级和经济转型的发展环境，不仅损害了人民群众的切身利益，而且也损害了党和政府的光辉形象，妨碍了经济社会的长期、持续、健康、稳定发展。

二、各种因素倒逼政府改革必须加快步伐

当前，政府管理体制不仅存在着上述严重问题，而且还面临着来自技术因素、国际因素和国内因素三个方面的新的严峻挑战，加快政府改革已经时不我待、刻不容缓。

（一）技术因素倒逼政府必须加快改革

1. 交通技术缩短了告状的距离

随着交通技术的进步，交通基础设施的建设，四通八达的交通网和便捷的交通工具，使得人们的出行速度大大提高，极大地缩短了人与人之间、城市与城市之间、国家与国家之间的距离，与此同时，上访告状的成本也

越来越低，人的移动速度也越来越快，因而对各级政府的管理方式和治理模式提出了新的更高要求。

2. 通讯技术缩短了告状的时间

互联网通讯技术的发展，极大地提高了信息的传播速度，扩大了人们的交往范围，尤其是微博、微信的出现，使得公众对于政府的监督更加容易、更加便捷、更加便宜，无时不在、无处不在，留给政府对突发事件的反应时间也越来越短。

3. 电子政务技术为政府改革提供了可能

有了通讯工具，又有了交通工具，人们就可以快速接受信息和快速移动，这一方面对于活跃市场和发展经济具有正面的积极促进作用，但是另一方面对于经济社会管理工作也提出了巨大的严峻挑战。与此同时，计算机技术的发展、运行速度的提高、网络工具的普及，也为电子政务的开展提供了良好的技术条件，使得大数据的快速处理成为可能，因而也为改变政府的管理方式和治理模式提供了可能。

（二）国际因素倒逼中国必须加快政府改革

推动政府改革的国际因素主要有三：一是经济全球化大趋势，二是公共管理理论创新，三是政府改革历史潮流。

1. 经济全球化

在经济全球化、资本快速移动的大背景下，国家之间相互渗透日益加深，相互竞争日趋激烈，对各国政府的管理能力和治理模式不断提出新的要求和新的挑战。

2. 公共管理理论创新

有关公共管理的理论不断创新，新公共管理理论的推出、公共选择理论的盛行、企业型政府的提出、新公共服务的追求以及公共治理理论的探索，都有力地指导和推动了各国的政府改革。

3. 政府改革潮流

自20世纪80年代起，在财政危机的背景下，以新公共管理为旗号的政府改革，发端于英国、美国、澳大利亚、新西兰等国，并逐步扩展到其他发达国家乃至新兴发展中国家，形成了一场波及全球、势不可挡的政府改革浪潮，形成了一种顺之者兴、逆之者衰的历史趋势。

（三）国内因素倒逼政府必须加快改革

要求加快政府改革的国内因素主要表现在经济、社会、政治等三个方面。

1. 经济方面，高速增长已难以为继

随着市场化、工业化、城市化、信息化、国际化的不断发展以及潜在增长率的不断“下台阶”，政府主导的发展方式和行政化的调控方式已经走到尽头，如再不抓住时机加快政府改革，不仅经济增长速度将继续下行，而且财政收入增长也将随之放缓，因此，政府的债务负担将日益严重，财政将不可持续，进而有可能引爆包括财政危机、金融危机在内的经济危机。

2. 社会方面，社会稳定正面临挑战

伴随着经济的增长，人们对公共产品和公共服务的需求在不断增长，然而政府在教育、医疗、养老等方面的公共产品和公共服务供给却没有相应跟上，导致广大民众不满情绪高涨。更为重要的是，“半市场化+半行政化”的政府主导模式必然导致腐败的迅速蔓延，进而导致贫富差距的过度拉大。不可否认的事实是，上届政府时期，也就是十八大之前的10年，可以说是改革开放以来市场化改革最慢的10年，但同时也是腐败蔓延最快的10年。随着人们收入差距的扩大，社会矛盾在快速积累，现行的社会管理体制已经越来越不适应快速变化的社会结构，“维稳”成本越来越高并且难以为继，不仅广大群众急切盼望能够尽快改变社会管理体制，而且各级地方政府也在积极探索如何改革社会管理体制。

3. 政治方面，政治风险将日益增大

在经济增长趋缓、社会矛盾激化的形势下，政府改革的速度却远远跟不上形势的快速变化，现行的政府领导人产生方式不断面临新的挑战。在外国，各级政府领导人通常是选举时讲空话（忽悠选民），上任后办实事；在中国，各级政府领导通常是上任前不做事（怕犯错误），上任后讲空话（忽悠群众）。由于政府领导上任后底气不足，因此不得不依靠“忽悠”群众来巩固自己的地位，通过“只花钱，不改革”的“老好人主义”来巩固地位，维持社会稳定，这种短期行为的结果只能是导致民粹主义、机会主义日益盛行，反而使维稳成本不断攀升，政治风险不断增大。尽管近年来各级政府在不断地“花钱买民生、花钱买民心、花钱买稳定”，但是广大民众的不满情绪反而在快速上升，社会矛盾在迅速激化，社会动乱的苗头在日益增加。事实上，改革是在与革命赛跑，并且有日趋落后的迹象。

第二节 政府改革的基本思路和方案构想

按照党的十七大提出的“转变职能、理顺关系、优化结构、提高效能”和党的十八大提出的“建设职能科学、结构优化、廉洁高效、人民满意的服务型政府”的具体要求，中国政府改革的重点应当主要放在四个方面：一是彻底转变政府职能，二是基本理顺主要关系，三是全面优化组织结构，四是切实减少行政审批。

一、重新调整分类，明确政府职责

党的十八大提出，要“推动政府职能向创造良好发展环境、提供优质公共服务、维护社会公平正义转变”。为此，有必要对政府职能重新进行分类，以便更加明确政府所扮演的角色。

（一）重新划分政府职能

1. 已有的政府职能分类

有关政府职能的讨论由来已久，学术界比较权威的分类主要有以下几种。

第一，根据马斯格雷夫（Musgrave，1959）的财政理论，政府职能主要有3项，即：资源配置；收入再分配；稳定经济。

第二，诺贝尔奖获得者斯蒂格利茨（Stiglitz，2001）将政府职能界定为5项，即建立法律框架、提供公共物品、收入再分配、稳定经济、资源再配置。

第三，美国学者安德森（Anderson，1998）曾提出较为实用的7项职能：提供经济基础、提供各种公共产品和服务、协调与解决团体冲突、维护竞争、保护自然资源、为个人提供获得商品和服务的最低条件、保持经济稳定。

第四，世界银行（World Bank）《1997年世界发展报告》中提出，每个政府都应完成好5项基础性任务：建立法律基础，保持非扭曲的政策环境、包括宏观经济的稳定，投资于基本的社会服务和基础设施，保护承受力差的阶层，保护环境。

根据以往的中共中央文件，政府职能主要分为四种，即经济调节、市场监管、社会管理、公共服务。十八届三中全会《决定》进一步，界定了政府职能和作用，概括起来就是“20个字5项职能”，即“宏观调控、市场监管、公共服务、社会管理、保护环境”，这里主要是增加了环境保护职能。

2. 对政府职能的重新分类

为了更加清晰地表述政府职能，根据各种职能的自然属性可以将政府职能进一步总结概括为三大类，即管理、服务和保障三大职能。

第一，在管理职能方面，主要包括经济管理、社会管理和文化管理。经济管理主要包括：（公正的）市场监管、（间接的）宏观调控以及（有限的）国有资产管理等。社会管理主要包括户籍管理、社团管理、收入分配（包括一次分配、二次分配、三次分配）等。文化管理主要包括新闻、出版、文艺等。

第二，在服务职能方面，主要包括教育、医疗、就业。教育服务主要包括义务教育、高等教育、职业教育等。广义的医疗服务主要包括公共卫生、医疗救治、养老养生等。就业服务主要包括：职业介绍、岗前培训、最低工资等。

第三，在保障职能方面，主要包括安保、社保、环保。安全保障主要包括国家安全、社会治安、司法法律等。社会保障主要包括养老保险、医疗保险、失业保险等。环境保护主要包括水资源保护、空气污染防治、土壤污染防治等。

（二）重新审视政府角色

在进行重新分类之后，政府在不同职能中所扮演的角色就更加清晰。

1. 在管理职能方面，政府更多的是扮演“教练员”的角色

政府主要是对各类“经济人”的经营活动提供技术指导和必要帮助，对各类“社会人”的日常生活提供技术指导和必要帮助，对各类“文化人”的艺术创作和知识传播提供技术指导和必要帮助，从而为经济发展、人民生活和艺术创作营造良好的经济、社会和文化环境。

2. 在服务职能方面，政府更多的是扮演“运动员”的角色

政府主要是提供最基本的公共产品和公共服务，但又不是唯一的产品和服务提供者，要允许民间资本、社会资本和境外资本也能够作为“运动员”通过 PPP 等形式共同参与某些（准）公共产品的提供。

3. 在保障职能方面，政府更多的是扮演“裁判员”的角色

政府主要是为维护秩序和公平提供必要保障，重点是对老弱病残等弱势群体提供基本保护。

这里，需要加以说明的是，经过这样的重新分类，宏观调控在政府职能中就只是三级标题里的一部分，属于次级任务中的子项目，隶属于经济管理职能之下，而非经济管理职能的全部，更非政府职能的全部。这种分类的好处显而易见。因为长期以来，几乎各届政府、各级政府实际上都是把大部分精力放在了宏观调控上面，结果导致许多政府该管的事情没有管好，也没有时间和精力去管。因此，要有针对性地调整和完善政府基本职能，适当地弱化宏观调控职能，大力加强公共服务职能和社会保障职能。

（三）调整政府职能的当务之急

1. 改善宏观调控，增强市场调节

应当取消贷款规模控制、土地指标控制、产能规模控制等行政性直接干预手段，主要依靠货币、财税等总量手段进行间接调控，实现宏观调控目标区间化管理。

2. 加强市场监管，调整监管重心

应当减少行业进入的前置性审批，加快对创新活跃行业的监管体制改革；加强食品药品安全、质量、节能、环保以及技术标准等领域的一

线监管，强化国家标准的约束力，集中整顿典型的破坏市场秩序行为；加大反垄断和反不正当竞争执法力度，维护公平竞争环境，对监管不作为造成重大损失的，相关监管部门和个人应承担相应的法律责任和经济责任；充分发挥新闻媒体、中介组织以及第三方评估机构的辅助监管作用，积极运用电子监测等先进技术，实现对各类主体的市场行为进行全过程、网格化监管。

3. 改进社会管理，创新管理方式

应当建立以公民身份证号码为基础的公民统一社会信用代码制度，搭建个人信用信息平台，逐步将税收缴纳、社保缴费、金融信用、工商登记、交通违章、刑事犯罪等信息纳入个人“社会保障卡”中，以强化个人信用；建立以组织机构代码为基础的法人统一社会信用代码制度，实行信息网络实名登记制度，以加强商务诚信；鼓励发展社团组织，减少政府行政控制，完善农村村民自治、城市居民自治制度，实现公民社会民主治理。

4. 完善公共服务，增加供给主体

在强化政府责任、制订统一标准的前提下，大幅增加服务供给主体，对公立机构要保障财政供给、禁止追逐盈利；同时，积极鼓励民间资本、社会资本和境外资本等社会力量参与提供高档医疗、基层卫生、非义务教育、文化体育、养老养生、社区服务等公共服务供给，加大政府购买服务范围，实现公共服务供给多元化。

总之，政府该管的事情一定要管好，不该管的事情坚决不管，提升经济活力，缩小收入差距，减少社会矛盾，遏制腐败现象，实现长治久安。

二、确立基本原则，理顺主要关系

政府改革的一项重要任务就是，通过确立一些基本原则，理顺与政府相关的三大基本关系。

（一）在政府—市场—企业的关系上，核心是市场经济，改革的基本方向是“放权”，让市场调节企业

党的十八大提出：“经济体制改革的核心问题是处理好政府和市场的关系，必须更加尊重市场规律，更好发挥政府作用。”

要“更好”发挥政府作用，并不是要“更多”发挥政府作用。因此，在处理政府—市场—企业的关系时，最基本的原则就是：尽量通过市场去调节企业；凡是市场能够做到的，就尽量让市场去做；只有市场做不了、做不好的，才由政府出手。只有这样，才能够使得市场规律真正得到尊重，进而使政府更好地发挥其应有作用。

（二）在中央（政府）—部门—地方（政府）的关系上，核心是地方自治，改革的基本方向是“分权”，向地方“分权”

在处理政府与政府（中央与地方）的关系时，基本原则是：凡是基层政府能够做的，就尽量让基层政府去做；只有基层政府做不了、做不好的，才由上级政府或中央政府出手；因此需要在科学合理划分政府间事权的基础上赋予各级政府相应的财权、财力。

要赋予地方政府以完整的权限和相应的责任，即合理的事权、必要的财权、自主的财产权。同时为提高地方财政保障能力，化解隐性债务风险，应进一步修改《预算法》，直接赋予市级政府举债权；对于该收上来的事权应逐步收上来，对于该放下去的财权应逐步放下去，以减轻地方政府财政负担，规范地方政府举债行为，加强对地方政府的多重约束，尤其是自下而上的民主监督，以克服地方政府的“公司化”倾向。

（三）在政府—社会—国民的关系上，核心是民主法治，改革的基本方向是“让权”，向社会“让权”

在处理政府—社会—国民的关系时，首先要分清究竟哪些是属于政府

必须承担的职责，哪些则属于国民应尽的义务。其基本原则是：凡是国民自己能够做的，就应当由国民自己做主，由国民自己通过努力去实现自己的目标；国民自己做不了的、做不好的，首先应由社会组织进行协调；只有社会组织解决不了，或解决不好的，才由各级政府来施以援手，尤其是对老弱病残进行合理救助。

在十分强调政府作用的新加坡，其公积金制度是社会保障的一个重要组成部分，但是其基本理念却是：首先强调个人责任，然后是鼓励家庭共济，其后是倡导社会互助，最后才是政府救济兜底。这一点，对于那些实行过计划经济的国家尤其值得认真反思。

三、引入制衡机制，改进组织结构

党的十八大提出："稳步推进大部制改革，健全部门职责体系"，此外还提出："要确保决策权、执行权、监督权既相互制约又相互协调，确保国家机关按照法定权限和程序行使权力。"政府改革的关键，不在于部门"大小"，而在于能否做到：分工清晰又权责对等，相互制衡又相互协调。

（一）在整体架构上：重点是实现决策、执行、监督三权制衡

党的十八大提出："创新行政管理方式，提高政府公信力和执行力"。在社会主义市场经济条件下，政府行政管理体制改革的方向应当是将决策、执行、监督三权进行适度分离，严格分清职责，适当拉开距离，形成既有分工、又有协调、还能相互制衡的良性运行机制。

为此，建议从名称和功能上，将委、部、署区分开来："委"（委员会）作为决策机构，非实体部门，直接对国务院负责；"部""总局"作为执行机构，是实体部门，直接对决策委员会负责；"总署"作为监督机构，直接对全国人大负责（见图 2-1）。

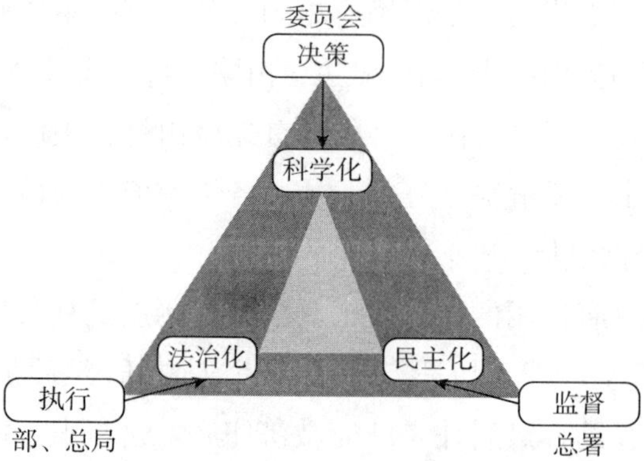

图 2-1　决策执行监督三权分立的政府组织架构

（二）在决策方面：重点推进决策的科学化、民主化、规范化、透明化

党的十八大提出："坚持科学决策、民主决策、依法决策，健全决策机制和程序，发挥思想库作用。"为此，建议将目前的部门会签制度改变为委员会决策制度，各领域或综合部门均应设立决策委员会，负责政策制定和决策，并制订有关政策制定的《决策程序法》，明确规定决策程序。以货币政策为例，应将目前的货币政策委员会从咨询议事机构变成决策机构，建立科学的投票表决制度，参与决策的人应当具有代表性，并将会议记录定期向社会公布。

在政策制定过程中，应当充分重视官方智库和民间智库的作用，将听取智库意见纳入政府决策的法治化程序。并在官方智库之间、民间智库之间以及官方智库与民间智库之间展开充分竞争，以提高政策咨询研究质量。

要防止政府部门自我授权、地方政府自我授权，凡涉及公众利益、公共事务、公共服务的公共政策制定，都必须首先由智库进行预备性研究和方案评估，举行有公众参与的听证会或审议会，遵守决策流程，并将决策参与者的人员名单和主要观点向社会公开。

完善《预算法》，强化政府预算约束，提高政府运行透明度。一般性公共预算、政府性基金预算、国有资本经营预算、社会保障预算应当保持完整、独立，并实现各类预算间的相互衔接；重点公开“三公经费”；保障人大有效行使预算审查权（县级以上各级人大常委会应当设立预算审查监督咨询服务机构或提供咨询服务人员的专用经费，为初审主体开展初步审查提供调研、咨询和服务）；赋予社会公众申请预算公开的权利，并为权利的行使提供必要的法律援助。

（三）在执行方面：重点是要公开执法、公平执法、公正执法

对各类主体、各种行为要统一执法，公开、透明，不能有亲有疏，不能暗箱操作，更不能选择性执法；坚持谁执法谁负责、谁签字盖章，并留底存档，要白纸黑字，不能空口无凭；实行被监管者实名制首先要实行监管者实名制；在各部门内部，应设立公诉部门和法律顾问，对各种违法行为的主体及时提起公诉。政府部门带头运用法律手段解决问题和矛盾，引导社会各类主体依法办事，用法治方式解决问题和矛盾。

以宏观调控为例，要改善调控手段，增强间接调控，减少直接调控，消除微观干预，尽快制定《宏观调控法》，在限制行政性直接调控的同时，强化市场化间接调控。

（四）在监督方面：重点是改善反馈机制，强化纠错机制，建立问责机制

改革现行统计、审计及中央银行制度，抓紧制订《政府问责法》，将统计部门、审计部门以及中央银行从政府序列转移到全国人大，直接对人大负责，明文规定统计部门、审计部门以及中央银行必须定期由一把手向全国人大报告，并接受人大代表质询。

建立政策绩效考核评估体系和直接对人大负责的独立评估机构，通过问卷调查、民意测验、民主测评等多种方式了解国民是否满意以及满意程度。引导和鼓励公民、法人和其他组织采取法律手段，维护正当权益，监督行政机关依法行使行政职权。选取“民告官”典型案例进行公开报道。鼓励公益诉讼，允许集体诉讼，以减少上访闹事及群体性事件。

提高政务透明度。尽快扩大各级政府在三公经费、转移支付、资产负债表等领域的信息公开，详细公布各级政府财政收支状况和政府间转移支付计算公式；凡不涉及国家安全的统计数据及其计算公式，应逐步予以公开；定期（如10年）解密宏观经济决策文件档案；总结推广涉及民生领域的议题讨论、决策过程的电视直播听政等地方试点经验，完善地方政府定期向地方人大汇报工作机制，推行电视直播、网上直播等做法，大幅提高各级政府运行的透明度和可问责性。

完善公职人员薪酬体系。根据各地经济发展水平和社会平均收入，定期调整政府部门和公立机构职工的合理收入水平和增长机制。规范岗位权责，压缩政府官员自由裁量权，构建“不能贪、不敢贪、不愿贪”的防腐机制。加快官员公布个人财产进度，率先从公共部门及国有企业领导班子和新提拔干部做起。

总之，健全决策机制和监督机制要有新进展，推进依法行政要有新举措，政府绩效评估要有新突破，政府管理方式创新要有新视角，充分发挥各方力量和利用现代化科技手段，切实、有效地提高政府治理效能。

四、减少行政审批，增强政务透明

新一轮政府改革应以永久性减少行政性审批、大幅度增强政务透明度为重点，加快推进政府管理体制改革，建设让群众满意的服务型政府。

减少现有审批项目，限制新设审批权限。尽快对现有行政审批项目进行重新评估论证，凡是应该取消和调整的，必须立即做出相应处理；凡国务院已明确要清理和减少的行政许可和行政审批，必须按期完成；对经过严格论证仍需审批的项目，需报请本级人大批准并报送上级主管部门备案方可予以设立；凡是可以采用事后监管和间接管理的事项，尽量不设前置审批。

规范审批程序，公布审批规范。对需要审批的项目，规定审批时限，到期不批复视为同意；对不涉及国家安全和企业秘密的审批，一律在网上公布项目申报条件、申报流程、审批程序、承办官员、处置结果及批复理由、审批责任人，接受企业和社会公众的质询。

简化企业设立变更程序，简化民间资本投资的建设项目审批流程；彻底清理政府审批和核准项目清单，建立防止变相审批和被废除审批事项死灰复燃的永久性制度门槛；清理资质和认证项目，放宽市场准入；减少企业会议负担，规范检查活动；规范行政性收费。

改革股权融资审批制度，将定向增发等有条件的项目由审批改为备案；改革债券融资审批制度，缩短审批流程；约束地方政府对企业并购的不当干预。

公布《审批目录》，建立问责制度。对因审批失误造成的经济损失，申请人可直接向法院提出申诉，法院不得拒绝受理；鼓励公益诉讼，允许集体诉讼，并允许政府部门败诉，坚持在法律面前官民平等；运用科技手段，建立行政审批电子监察系统和公示网络，以接受内部审计和公众监督。

应当看到，党的十八大以来（至 2015 年底），中央政府在行政审批制度改革方面取得了一定的进展。一是大力开展商事制度改革。商事制度改革主要有三个方面：包括三证合一、一照一码、便利化登记等有关企业顺利创建的政策；包括先照后证、市场准入等有关企业取照的政策；包括简易注销和便捷退出等有关企业退出的政策。从改革进展来看，企业顺利创建政策落实较好，改革效果明显；企业取照和准入改革有较大进展，但对政府监管转型提出了严峻挑战；而企业简易注销和便捷退出改革面临问题较多。

二是大力推进"简政放权"。首先，投资审批制度改革取得突破。国务院发布《政府核准的投资项目目录（2014 年版）》，共取消、下放 38 项核准权限，投资核准事项中央层面减少 76%。其次，非行政许可审批事项得到清理。截至 2015 年底，中央层面清理了 453 项非行政许可审批事项，其中取消 258 项。最后，清理和取消职业资格许可和认定。中央分四批先后取消职业资格许可和认定事项 207 项，职业资格许可和认定事项比改革前减少三分之一。

总体来看，商事制度改革与"简政放权"在规范政府权力运行、优化公共服务、提高行政效能上取得一定进展。但是，商事制度改革与"简政放权"

对政府市场监管提出了挑战，而监管不到位已成为当前最突出的问题。

表 2-1　　本届政府审批制度改革力度空前

文件名称	文件号	总计	取消项目	下放项目	职业资格许可和认定事项	其他
《国务院关于取消和下放一批行政审批项目等事项的决定》	国发〔2013〕19 号	117	71	20		26
《国务院关于取消和下放 50 项行政审批项目等事项的决定》	国发〔2013〕27 号	50	21	8		17
《国务院关于取消和下放一批行政审批项目的决定》	国发〔2013〕44 号	84	53	29		2
《国务院关于取消和下放一批行政审批项目的决定》	国发〔2014〕5 号	82	63	19		0
《国务院关于取消和调整一批行政审批项目等事项的决定》	国发〔2014〕27 号	95	36	17	11	0
《国务院关于取消和调整一批行政审批项目等事项的决定》	国发〔2014〕50 号	144	41	17	67	19
《国务院关于取消一批职业资格许可和认定事项的决定》	国发〔2015〕11 号	171	75	19	67	10
	国发〔2015〕41 号	62			62	

文件名称	文件号	说明
《政府核准的投资项目目录（2014 年本）》	国发〔2014〕53 号	取消、下放 38 项核准权限，投资核准事项中央层面减少 76%
《国务院关于取消非行政许可审批事项的决定》	国发〔2015〕27 号	取消的非行政许可审批事项：66 项
《国务院关于第一批取消 62 项中央指定地方实施行政审批事项的决定》	国发〔2015〕57 号	取消中央指定地方实施行政审批事项：62 项
《国务院关于第一批清理规范 89 项国务院部门行政审批中介服务事项的决定》	国发〔2015〕58 号	清理规范部门行政审批中介服务事项：89 项
《国务院关于“先照后证”改革后加强事中事后监管的意见》	国发〔2015〕62 号	“先照后证”改革相关审批项目：186 项

资料来源：中国政府网站，2015 年底整理。

特别需要再次强调的是，改革开放以来，中国以下放审批权为标志的审批制度改革已经进行过多次，但是每当经济形势好转或者经济过热之时，那些被下放或被取消了的审批权又会以种种借口死灰复燃，重新登上历史舞台，有时甚至还会有过之而无不及。因此，要永久性减少行政审批，防止审批反弹，就必须首先给行政审批本身设置“审批门槛”，应当以法律形式明文规定：今后，凡需设立行政审批事项时，必须首先由政府部门报同级人大审查，在经过同级人大审议通过之后，还需要报上级政府备案，从而减少行政审批改革的“可逆性”，防止旧体制借机反弹，从而为企业经营活动提供良好、稳定的政策环境，为市场的有序运行与企业的公平竞争提供可靠而稳定的制度保障。

第三节 “十三五”时期：政府改革的主要任务

一、改革“改革的推进方式”

（一）变“关门搞改革”为“开门搞改革”

必须将以往的“关门搞改革”转变为“开门搞改革”，将“垄断式改革”转变为“参与式改革”。改革既是“一把手工程”，同时也是亿万人民群众共同参与的伟大事业。要广开言路、拓宽渠道，鼓励社会各界尤其是各类智库和专家学者为政府改革建言献策，支持政府改革，推进政府改革，使政府改革成为凝聚社会共识、促进民主参与、改善国家治理的一面旗帜。

（二）变“集中式改革”为“分布式改革”

政府改革可以借鉴“分布式计算”的基本原理，在加强顶层设计的同时，充分发挥各级政府和各个地方的创造力，有效组合和利用政府改革所需要的各种要素，打通节点，相互配合，聚集智慧，形成改革合力。另一方面，通过分布式改革，及时将经实践检验比较成功的地方经验、成熟做法推广至全国，推进全国范围的政府改革进程。

正确处理顶层设计和地方试验的关系是全面深化改革关键所在。对那些事关全局、处于中央政府层面的制度安排，如宏观调控架构、市场监管体系、社会保障模式等，需要精心进行顶层设计。而另一方面，以往改革成功的一条重要经验就是允许地方和基层“先行先试”，取得成功经验之后再向全国推广。新一轮改革应当更加尊重亿万人民群众的首创精神，为地方和民众发挥积极性和创造性营造更大空间，并及时通过比较、鉴别、优化、提升，形成全国性政策。对那些勇于和善于改革的先行者应给以更多的宽容和支持。对经实践证明行之有效、符合规律的做法，及时上升到法律层面，以巩固改革成果。

（三）变“宏微观各行其是”为“宏微观配套改革”

当前推进改革，既需要宏观体制改革，也需要微观体制改革，更需要宏观体制与微观体制配套改革，加强综合协调。

如前所述，在政府改革方面，我们需要“放权”“让权”和“分权”。相应地，就需要积极培育企业组织、社会组织和基层政府等微观主体，要让这些微观主体本身，既具有足够的活力动力，又具有相应的约束机制。只有有了这些微观主体的健康发展，宏观体制改革的目标才能够真正达成。

二、“十三五”时期政府改革的重中之重

（一）在各个领域成立跨部门的专项改革领导小组

各专项改革领导小组成员，应当具有广泛的代表性：既包括相关领域政府主管部门、监管部门的代表，也应包括相关领域的业界代表、被监管

者代表以及作为独立第三方的专家学者代表，以克服“部门主导改革”所带来的“部门利益至上”问题。

（二）重新划分政府职能

重点是淡化政府的宏观调控职能，放松宏观调控目标，实行区间化管理，即：中央政府制定一个可承受的经济增长上限和下限，中央银行制定一个可接受的通货膨胀上限和下限，四条界线形成一个四方形的宏观调控目标区间。并明确宣布 3 大基本原则。

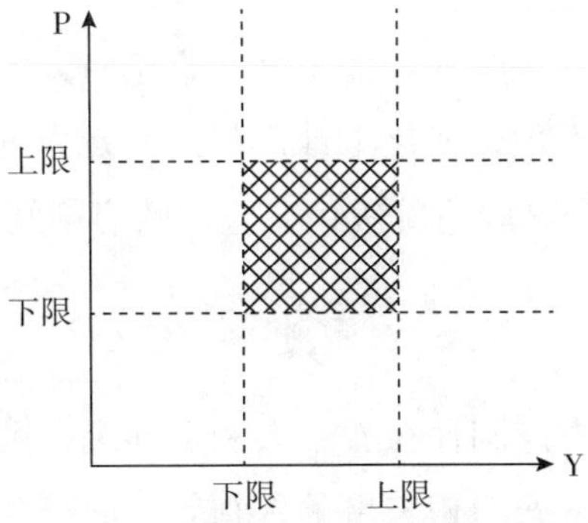

图 2-2　宏观调控目标区间

第一，当预测值位于这一方形区间之内时，无论是中央政府还是中央银行都不得出手干预经济运行。

第二，只有当预测值有可能超出目标区间范围时，中央银行或中央政府方可出手干预，但仅限于货币政策、财政政策等总量政策。

第三，政府出手干预时尽量不使用价格控制等行政手段。如果非要使用行政手段时，必须经由全国人大（常委会）授权批准。

（三）横向上优化政府组织结构，实现决策、执行、监督三权分立，为此要“加强3个独立性”，“分拆2个职能部门”

1. 加强统计部门的独立性

将统计部门脱离政府系列，归入人大系列，直接对人大负责，以避免各级政府对统计数据的人为干预，提高统计数据的可信度，提高各级政府的公信力。

2. 加强中央银行的独立性

将中央银行脱离政府系列，归入人大系列，直接对全国人大负责，以减少各级政府和部门对货币政策的干预，增强货币币值的稳定性，防止通货膨胀或通货紧缩。

3. 加强审计部门的独立性

将其脱离政府系列，归入人大系列，直接对人大负责，以避免政府部门对审计结果的人为干预，强化审计部门的问责力度。审计部门设置于政府系列之外，有助于提高政府的威信，宣示政府彻底反腐的坚强决心。

4. 分拆国家发改委

目前的国家发改委体制存在着三大利益冲突，第一个冲突是发展与改革之间的矛盾。但凡发展的相关事务，领导一般都会比较着急，如经济增长率下降几个百分点、失业率上升了多少等，都是领导最关心的，而改革的事情似乎能拖就拖。例如，2009 年应对国际金融危机时，如果国家体改委还在，如果能够提出一个以改革的方法来应对危机的方案的话，今天的中国经济或许就会好过得多。又比如，建立存款保险制度的建议至少在 90 年代中期就已经提出，2007 年人民银行想干没有干成，直到 2015 年才开始实施，为什么会拖延了 20 年之久呢？其中一个重要原因就是改革的事情总是能拖就拖。

国家发改委体制的第二个冲突就是改革与审批之间的矛盾。发改委与体改委的最大区别就是，原来的体改委是没有审批权的，所以它提出的改革方案往往比较中立、比较客观；而国家发改委则不同，由于其自身拥有很大的审批权，所以，在制定改革方案时，就很容易将自身的部门利益掺杂其中，即使它能够努力克服部门利益，也容易遭到其他部门的抵制。

国家发改委体制的第三个冲突是市场化改革与传统计划经济之间的冲突。原国家体改委是“市场化改革的先头部队”，而国家发改委的前身——国家计委则是“计划经济的核心堡垒”。把一只市场化改革的部队放到计划经济的核心堡垒里，究竟是市场改计划还是计划改市场了呢？

对此，笔者曾在2004年中国（海南）改革研究院的一次改革形势内部座谈会上表示过担忧，并指出发改委体制会导致改革缺乏协调机制，“过十年我们会后悔的！”[①] 果不其然，上届政府时期，改革之所以放缓、停滞甚至倒退，在很大程度上与此体制有关。

因此，新一轮政府改革中，一方面，应当将改革协调任务移交至中央改革领导小组；另一方面，应当将国家发改委的项目审批权剥离至其他执行部门；并将国家发改委改名为“国家规划委”，只留下中长期规划制定职能，类似日本过去的“企划厅”。此外，还有一部分与地方事务有关的职能应当划归“地方事务部”（见后述）。

引人关注的是：印度新任总理一上台，在大力推进改革之时，首先就撤销了该国的“国家发改委”，这一做法不得不令人深思。

5. 分拆财政部

在财政机构改革方面，一是建议将地方财政监督职能从目前的财政部里剥离出来，成立“国家地方事务部”，其基本职能应当是：一方面，在中央政府进行决策、下达各项达标指标时，能够替地方政府说话，反映地方财力状况，在地方财力不足时提出政策建议；另一方面，还可以反过来监督地方财政状况，尤其是地方政府的债务状况，以防止地方政府债务失控。目前，日本的政府债务问题虽然相当严重，但是其地方政府的债务并不是太多，其中一个重要原因就是其中央财政与地方财政分属财务省和总务省两个不同部门进行管理，并定期进行协调，从而确保中央与地方关系能够在日常决策中得到及时调整。

① 见中国（海南）改革发展研究院网站。

二是建议设立由有关部门代表和专家学者参与的“财政政策委员会”，作为国家财政政策的决策机构，以明确财政政策决策的参与者和其所承担的责任，以此来规范中国财政政策的决策机制和决策程序，使得那些参与政策制定的人能够对社会负责、对国民负责、对历史负责。

笔者曾于2008年在财政部的一次专家座谈会上提出此项建议（见财政部网站[①]）。后来得知国际货币基金组织也在力推此事，所不同的是，IMF所提倡的“财政委员会”[②]，主要功能是作为独立机构监督财政政策的执行，评估财政政策的效果，而不是一个决策机构。这主要是因为在发达国家，财政预算通常是由预算委员会提出，经议会讨论批准。在中国，财政预算是由政府提出，因此必须尽快规范其决策程序和决策机制。

专栏2-1　建议成立“财政政策委员会”

北京奥运会本身对中国经济的拉动力量微小，但奥运会对全国经济的影响可能来自其他方面：奥运会之后，之前的价格管制可能会逐步放开。在一片维稳声中，国务院发展研究中心宏观部副部长魏加宁建议，应成立“财政政策委员会”，让财政政策发挥更大作用。

奥运会之后，要达到上月底中央政治局会议提出的“把保持经济平稳较快发展和控制物价过快上涨”的宏观经济目标，在央行去年6次加息和去年10次、今年5次提高准备金率之后，货币政策发挥作用的空间已经不大，健全财政政策体系，让财政政策发挥更大作用的需求日益显现。国务院发展研究中心宏观部副部长魏加宁日前出席财政部组

---

① http://www.mof.gov.cn/was5/web/search?page=862&channelid=219848&searchword=doctitle%2F1000%2Cdoccontent%2F1%2B%3Dlike%28%27%E8%B4%A2%E6%94%BF%E6%94%BF%E7%AD%96%E5%A7%94%E5%91%98%E4%BC%9A%27%2C80%29&keyword=doctitle%2F1000%2Cdoccontent%2F1%2B%3Dlike%28%27%E8%B4%A2%E6%94%BF%E6%94%BF%E7%AD%96%E5%A7%94%E5%91%98%E4%BC%9A%27%2C80%29&orderby=-docreltime&perpage=10&outlinepage=10.

② IMF所指的财政委员会，主要功能是作为独立机构监督财政政策的执行，评估财政政策的效果。不是一个决策机构。

截至2012年3月，共有14个国家设立了财政委员会（或类似财政委员会的机构）。

资料来源：Budina N，Schaechter A，Weber A，et al. Fiscal Rules in Response to the Crisis; Toward the" Next-Generation" Rules: A New Dataset[R]. International Monetary Fund，2012，P24.

织的研讨会上提出建议，成立类似货币政策委员会的“财政政策委员会”，以加强财政政策决策的科学化、民主化。

——节选自朱小雯：“国务院专家建议成立‘财政政策委员会’”，载于《中国财经报》，2008年8月6日。

6. 关于统计制度改革

特别需要强调的是，应将统计制度改革作为整个政府机构改革的一个重要突破口。

长期以来，中国的统计数据一直饱受诟病，究其原因，还在于现行的统计制度存在着严重缺陷。因此，要想提高统计数据的公信力，就必须从体制上排除各种因素的干扰。

首先，要排除统计部门自身的造假动机。由于在中国现行统计制度的安排上，统计部门不仅负责统计和公布各种数据，同时还肩负着形势分析和经济预测等职能，于是，为了在领导面前能够拥有更多的话语权，统计部门就很容易产生造假动机，让数据为观点服务，甚至为论证自己当初预测的准确性而不惜调整统计数据。这也是为什么我们的经济学家在有关争论中常常会输给统计部门官员的一个重要原因——要么是经济学家根本看不到那些“被保密”的数据，要么是经济学家根本不知道“统计口径已变”。

因此，为了提高统计数据的公信力，就必须首先提高统计部门的公信力，要提高统计部门的公信力，就必须首先将形势分析和经济预测职能从统计部门剥离出去，以便使统计部门能够专注于统计数据本身的真实性和准确度。至于这些数据究竟代表着什么含义？是表示经济上行还是下行？是表明通胀上升还是下降？则应当由官方智库和民间智库的经济学家们去展开公平竞争，看谁分析的更科学、预测的更准确，而经济学家们的分析预测，均要以统计数据的真实、准确为前提。

其次，要排除来自地方政府的干扰。应当承认，在大多数情况下，中国的统计部门还是很想把统计数据搞准确的，但是由于各地之间的竞争攀比日趋激烈，于是，来自地方政府对统计数据的干扰也日益严重，使得统计部门常常左右为难。例如，有关部门对社会融资规模早有分省统计，但迟迟不敢向社会公布，一个重要原因就是担心地方政府之间的相互攀比会给金融机构带来更大的压力。

其实，要排除地方政府的干扰、防止地方间相互攀比也并非毫无办法，中国古人早有实践。据钱穆先生考证，早在汉朝时期，除了各郡每年要向中央上计薄（即上报各种统计报表）以外，中央政府还会特派“刺史”到地方进行调查，当时全国共分为 13 个调查区，每一个区派一个“刺史”，平均每一个刺史负责调查的区域范围不会超过 9 个郡（钱穆，1993）。由此可见，有些统计数据，如果按照大区的范围来进行统计和加以公布的话，就有可能提高其真实性和可靠程度。

再次，要排除来自中央政府的压力。不可否认，即使中国的统计部门想把数据搞准确了，但是按照现行制度安排，统计部门是在国务院领导下，而国务院又全面负责经济工作，于是，每当经济形势不好，尤其是过冷或过热时，统计部门就很容易受到来自上面的压力，不得不“顺上意”，替上面“说好话”。对于这种现象，著名经济学家孙冶方早有提醒。

改革开放之初，当时的中央领导提出“翻两番”的奋斗目标时，中国经济学界并不认可，许多经济学家认为做不到。而当时的著名经济学家孙冶方先生写了一篇文章，论证翻两番不仅有政治保证，而且有技术经济做保障。为此，当时的国务院总理赵紫阳代表中共中央总书记胡耀邦到北京医院去看望病重住院的孙冶方先生，当面表扬他的这篇文章写得好，而孙冶方当时的答复却是：“希望中央高度重视统计工作。统计只有独立才可靠！”

一位最著名的经济学家，在他生命的最后时刻，最后一次机会见到中央的最高领导时，他所说的一定是他认为最重要的事情，可为什么他却说了一个最基础的事情？原来，在计划经济时期，孙冶方先生曾经担任过国家统计局的副局长，因此对于造成三年困难时期的统计体制原因一直刻骨铭心。

遵循孙冶方先生的遗愿，结合中国的现实情况，加强统计部门的独立性已经成为当务之急，因为统计数据的可靠性问题已经严重威胁到了中国政府的威信，因此，必须尽快将统计部门从政府序列中转移出去，移到全国人大序列，专门对人大负责。这样做，不仅不会降低政府的权威和公信力，反而可以表明本届政府将依靠真本事搞经济，而不是靠调数字混日子；而且还可以表明政府“壮士断腕”的改革决心，表明改革从政府自身做起的大智大勇。

最后，要想提高统计数据的质量和可信度，还需要打破统计部门包打天下的垄断局面，允许符合一定资质的民间机构依法、科学进行数据采集和统计整理，这既是对官方统计机构的有益补充，也是通过引入竞争机制，刺激官方机构更好地提高统计工作的质量和效率，从而促使中国统计工作整体公信力得到提高。为此，需要进一步解放思想，需要对统计工作采取更加开放、更加理性的心态，需要修改《统计法》《保密法》等相关法律，需要官方机构对民间统计的大力支持和政策扶持。

总之，如果在新的一轮改革大潮中能够逐步实现以上改革，那么中国的统计制度就会更加科学，统计数据就会更具公信力，整个统计工作也就会更上层楼，政府的威信也会大大提高。

（四）纵向上优化政府组织结构，推进政府层级扁平化，调整行政区划，重新划分政府间事权

1. 加快推进政府层级“扁平化”，相应调整省级行政区划

重新划分政府间事权就会面临究竟是按照现有的五级政府划分，还是按照国际上通行的三级政府划分的问题；如果按照现行的五级政府划分，既会面临职能重复交叉问题，又会为将来的改革设置新的障碍。因此，应当加快推进政府层级“扁平化”进程，一方面，加快推进“省直管县”进程，实现人事、行政、财政体制并轨；另一方面，将乡镇政府变为县级政府的派出机构，从而实现三级政府的基本架构。

但是，实现政府层级扁平化以后，相应地就会带来省级政府权力过大、

管理幅度过宽的新问题，因此，必须及时调整省级行政区域划分，将现有省级行政区划小，同时，进一步下放权力，赋予县级政府更大的自主权。省级政府在国家行政管理体系中居于承上启下的位置，对省以下地方政府的管理，带有一定的中观指导性，可以通过地方立法、政策制定、财政转移支付等间接方式对县市进行管理，大量的具体事务可由直接面向社会公众的县市政府承办。

2. 在压缩政府层级、调整行政区划的基础上，重新划分政府间事权

从各级政府职能分工的角度来看，宏观调控方面应当适当增强弹性，中央政府应当更多关注总量调节；而地方政府则应适度淡化增长目标，变追求 GDP 为提供公共服务。

市场监管方面应当重心下移，中央政府制定标准，省级政府监督协调，县市级政府具体执行；中央政府部门适当下设派出机构进行监督，地方政府将工作重心从经济增长转移到食品卫生、环境保护等公众关注的热点问题上。

社会管理方面应当创新模式，中央加强顶层设计，地方积极探索试验；中央合理选择与设立改革实验区，鼓励地方积极探索，及时总结推广先进经验。

公共服务领域应当合理分工，加大中央政府在国防、外交、社保的支出责任，增强地方政府在地区性交通、警察、消防、教育、医疗、环保、绿化、城市供水、下水道、垃圾处理、公园等地方性公共产品和公共服务项目的自主决策权，改审批制为备案制。

3. 最后，在事权调整的基础上，研究各层级政府的财权、财力配置，彻底理顺中央与地方关系

鉴于中央与地方关系事关重大、内容繁杂，具体内容将在第三章进行详细论述。

附件2-1　“十八届三中全会以来经济体制改革进展评估”问卷调查结果

2016年5月，我们组织实施了一次有关“十八届三中全会以来经济体制改革进展评估”的问卷调查。现将问卷调查的结果和初步分析报告如下。

一、有关“经济体制改革进展评估”问卷调查结果

此次对经济体制改革进展的评估主要分为财税改革、金融改革、国企改革、商事制度、产权保护、社会保障、民间投资、对外开放、农村改革、价格改革、政府职能11项改革以及总体评价，参与者可选择非常满意（记5分）、满意（记4分）、及格（记3分）、不满意（记2分）、非常不满意（记1分）和不清楚（记0分）六个选项。下文所用分数均为平均分（回答“不清楚”的未参与计算）。

（一）总体评估结果——对外开放位居第一，国企改革垫底

在回收的问卷中，总体评价为2.91分。上述11项改革的平均分分别为：对外开放3.34分、商事制度3.26分、财税改革2.98分、农村改革2.87分、价格改革2.87分、社会保障2.84分、政府职能2.82分、产权保护2.78分、金融改革2.63分、民间投资2.47分和国企改革2.11分。其中，得分最高的前三项分别是：对外开放（3.34），商事制度（3.26），财税改革（2.98）；得分最低的后三项分别是：国企改革最低（2.11），民间投资倒数第二（2.47），金融改革倒数第三（2.63）。得分结果见图1。

首先，专家学者（28人）给出的总体评价为2.8分，11项项改革的平均分分别为：商事制度3.5分，对外开放3.15分，财税改革3.14分，价格改革3.04分，社会保障2.96分，政府职能2.81分，农村改革2.77分，产权保护2.54分，金融改革2.48分，民间投资2.44分和国企改革1.89分。

其中，得分最高的前三项是：商事制度（3.5），对外开放（3.15），财税改革（3.14）；得分最低的为国企改革，仅1.89分（见图2）。

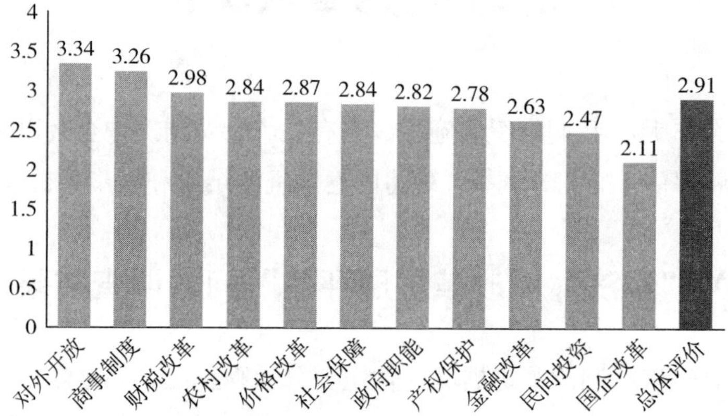

图1　经济体制改革进展评估——总体平均分（100人）

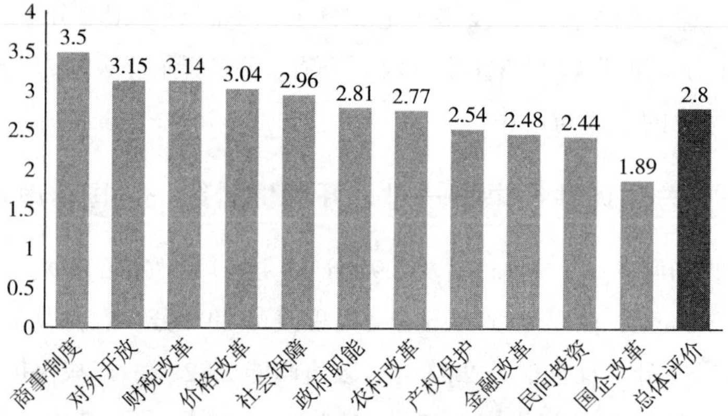

图2　经济体制改革进展评估——专家学者平均分（28人）

其次，政府官员（47位）给出的总体评价为3.06分，11项改革的平均分分别为：对外开放3.51分，商事制度3.34分，农村改革3.09分，财税改革3.07，产权保护3.04分，政府职能2.96分，社会保障2.85分，金融改革2.82分，价格改革2.8分，民间投资2.51分和国企改革2.29分。其中，得分最高的前3项分别为：对外开放（3.51），商事制度（3.34），农村改革（3.09）；得分最低的后3项分别为：国企改革（2.29），民间投资（2.51），价格改革（2.8）。得分结果见图 3。

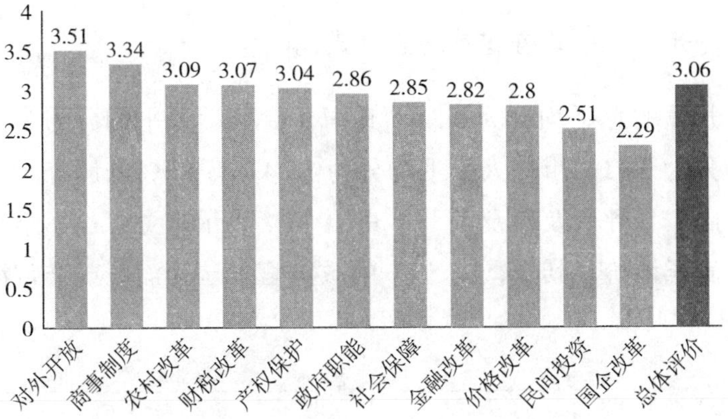

图 3　经济体制改革进展评估——政府官员平均分（47 人）

最后，市场人士（25 位）给出的总体评价为 2.74 分，11 项改革的平均分分别为：对外开放 3.24 分，商事制度 2.88 分，价格改革 2.79 分，社会保障 2.68 分，财税改革 2.64 分，政府职能 2.56 分，产权保护 2.54 分，农村改革 2.54 分，金融改革 2.44 分，民间投资 2.42 分和国企改革 2.04 分。其中，得分最高的前 3 项为：对外开放（3.24），商事制度（2.88）和价格改革（2.79）；得分最低的后 3 项为：国企改革（2.04），民间投资（2.42），金融改革（2.44）。得分结果见图 4。

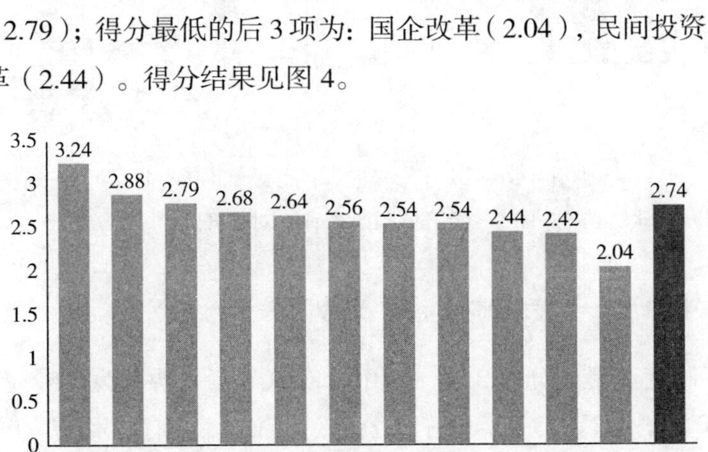

图 4　经济体制改革进展评估——市场人士平均分（25 人）

（二）各单项评估结果

1.对外开放——政府官员满意度最高

对外开放的总平均分为3.34，其中，专家学者平均分为3.15，政府官员平均分为3.51，市场人士平均分为3.24。有85%的调查对象对对外开放的进展工作评价及格及以上，其中46%表示满意，14%给出不满意或非常不满意评价。其中，有55%的政府官员认为满意或非常满意（见图5）。

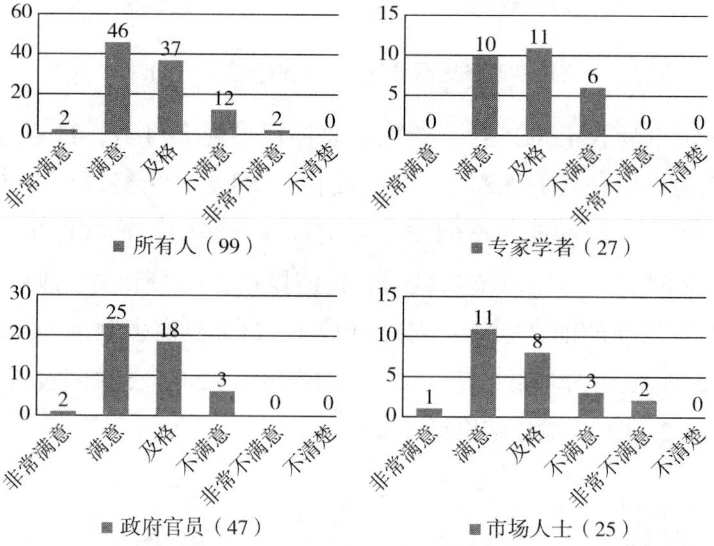

图5　经济体制改革——对外开放

2.商事制度——专家学者满意度最高

商事制度总平均分为3.26，其中，专家学者平均分为3.5，政府官员平均分为3.34，市场人士平均分为2.88。有38%的调查对象认为商事制度改革处于及格水平，31%表示满意，5人表示非常满意，但也有15%的调查对象表示不满意或非常不满意。

有 44% 的专家学者对商事制度改革情况表示满意，33% 认为达到及格水平，1 人表示非常满意，2 人表示不满意。有 40% 的政府官员对商事制度改革做出满意或非常满意评价，36% 认为达到及格水平；有 50% 市场人士认为达到及格水平，持满意或不满意意见人数大体相当（见图 6）。

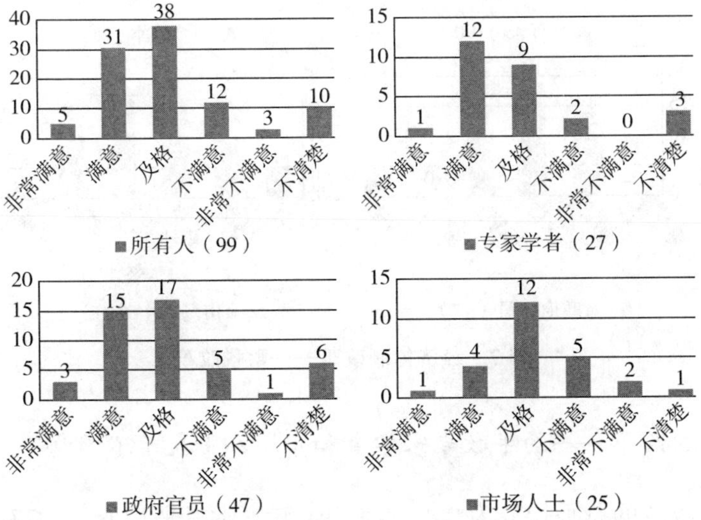

图 6 经济体制改革——商事制度

3.财税改革——普遍表示及格以上，市场人士略有异议

财税改革总平均分为 2.98，其中专家学者平均分为 3.14，政府官员平均分为 3.07，市场人士平均分为 2.64。有 41% 的调查对象认为财税改革进展情况为及格水平，25% 表示满意，23% 表示不满意。

其中，有 82% 的专家学者认为财税改革进展为及格及以上水平，1 人表示非常满意；有 40% 政府官员给出及格评价，表示满意和不满意的人数较接近，分别是 14 和 11 人；市场人士的观点较为分散，表示及格和对改革不满意的人各占 28%，5 人表示非常不满意，表示满意和非常满意的共 6 人（见图 7）。

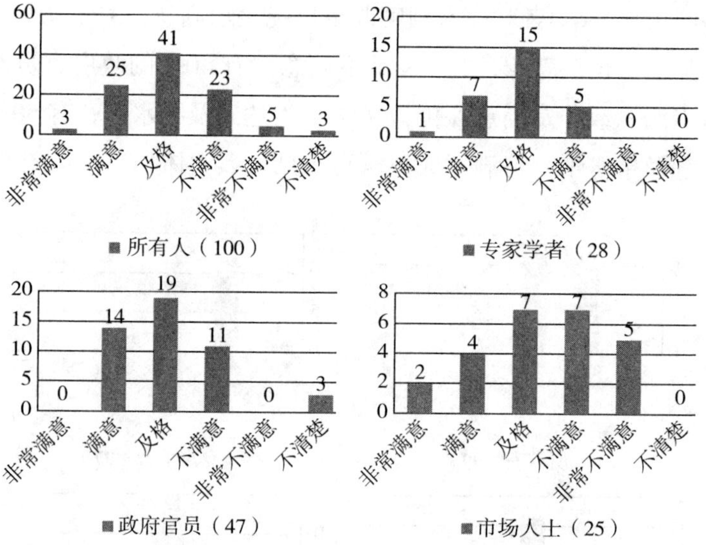

图 7　经济体制改革——财税改革

4.农村改革——约半数专家学者和市场人士表示不满意

农村改革的总平均分为 2.87，其中，专家学者平均分为 2.77，政府官员平均分为 3.09，市场人士平均分为 2.54。有 43% 的调查对象认为农村改革达及格水平，31% 认为不满意或满意，21% 表示满意。

有 55% 的政府官员和 36% 的市场人士认为可达及格水平，有 44% 的专家学者表示不满意（见图 8）。

5.价格改革——政府官员有分歧，约半数表示不满意

价格改革的总平均分为 2.87，其中，专家学者平均分为 3.04，政府官员平均分为 2.8，市场人士平均分为 2.79。有 40% 的调查对象认为价格改革进展能达到及格水平，23% 表示满意及以上，32% 认为不满意或非常不满意。有 70% 的专家学者、57%的政府官员和 64% 的市场人士认为可达及格及以上水平，30% 的专家学者认为不满意（见图 9）。

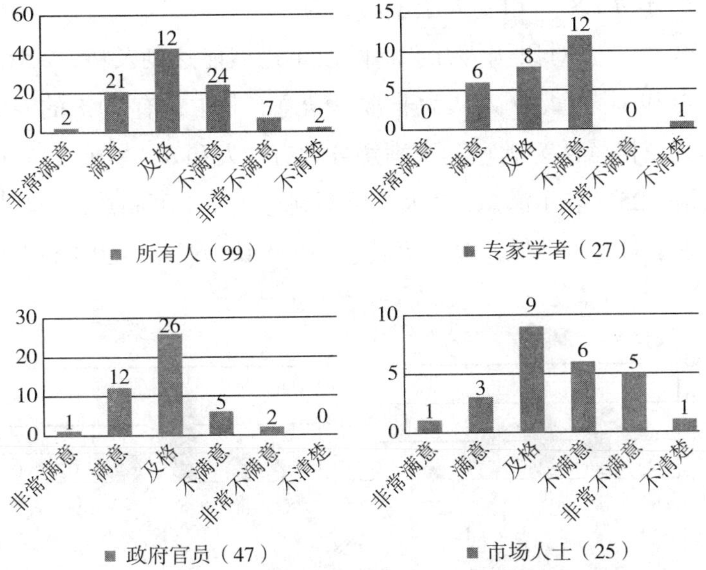

图 8　经济体制改革——农村改革

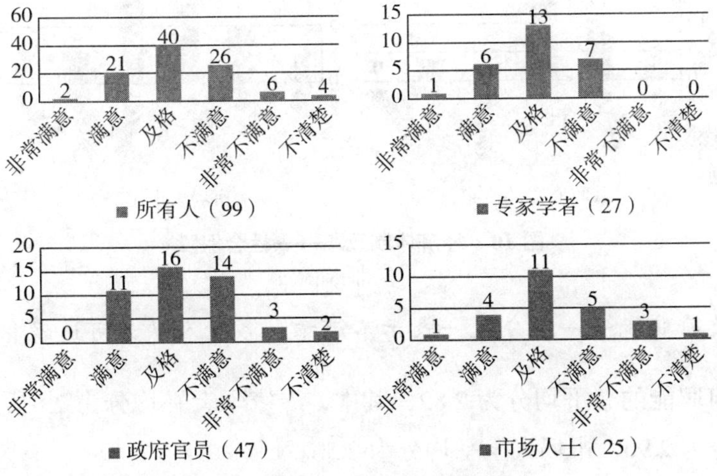

图 9　经济体制改革——价格改革

6.社会保障——政府官员较为满意，市场人士半数不满意

社会保障改革的总平均分为 2.84，其中，专家学者平均分为 2.96，政

府官员平均分为 2.85，市场人士平均分为 2.68。

有 40% 的调查对象认为社会保障改革进展能达到及格，22 和 28 人分别表示满意和不满意，7 人认为非常不满意。其中，有 59% 的专家学者认为可以达到及格，认为满意和不满意分别有 5 人和 6 人；有 36% 的政府官员认为及格，25% 表示满意，7 人表示不满意或非常不满意；市场人士中有 36% 的人表示对一社会保障改革不满意，28% 认为及格，20% 认为满意（见图 10）。

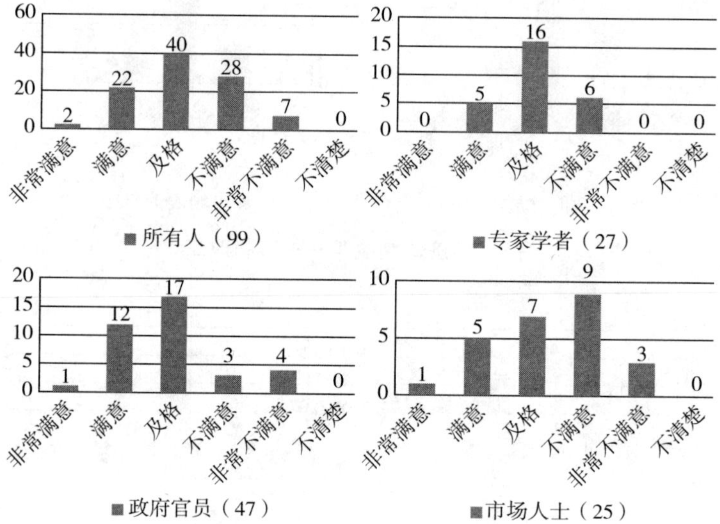

图 10 经济体制改革——社会保障

7.政府职能——三分之一表示不满意，多数人认为可达及格

政府职能的总平均分为 2.82，其中，专家学者平均分为 2.81，政府官员平均分为 2.96，市场人士平均分为 2.56。

有 49% 的调查对象表示政府职能改革能达及格水平，25% 认为不满意。其中，52% 的专家学者和 51% 的政府官员认为及格，44% 的市场人士表示不满意或非常不满意（见图 11）。

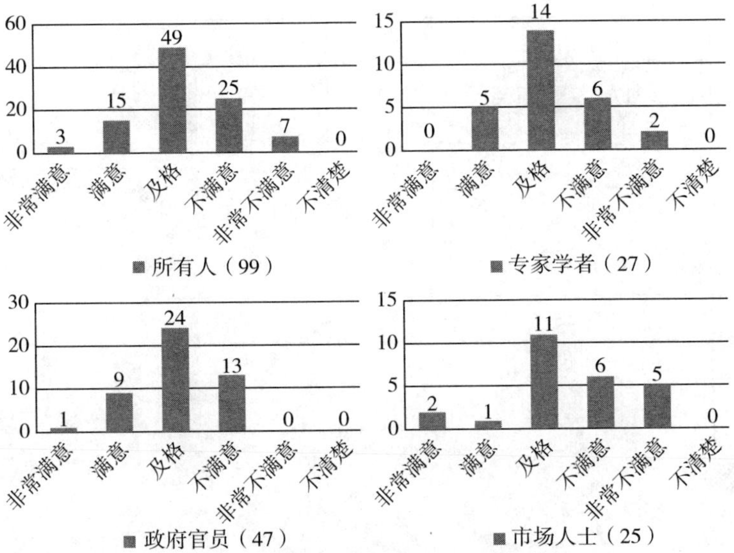

图 11　经济体制改革——政府职能

8.产权保护——专家学者市场人士表示不满，政府官员观点相反

产权保护的总平均分为 2.78，其中，专家学者平均分为 2.54，政府官员平均分为 3.04，市场人士平均分为 2.54。

有 41% 的调查对象认为产权保护进展达到及格水平，30% 认为不满意，19% 认为达到满意及以上水平。其中，44% 的专家学者、21%的政府官员、32% 的市场人士对产权保护改革的进展表示不满意，有 5 人表示非常不满意；有 30% 的专家学者、46% 的政府官员和 44% 市场人士认为能达到及格水平（见图 12）。

9.金融改革——政府官员认为稍可观，市场人士较为消极

金融改革的总平均分为 2.63，其中，专家学者平均分为 2.48，政府官员平均分为 2.82，市场人士平均分为 2.44。有 44% 的调查对象认为金融改革进展情况为及格，41% 的调查对象表示不满意和非常不满意，仅 11% 认为金融改革满意。

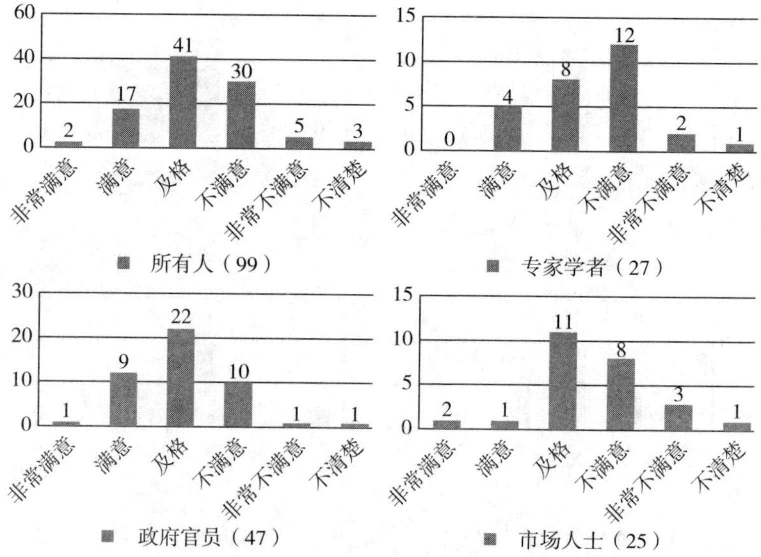

图 12　经济体制改革——产权保护

有 51% 的专家学者认为金融改革进展达到及格水平，44% 认为进展不满意和非常不满意，仅 1 人对金融改革表示满意；有 43%的政府官员认为金融改革进展达到及格水平，8 人表示满意，16 人表示不满意；有 92% 的市场人士金融改革处于及格及以下水平，仅 1 人表示满意，1 人表示非常满意（见图 13）。

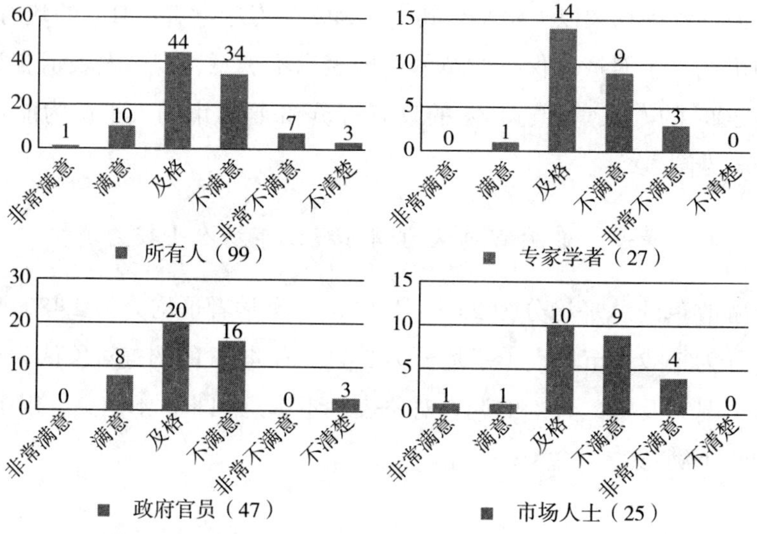

图 13　经济体制改革——金融改革

10.民间投资——总体过半数表示不满意

民间投资的总平均分为 2.47，其中，专家学者平均分为 2.44，政府官员平均分为 2.51，市场人士平均分为 2.42。

有 43% 的调查对象认为民间投资改革进展情况不满意，10% 的人认为非常不满意，32% 表示达到及格水平。其中，有 60% 的专家学者、36% 的政府官员和 40% 的市场人士表示对民间投资改革不满意（见图 14）。

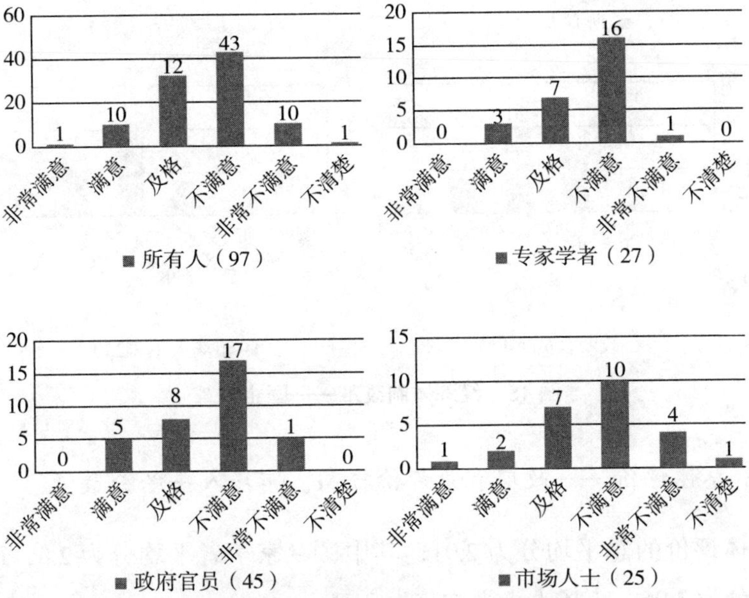

图 14 经济体制改革——民间投资

11.国企改革——七成以上表示不满意

国企改革的总平均分为 2.11，其中，专家学者平均分为 1.89，政府官员平均分为 2.29，市场人士平均分为 2.04。

有 51% 的调查对象对国企改革进展情况表示不满意，21% 的人表示非常不满意，仅 6% 认为满意和非常满意。其中，有 88% 的专家学者、

60% 的政府官员及 76% 的市场人士对国企改革表示不满意和非常不满意（见图 15）。

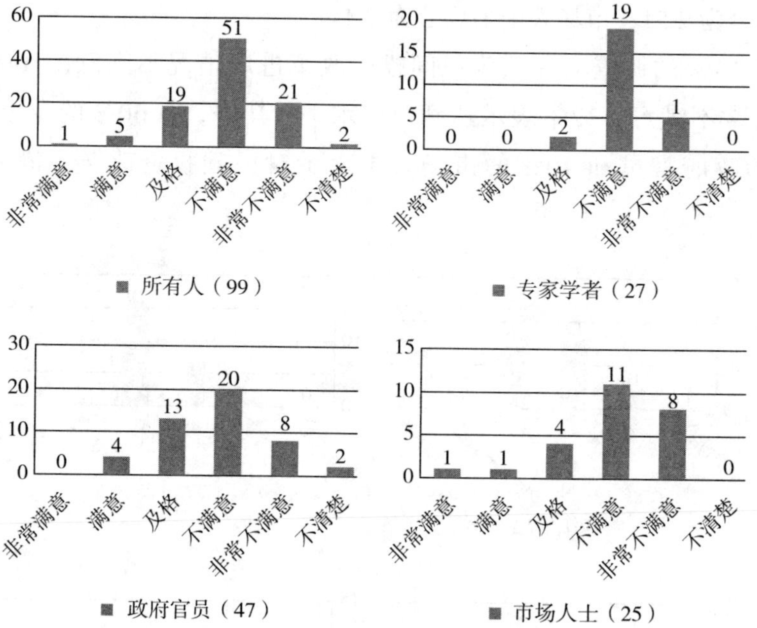

图 15　经济体制改革——国企改革

12. 总体评价——政府官员评价较高，市场人士给分最低

总体评价的总平均分为 2.91，其中，专家学者平均分为 2.8，政府官员平均分为 3.06，市场人士平均分为 2.74。

有 54% 的人认为总体改革为及格，19% 表示满意，19% 表示不满意，4 人表示非常不满意。其中，有 35% 的专家学者表示不满意，26% 的政府官员表示满意改革进展，32% 的市场人士给出不满意及以下评价（见图 16）。

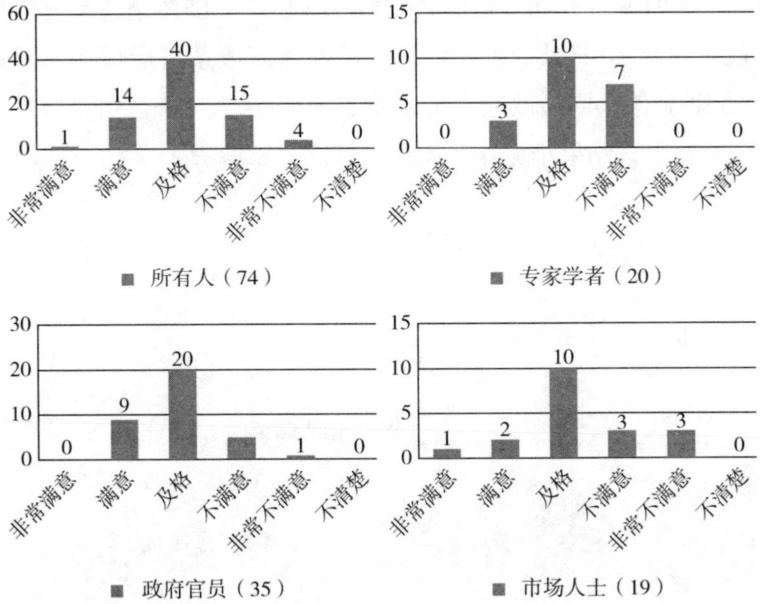

图 16 经济体制改革——总体评价

小结

尽管此次问卷样本较少，但是评估结果与我们的直觉大体吻合，尤其是排在末尾的国企改革，基本反映了社会各界对该项改革现状的不满。

说明

参加此次“十八届三中全会以来经济体制改革进展评估”问卷调查的既有政府官员，也有专家学者，还有市场人士，问卷调查得到了中国金融四十人论坛、新供给五十人论坛、长江商学院、清华大学继续教育学院等有关机构的大力支持。

问卷于5月9日开始发放，共发放373份“经济体制改革进展评估”问卷；截至5月30日共收回100份“经济体制改革进展评估”问卷（包括28位专家学者、47位政府官员以及25位市场人士）。由于条件限制，此问卷样本较少，结果难免存在偏差，仅供大家参考。

魏加宁　欧畅

第三章
财税改革：以政府间关系为视角

研究中央与地方关系或者说政府间关系，至少可以从法律、行政、事权、财权、财力等多维度进行分析。本章侧重在财税领域，并且主要从财税改革方向的角度进行学术性探讨[①]。

第一节 理论框架与历史经验

各国学者结合各国经验对政府间关系进行了长期的探索，多年来这方面的研究成果在不断积累。英国政治思想家约翰·密尔（John Stuart Mill）在其《代议制政府》（1861 年著，1982 年中译版）一书中，回答了“地方机关的职权以及它们应否受到中央政府的何种干预和什么样的干预”。而英国学者罗德·黑格和马丁·哈罗普（Rod Hague & Martin Harrop，2007）则总结了地方政府与中央政府关系的两种模式：二元型模式——地方政府被看作是独立于中央的一个组织；混合型模式——地方政府被视为单一国家体系中的组成部分。法国学者让·里韦罗（Jean Rivero，2008）对严格的中央集权、地方分权和权力下放等概念进行了深入探讨。而日本学者辻清明（2008）则分析了近代地方自治与中央集权统治的关系，将如何调整中央集权与地方分权的问题最终归结于地方政府拥有何种范围的自主权限以及中央政府对此能够拥有何种程度的控制能力等。

一、政府间关系的三种模式

首先，人们在研究中央与地方关系时，最为关注的国家之一是美国，

① 按照惯例，本书在讲理论或中国时，地方政府通常是指省及省以下各级地方政府。而在讲国际经验时，如无特别说明，地方政府仅指省州下面的基层政府。另外，为方便比较，书中将联邦政府视为中央政府同级。

Wright Deil S. 曾将不同时期的美国政府间关系划分为三种模式[①]（见图 3-1）。

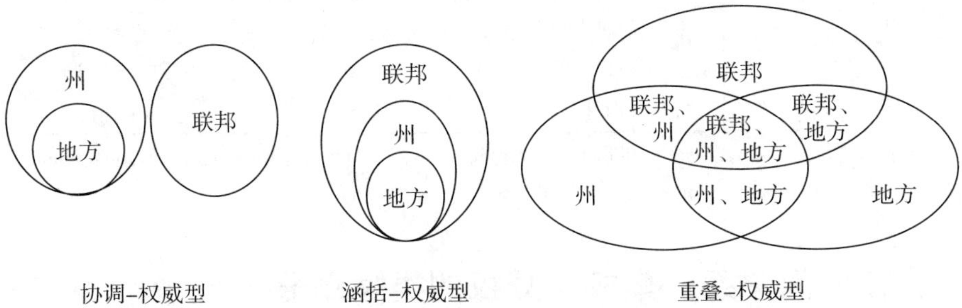

图 3-1 美国政府间关系运作模式分类

1. 协调-权威型

联邦政府与州政府的权力是截然分开的，各自拥有独立自主的权限范围，倘若发生冲突，则交由联邦法院仲裁。地方政府完全附属于州政府，故称之为“二元联邦主义”。

2. 涵括-权威型

联邦、州、地方政府权力大小具有层级分配特性，是层层涵括于上一级政府之内的。联邦政府主导全国性政策，并透过各种财政辅助手段影响州政府与地方政府，使其加以配合。

3. 重叠-权威型

三个层级的政府之间的运作在相当大的范围都同时互相涉及，各级政府独立自主的领域相对于交集部分显得比较狭小，政策的制定与执行主要是经由谈判（Bargaining）的过程来决定，联邦政府提供各种各样的援助计划，以换取州、地方政府执行联邦政府政策的承诺（Agreement）。总之，三个层级的政府之间处于一种谈判、互相依赖、伙伴关系的行为模式，彼此之间既合作又竞争。

---

① 参见：林谷蓉，《中央与地方权限冲突》，五南图書出版有限公司2005年版。

表 3-1　　美国政府间关系运作模式的特点

	a	b	c
设计模式	协调型	涵括型	重叠型
关系	独立	依赖	互相依赖
权威模式	自主	层级	议价

资料来源：Wright，Deal S.1988. Understanding Intergovernmental Relation. 3rd Edition. Monterey. CA:Brooks/Cole Publishing Company.p.40，Table2–2.

二、政府间关系：集权与分权的类型划分

有学者从国家政体入手分析，将中央与地方关系划分为派出制、单一制、联邦制以及邦联制 4 种形式。其中，派出制是指地方政府仅仅作为中央政府的派出机构，负责执行中央政府的各项指令，不具有任何形式的决策权和独立性。事实上，这种形式比较少见。另一个极端是邦联制，美国曾经是从邦联制转变为联邦制的，现在的欧盟（European Union，EU）大体上也是在从邦联制向联邦制的方向发展。

另有日本学者从中央与地方之间的自由裁量权与决策影响力两方面进行分析，根据地方政府在执行中央政府决策时的自由裁量权大小以及地方政府对于中央政府在决策时的影响力大小，可以产生 4 种组合（如表 3–2 所示）。

表 3-2　　分权的裁量权与影响力

	裁量权	影响力
Ⅰ	+	+
Ⅱ	+	–
Ⅲ	–	+
Ⅳ	–	–

注：“裁量权”指地方在执行中央政府决策时的自由裁量权；“影响力”指地方对中央政府制定有关地方政策时的影响力。

资料来源：岩崎美紀子：《分権と連邦制》，ぎょうせい 1998 年版，第 7 页。

Ⅰ型，表示地方政府在执行中央政府决策时的自由裁量权比较大，同时，地方政府对于中央政府在决策时的影响力也比较大。

Ⅱ型，表示地方政府在执行中央政府决策时的自由裁量权比较大，但

是，地方政府对于中央政府在决策时的影响力则比较小。

Ⅲ型，表示地方政府在执行中央政府决策时的自由裁量权比较小，但是，地方政府对于中央政府在决策时的影响力则比较大。

Ⅳ型，表示地方政府在执行中央政府决策时的自由裁量权比较小，同时，地方政府对于中央政府在决策时的影响力也比较小。

把上述两种分类方法结合起来，每一种体制下都有4种类型，可以演化出16种组合。有日本学者认为，中国可能更接近于派出制里的第Ⅰ种类型，欧盟初期的欧共体（European Communities，EC）则属于邦联制的第Ⅰ种类型，而二者的发展方向都有可能是朝着联邦制的第Ⅳ种类型演进（见表3–3）[①]。

表3-3　分权化的分类与方向

	派出制	单一制	联邦制	邦联制
Ⅰ	中国			EC型
Ⅱ				
Ⅲ				
Ⅳ			EU型	

资料来源：内藤二郎：《中国の政府間財政関係の実態と対応》，日本図書センター2004年版。

三、政府间关系：集权·分权与集中·分散

有些研究是从财政收支量化分析的角度来进行分类。一方面，从财政收入的角度，将中央比重大、地方比重小的状态视为集权，而将中央比重小、地方比重大的状态视为分权；另一方面，从财政支出的角度，将中央比重大、地方比重小的状态视为集中，而将中央比重小、地方比重大的状态视为分散。两两组合，可以划分出4种类型（如图3–2所示）。

第一，集权·集中型：从财政收入的角度看是中央比重大而地方比重小，从财政支出的角度看也是中央比重大而地方比重小，位于第Ⅲ象限。

第二，分权·分散型：从财政收入的角度看是中央比重小而地方比重大，

① 内藤二郎：《中国の政府間財政関係の実態と対応》，日本図書センター2004年版。

从财政支出的角度看也是中央比重小而地方比重大，位于第Ⅰ象限。

第三，集权·分散型：从财政收入的角度看是中央比重大而地方比重小，而从财政支出的角度看则是中央比重小而地方比重大，位于第Ⅳ象限。

第四，分权·集中型：从财政收入的角度看是中央比重小而地方比重大，而从财政支出的角度看则是中央比重大而地方比重小，位于第Ⅱ象限。

进一步地，我们还可以把财政收入中中央与地方相对均等的状态称之为“均权型”，将财政支出中中央与地方相对均等的状态称之为“均等型”，进而形成 3×3 的矩阵组合。

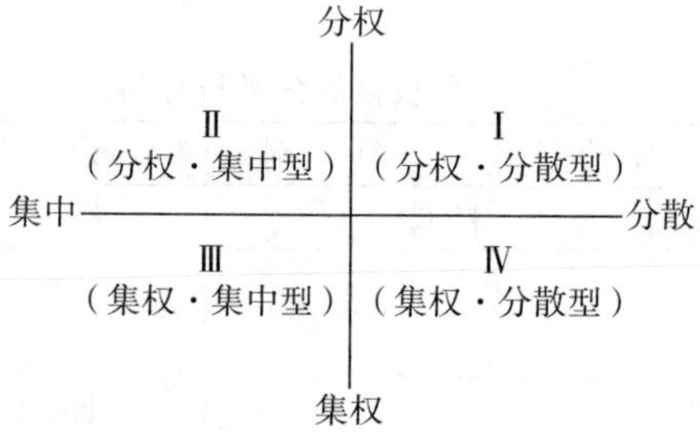

图 3-2　中央与地方财政关系分类

资料来源：张忠任：《现代中国の政府间财政关系》，御茶の水書房 2001 年版。

注：笔者对坐标轴的方向略作调整。

如果把中国的财政收支历史数据代进去就会发现，中国的财政体制在不同的时期，属于不同的类型。

如图 3–3 所示，“一五”时期基本上位于第Ⅲ象限，属于典型的“集权·集中型”财政体制。中央政府不仅在财政收入上实行高度集权体制，而且在财政支出方面也实行高度集中体制。

后来，经过 1958 年的大放权试验之后，六七十年代有所改变，大体上位于第Ⅱ象限，属于典型的“分权·集中型”体制。中央政府在财政收入方面比重明显下降，但是在财政支出方面仍然相对集中。

从改革开放初期到 1993 年，中央政府不断放权让利的结果，不仅使地方政府在财政收入的比重急剧上升，而且在财政支出的比重也出现了快速上升势头，于是进入了第Ⅰ象限，属于显著的“分权·分散型”体制。

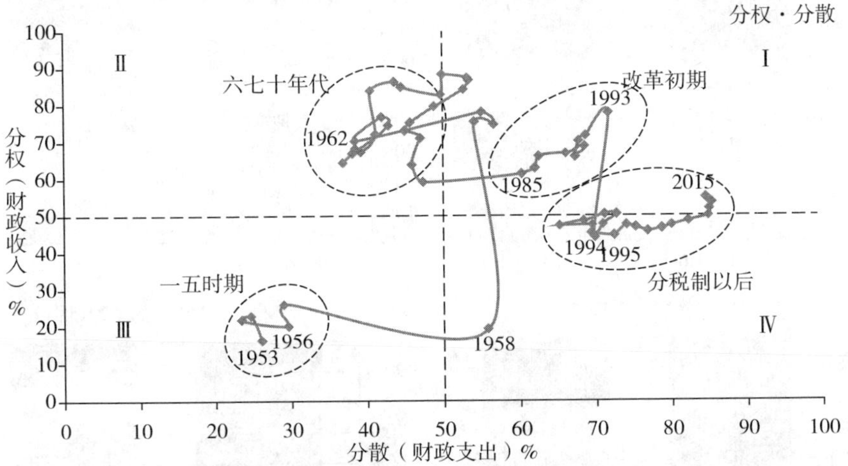

图 3-3 中国分时期的财政体制模型演变

资料来源：各年财政年鉴，杨坤等制图。

1994 年实行分税制改革以后，中央政府在财政收入方面的比重快速提高之后大体维持在与地方 5∶5 的水平上；但是在财政支出方面，地方政府的比重一直在不断上升，最近几年已经达到了历史最高水平，大约占 85%，位于第Ⅳ象限和第Ⅰ象限之间的边缘地带，准确地说属于一种比较特殊的“均权·高度分散型”体制。

下面选取几个具有代表性的关键年份数据归类如下（见图 3-4）。

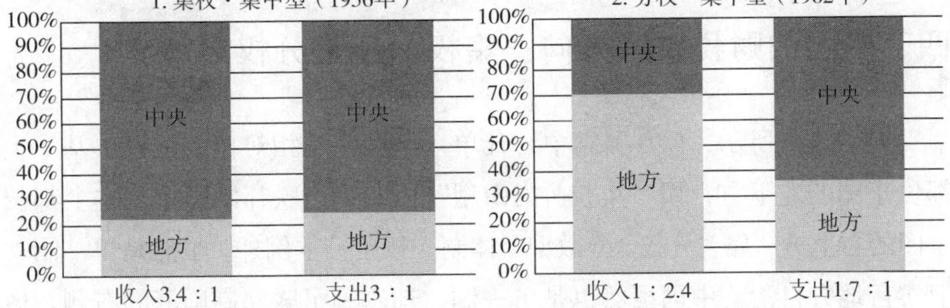

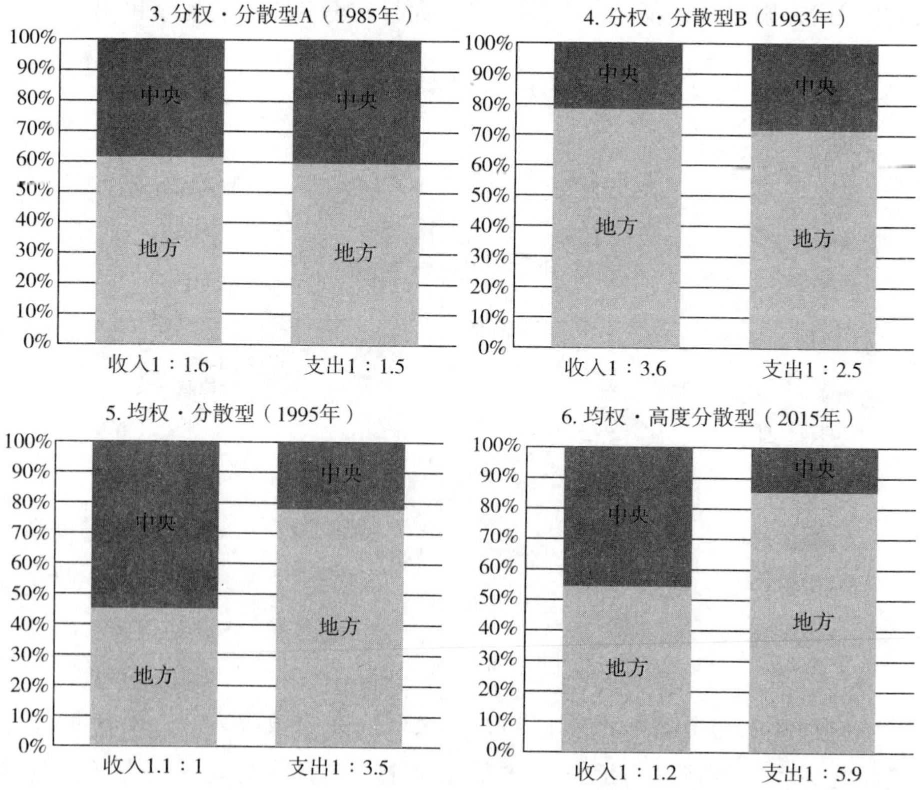

图 3-4　中国财政体制的变迁

数据来源：历年《财政年鉴》；2015 年数据出自 2016 年“两会”预算报告。

注：政府间财政关系分类方法图参考張忠任：“中国の政府間財政関係における主権と分権の交錯モデル”，载于《地方財政改革の国際動向》，頸草書房 1999 年版；張忠任：《現代中国の政府間財政関係》，御茶の水書房 2001 年版。笔者有所补充修正。

四、中国的财税改革方向：集权？还是分权？

如图 3–5 所示，G20 国家中，凡单一制国家（相对比较集权）基本上都位于图的左下方，属“集权・集中型”体制；而联邦制国家基本上都位于图的右上方，属“分权・分散型”体制。只是日本例外，虽然是单一制，但实行地方自治。中国虽然也是单一制，却跑到了联邦制国家的右侧，地方的支出占比过高。

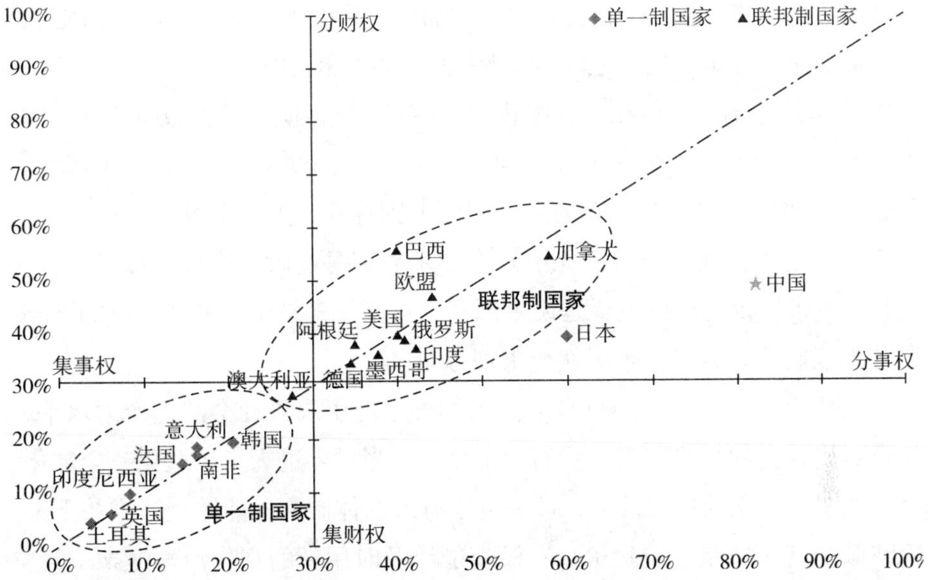

图 3-5 G20 国家地方财政收支比重

注：1. 通常制图是以 50% 轴线作为比较基准，如此则位于右上方的国家就很少了。因此，这里是以 30% 轴线作为比较基准。2. 财政支出与财政收入的比重大体上是均衡的，基本上是位于 45 度线左右，一般都不会偏离很远，但中国是个例外。

资料来源：1. 国际货币基金组织（IMF）GFS 数据库（不含中国、欧盟和日本）。2. 欧盟数据来自欧盟统计局（Eurostat）数据库。3. 日本数据来自日本财务省数据。4. 中国数据来自《中国统计年鉴 2013》。

需要强调指出的是，中国目前的财税体制虽然从表面上看，财政收入方面属于“均权型”，似乎相对适中，但是在财政支出方面，却存在着“高度分散”的现象，也就是地方政府的支出责任过多，财政负担过重，甚至超过了联邦制国家。其直接原因是实行分税制改革以后，事权层层下放、财权层层上收，但更深层的原因则是与单一制的过度集权体制有关。在这种过度集权体制之下，上级政府下放事权时，下级政府无力拒收；上级政府上收财权时，下级政府不敢不给——从而形成了财政支出责任过度下沉、地方财政支出比重过大的局面，导致地方政府财政日益困难，债务包袱越来越重，过度集权恐怕是导致中国出现“行为联邦制”（郑永年，2013）现象的真正原因，因此即使要适度上收支出责任，也应当在法治化和新型央地关系的框架下进行调整。

发达国家的分权分散型恰恰是在民主制加地方分权体制下实现的。中国的过度分散现状，实际上是过度集权的具体表现和必然结果[①]。

然而，与金融改革相比，财税改革滞后的原因之一就是方向不明。众所周知，金融改革至少在大方向问题上学术界早已达成共识，即市场化。但是与之相比，财税改革在大方向问题上则存在着严重分歧——在中国，究竟应当是集权还是分权，无论是在学术界还是在政府内部，都仍然众说纷纭。主张集权的理由主要是说中国几千年来一直是中央高度集权的国家，因此不能搞地方分权，否则就会出现分裂风险。

从历史角度来看，中央高度集权的确适应了农耕社会的生产力水平，符合封建社会的统治需求。然而时至今日，当世界进入了工业化、全球化、互联网、民主化的现代社会，过去行之有效的体制未必能够继续维持下去。晚清政府就曾经错过宝贵机会，没有能够及时用新的现代治理框架来调整中央与地方关系，最终导致辛亥革命爆发，封建帝国顷刻间土崩瓦解。苏联解体的原因之一也是在地方迫切期待央地关系有所改革时，戈尔巴乔夫没能及时地回应这种改革需求，没能及时提出新的央地关系治理框架，引致地方政府官员的不满，最终成为导致苏联解体的导火索之一[②]。

总之，改革可以试错，但是方向不能搞错。为此，从中国国情出发，以现代治理视角来理性分析未来中国的央地关系框架，显然有助于我们明确当前的财税改革方向，以免在财税改革方向问题上出现左右摇摆，反复折腾。

经过多年的反复思考和深入研究，我们认为中国目前应当是向“分权·集中的方向改革，最终实现均权·均等的目标，也就是在纵坐标 50% 与横坐标 50% 的交叉点附近。适度分权的理由主要有以下几点。

（一）从国际经验角度来看

从国际经验来看，但凡大国，大多实行的是地方分权的联邦制体制。据统计，首先，在国土面积前 10 位的大国中，有 8 个是联邦制，只有 2

① 不同国家在央地关系上有不同的协调机制，美国是依靠国会，英国是依靠政党轮替，日本是通过不同政府部门分工制衡，法国是通过不同层级间政府官员兼职的方式。

② 参见：魏加宁、王莹莹等，《改革方法论与推进方式研究》，中国发展出版社2015年版。

个是单一制（其中一个是中国）；其次，在人口规模前10位的大国中，有6个是联邦制，有4个是单一制（其中一个是中国）；再次，在经济规模前10位的国家中，有5个是联邦制，有5个是单一制（其中一个是中国）[①]。最后，即使是实行单一制的大国，也大多实行地方自治，如法国和日本。据已故学者曹思源生前统计，在其考察的110个国家的《宪法》中，有75%的国家在《宪法》中明确规定实行地方自治[②]。

曾经国土面积位居世界第一的苏联，名义上实行的是联邦制，但实际上实行的是在一党制（政治中性词语）下的单一制，由于体制僵化并且在改革过程中没能及时调整央地关系，最终导致国家四分五裂。

对此现象，如果从管理学角度来分析，其实道理十分简单。但凡大国，无论是国土面积大国还是人口规模大国，管理起来自然要比国土小国或人口小国要复杂得多。如果中央政府过度集权，必然会因其管理幅度过宽或管理层级过多、管理链条过长而导致管理效力层层衰减，最终反而会失去对地方的有效控制。相比之下，实行地方分权的联邦制国家或实行地方自治的单一制国家，由于对地方政府给予了必要的自主权，则更加容易适应大国国情，更加具有弹性和韧性。央地关系就好比是一条绳子，没有它不行，但是绷得太紧就会断掉。

（二）从国家治理架构来看

从国家治理架构的角度来看，如前所述，作为实行市场经济的现代国家，必然是由市场经济、地方自治和民主法治"三位一体"所构建而成。

如果是搞计划经济，由于计划经济是集中决策，那么自然是中央政府高度集权的单一制最适合这种经济体制的运行；但如果是搞市场经济，由于市场经济是分散决策，那么自然是地方分散决策的联邦制或地方自治最适合市场经济体制的运行。因此，即使不搞联邦制，至少也应当实行地方

---

① 另据最新统计，无论是国土面积还是人口规模，前10位的大国中，都只有3个是单一制，其中一个是中国。

② 《世界宪政潮流——各国宪法比较》，载于曹思源博客，http://blog.ifeng.com/article/18910795.html。

自治或地方财政自治。

（三）从经济风险角度来看

实行地方分权的联邦制国家，中央与地方的关系是一种总公司与子公司的关系，中央政府（总公司）对于地方政府（子公司）的债务风险只承担有限责任。这就好比是一艘大船，下面的船舱之间是打着隔断的，因此，当一个船舱、两个船舱、甚至是十几个船舱进水时，大船都不会沉没。

与此相反，实行中央集权的单一制国家，中央与地方的关系就好比是总公司与分公司的关系，中央政府（总公司）对于地方政府（分公司）的债务风险必须承担无限连带责任。这就好比一艘大船，下面的船舱之间都是打通的，因此，当一个船舱、两个船舱进水之后就会迅速蔓延至整个船舱，大船本身就会迅速沉没。

因此，从现实经济风险的角度来看，地方政府债务很可能就是单一制体制中最大的风险隐患。

（四）从历史教训角度来看

从中国历史来看，虽然中国实行了几千年的中央高度集权体制，然而，凡是中央过度集权时都出现了适得其反的结果。比如唐朝，起兵造反的恰恰是由中央任命的负责节制地方的“节度使”。又比如宋朝，由于中央高度集权，一方面，地方政府财力匮乏，缺乏抵抗能力；另一方面又由于中央政府决策过于迟缓、相互掣肘，以至于在抵御外敌入侵时每每陷入被动局面。

最值得反思的是晚清。起初，由于清政府没有顺应时代的变化及时调整央地关系，仍然实行中央高度集权的传统体制，地方政府权力空虚和地方官员不作为，最终导致太平天国运动的爆发。为了镇压太平天国，清政府又慌不择路，匆匆下放各种权力，无论是该下放的还是不该下放的权力，例如军事指挥权、外交交涉权、司法审判权等——都统统下放给了地方，如允许地方政府对起义军俘虏就地正法等。等到太平天国被镇压下去以后，按理说，清政府应当根据新的形势及时调整央地关系，但由于清朝统治者缺乏近代思维，仍然幻想着恢复旧的传统体制，重新强化中央高度集权，无论是该上收的权力还是不该上收的权力，又都统统重新予以收回，不仅收回了军事权、外交权等，就连财权、甚至财产权也统统收回到中央，如推行铁路“国有化”，从而引发四川等地的“护路运动”，进而引爆了导致清政府倒台的辛亥革命。

（五）从政治进步角度来看

从政治发展趋势来看，民主化将成为不可阻挡的历史潮流。但是，实行民主化又不能操之过急，必须一步一步地有序推进。而以地方分权为主要特征的地方自治，通常被认为是“民主的学校”——只有从基层做起，只有从小范围做起，民主化才能够逐步培育起适合本地特点的行为规范和有利氛围，从而确保民主化逐步取得成功。这也可以解释现实——为什么近年来一些非洲国家和中东国家实行民主化一再遭到失败，其中一个重要原因就是这些国家没有能够遵循循序渐进的原则，没有从地方自治做起。

（六）从技术进步角度来看

从技术进步的角度来看，互联网的快速发展呈现出明显的分散化、去中心化的大趋势，互联网特有的分布式决策机制必将促进整个国家的决策体制和治理模式变革，推进地方分权、实行地方自治将是历史大势所趋。

第二节 财政支出结构与事权划分

一、财政支出结构

（一）中国存在的问题

从支出占比来看，中国地方财政支出（包括省以下的各级地方政府）

所占比重高达85%，中央财政支出占整个财政支出的比重仅为15%（2015年官方数据），是中央政府承担支出责任最少的国家之一。而无论是与单一制国家相比，还是与联邦制国家相比，均十分罕见，甚至超过了发达国家中地方支出占比水平最高的加拿大。

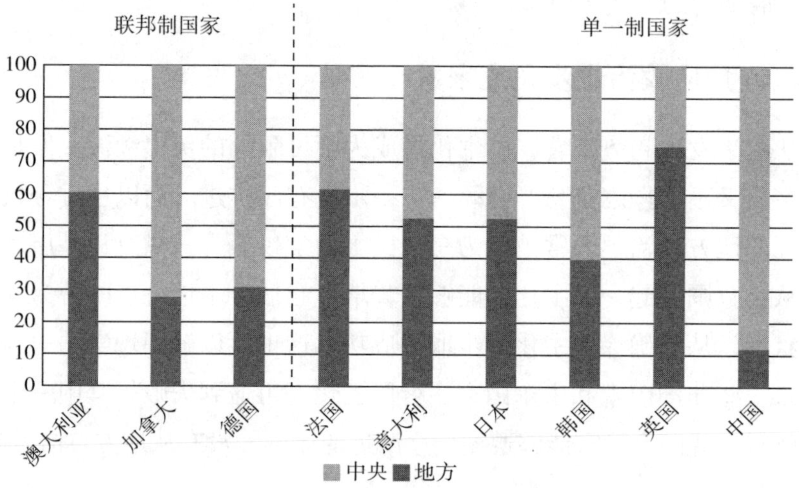

图3-6　中央和地方占财政支出总额的比重（2013年）

数据来源：OECD，Government at a Glance 2015；Wind资讯。
唐滔协助计算并制图。

导致地方财政支出规模过大、比重过高的原因主要有两个方面。

一是财政支出责任。首先，世界上大多数国家的广义地方政府（含省州级政府和基层地方政府）只有两级，而中国是四级，四级政府干两级政府的活儿，难免交叉重叠、职责不清、重复劳动。其次，一些明显属于中央政府的事务，由于中央财政拨款严重不足，迫使一些中央部委不得不向地方财政转嫁支出责任，要求地方政府提供人财物方面的支援。再次，地方政府事无巨细，管了许多本不该管的事情，消耗了大量的人力、物力、财力和精力。最后，在单一制+一党制（政治中性术语）体制下，上级政府往往会以种种借口"下放权力"，然而，只下放事权和支出责任，不配套财权或适当财力。所有这些，均成为地方财政支出规模过大、支出比重过高的重要原因。

二是财政供养人口。第一，在发达国家，地方行政长官往往只有一正一副，至多是一正两副；而中国，地方行政长官往往多达数人，如果再加上秘书长、副秘书长这一特殊层次，实际上的行政长官往往多达十几人①，并且下属相关部门也要相应配套与领导职数相对应的秘书等工作人员。第二，在发达国家，即使中央政府的国会有参议院和众议院之分，但是在地方层面，议会大多只有一个；而在中国，每一级政府都要拥有党、政、人大、政协四套班子以及相应的工作人员②。第三，在发达国家，党政严格分开，财政只供养政府人员，党的经费主要靠自筹；而在中国，财政不仅要供养执政党，而且还要负责民主党派，甚至工青妇等群众组织的开支也要由财政供养③。第四，在发达国家，社会上的NGO（Non-Governmental Organizations，非政府组织）大都是自筹经费，或者由社会赞助、慈善事业来提供经费；而中国，大量的事业单位也都统统要由财政支付（见图3-7）。第五，中国公务员数量众多，根据《2015年度人力资源和社会保障事业发展统计公报》显示，截至2015年底，全国共有公务员716.7万人。《谁在治理中国》一文曾公布“在县、乡两级工作的公务员超过公务员总数的60%”。若按此比例，仅县、乡两级政府的公务员就达430.02万人④，地方财政负担之重可想而知。

此外，中国经济的典型特征，同时也是一大结构性问题，就是依靠投资拉动，其中，地方政府承担了大量的投资性支出责任。由于种种原因，相关数据不透明，很难做国际比较，但是这一事实却是不容否认的。这恐怕主要是源于计划经济的“路径依赖”和市场化改革的不彻底。

---

① 以H省为例，官方数据显示，该省有省长1名，副省长8名，省长助理2名。按照1名（副）省长配备1名（副）秘书长，则该省至少有行政长官20名。

② 以J市为例，该市市委领导12名，市政府领导7名，市人大领导8名，市政协领导8名。

③ 陕西省渭南市澄城县公示数据显示，该县财政供养全额拨款单位共计78个。http://www.chengcheng.gov.cn/Ccdt/Tzgg/2014/07/30/10332410140.html

④ 《中国新闻周刊杂志》，2014年3月24日总第652期。

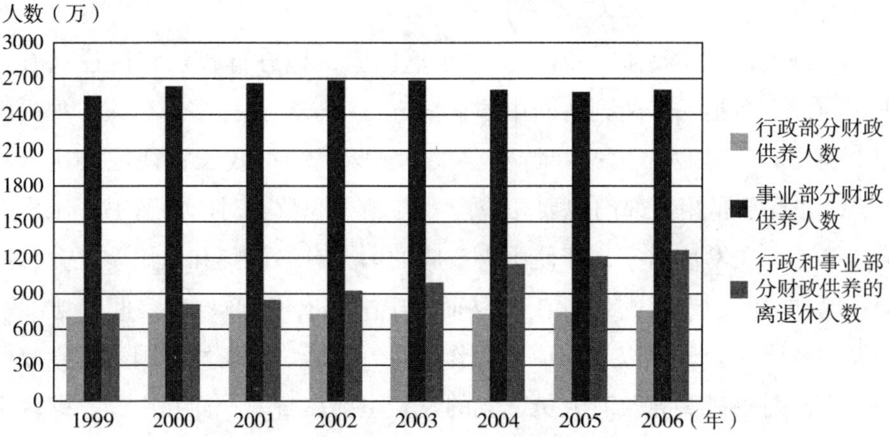

图 3-7　1999 ~ 2006 年中国财政供养规模

资料来源: 程文浩、卢大鹏:“中国财政供养的规模及影响变量——基于十年机构改革的经验”，载于《中国社会科学》，2010（2），第 84 ~ 102 页。

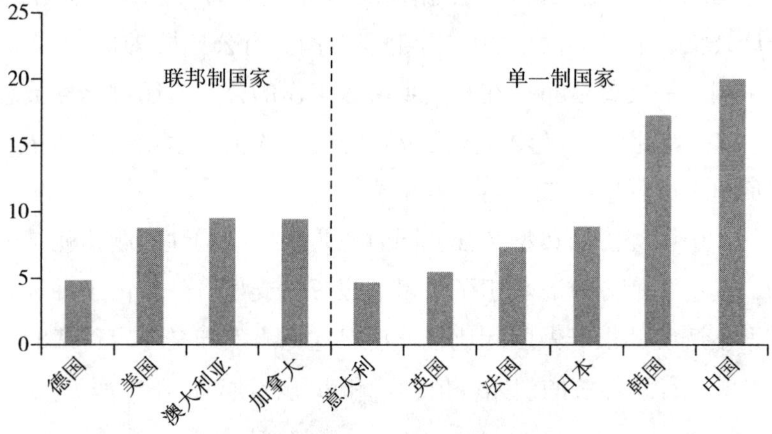

图 3-8　政府投资占财政支出总额的比重（2013 年）

注: 中国为 2015 年数据，中央基本建设支出占当年中央本级财政支出的比重（缺地方数据）。
数据来源：OECD，Government at a Glance 2015；Wind 资讯；
财政部网站，http://yss.mof.gov.cn/2016czys/201603/t20160325_1924467.html
唐滔协助计算并制图。

（二）国际经验之一：联邦制国家——以加拿大为例

加拿大联邦政府在国防方面的支出所占比重为100%；在社会服务、法治秩序和偿债责任方面的支出比重均占到一半以上，其中社会服务为57.6%、法治秩序为55.4%、偿债责任为53.2%；在一般行政开支方面，联邦政府占全国支出的44%。

省州级政府支出比重最大的是健康方面的支出，占到全国支出的77.7%；其次是教育，占到全国支出的52.6%。

地方公共服务的支出100%是由基层地方政府负责，除此之外基层地方政府占支出比重最大的也是教育，占到全国教育支出的42.1%。

从总的支出结构来看，联邦政府占比为37.4%，省州政府占45.1%，基层地方政府占17.5%（见表3–4）。

表3-4　加拿大各级政府支出占比（按功能分类）

功能	联邦	州或省	地方	总和
国防	100	0	0	100
偿债	53.2	42.1	4.7	100
一般行政	44	27.3	28.7	100
法治	55.4	23.1	21.5	100
经济服务	26.9	47.7	25.4	100
社会服务	57.6	37.1	5.3	100
健康	21	77.7	1.3	100
教育	5.3	52.6	42.1	100
补贴				100
总计	37.4	45.1	17.5	100
地方公共服务	0	0	100	100

注：地方公共服务包括学前教育、中小学教育、公共医院、城市高速公路、城市交通、饮用水和排污、垃圾回收、电力供应、消防、公共治安、警察。

资料来源：〔美〕安瓦·沙著，贾康等译：《践行财政“联邦制”》，科学出版社2015年年版，第82页。

（三）国际经验之二：单一制国家——以日本为例

剔除中央与（广义）地方之间的相互间支出，日本的中央与（广义）地方财政净支出结构变化大体上从第二次世界大战时1941年的70∶30，发展到战后1961年的33∶67，2003年的38∶62，一直到2013年的42∶58。见表3–5。

从图3–9中可以看出，国防、年金等项费用均由中央政府百分之百支出；在教育领域，中央财政只负担少量费用，主要是分摊中小学教职工的部分工资（日本的中小学教育经费开支中，校舍经费由市町村等基层政府负责，教职工工资则由中央政府与都道府县（省级）政府各负担50%，详见附件3–1）；卫生等费用（包括保健所、垃圾处理等）则完全由市町村等基层地方政府负责。

二、政府间事权划分

（一）中国现状：政府间事权关系不顺，事权过度下放

财政支出结构不合理主要源于事权划分不合理。在政府间事权划分方面，目前主要存在三大问题[①]。

一是部分原本属于中央政府的事务却由地方政府承担，例如，征兵以及某些军事设施建设等国防相关费用开支本应属于中央政府的事权范围，但在实际操作过程中有一些却是由地方政府来承担的。又比如，国际性河界的维护、跨流域江河的治理、跨地区污染的防治、跨行政区划的司法纠纷处置以及海洋、海域的开发管理等，均属于中央政府事权职责，却交给了地方政府负责。

二是部分原本属于地方政府的事务却由中央政府承担，例如，农村厕所改造、区域性基础设施建设等项目，本应由地方政府负责或由区域间合作的方式来加以解决，但实际上却是大量依靠中央政府相关部门的专项资金补助。

三是中央政府和地方政府共同承担的事务过多，于是便出现了职责重

① 参见楼继伟：《中国政府间财政关系再思考》，中国财政经济出版社2013年版。

表 3-5 日本历年地方财政和国家财政

划分	国内生产总值（支出方）		年度支出总额		国家对地方支出 (D)	地方对国家支出 (E)	年度支出净计额						净计构成比		与国内生产总值（支出方）的比		
							国家		地方		合计						
	实际额 (A)	指数	国家 (B)	地方 (C)			(B)–(D) (F)	指数	(C)–(E) (G)	指数	(F)–(G) (H)	指数	(F)/(H)	(G)/(H)	(F)/(A)	(G)/(A)	(H)/(A)
1935	167	—	22	21	3	0	19	—	21	—	40	—	47.5	52.5	11.4	12.6	24.0
1941	449	—	81	31	11	0	70	—	31	—	101	—	69.3	30.7	15.6	6.9	22.5
1961	201708	100	21645	23911	10279	381	11366	100	23530	100	34896	100	32.6	67.4	5.6	11.7	17.3
2003	5018891	2488	887920	925818	329382	12812	558538	4914	913006	3880	1471544	4217	38.0	62.0	11.1	18.2	29.3
2004	5027608	2493	916446	912479	317488	12987	598958	5270	899492	3823	1498450	4294	40.0	60.0	11.9	17.9	29.8
2005	5053494	2505	934347	906973	322145	12731	612202	5386	894242	3800	1506444	4317	40.6	59.4	12.1	17.7	29.8
2006	5091063	2524	909468	892106	310705	12749	598763	5268	879357	3737	1478120	4236	40.5	59.5	11.8	17.3	29.0
2007	5130233	2543	879327	891476	265771	12657	613556	5398	878820	3735	1492376	4277	41.1	58.9	12.0	17.1	29.1
2008	4895201	2427	902859	896915	283130	11854	619729	5452	885061	3761	1504790	4312	41.2	58.8	12.7	18.1	30.7
2009	4739339	2350	1056981	961064	344179	12836	712801	6271	948228	4030	1661030	4760	42.9	57.1	15.0	20.0	35.0

续表

划分	国内生产总值（支出方）		年度支出总额		国家对地方支出 (D)	地方对国家支出 (E)	年度支出净计额						净计构成比		与国内生产总值（支出方）的比		
							国家		地方		合计						
	实际额 (A)	指数	国家 (B)	地方 (C)			(B)–(D) (F)	指数	(C)–(E) (G)	指数	(F)–(G) (H)	指数	(F)/(H)	(G)/(H)	(F)/(A)	(G)/(A)	(H)/(A)
2010	4802325	2381	1001107	947750	339511	8507	661596	5821	939243	3992	1600839	4587	41.3	58.7	13.8	19.6	33.3
2011	4739048	2349	1058330	970026	373166	7698	685164	6028	962329	4090	1647492	4721	41.6	58.4	14.5	20.3	34.8
2012	4744749	2352	1044969	964186	362159	9308	682810	6007	954877	4058	1637687	4693	41.7	58.3	14.4	20.1	34.5
2013	4831103	2395	1058980	974120	367916	7676	691064	6080	966444	4107	1657508	4750	41.7	58.3	14.3	20.0	34.3

注：国家——指中央政府；地方——指广义地方政府，在日本称“地方公共团体”。

1. 国内总支出是由内阁府经济社会综合研究所的推算值得出，2001 年之后是根据“国民经济计算（93SNA）”、1961 年是根据“国民经济计算（68SNA）”、1935 年和 1941 年是根据“国民经济计算（53SNA）”得出，这几项全部为名义值。不过。1935 年和 1941 年都是国民总支出的数值。

2.2013 年的国家年度支出额是，一般会计和交付税与让与税分配金特别会计、能源对策特别会计、年金特别会计（只限儿童的现金支付账目）、食品安全供给特别会计（只限国营土地改良事业账目）、社会资本整备事业特别会计、日本大地震复兴特别会计这六个特别会计的净计结算额。

3. 国家对地方支出是地方交付税（包含地方分与税、地方财政平衡交付金、临时地方特例交付金以及特别事业债偿还交付金）、地方特例交付金等、地方让与税以及国库支出金（包含交通安全对策特别交付金、国有提供设施等所在市町村资助交付金以及地方债中的特别资金公共投资事业债）的合计总额，由地方的年收入额决定。

4. 根据《地方财政法》第 17 条第 2 项规定，地方对国家支出是地方公共团体分担金（地方年度支出结算额中与国家直辖分担金相关的，向国家缴纳的现金额以及对国家交付公债本利偿还额的合计值）。

5. 特别资金公共投资事业债偿还时补助金和同补助金相抵消的偿还金从结算额中扣除。

资料来源：総務省：《地方财政白書平成 27 年版（平成 25 年度决算）》，日経印刷株式会社 2015 年版。

叠交叉、权责利划分不清的现象。例如，社会保障、公共卫生、义务教育等事项多由中央与地方财政共同承担。这种职责过度交叉的结果使得考核

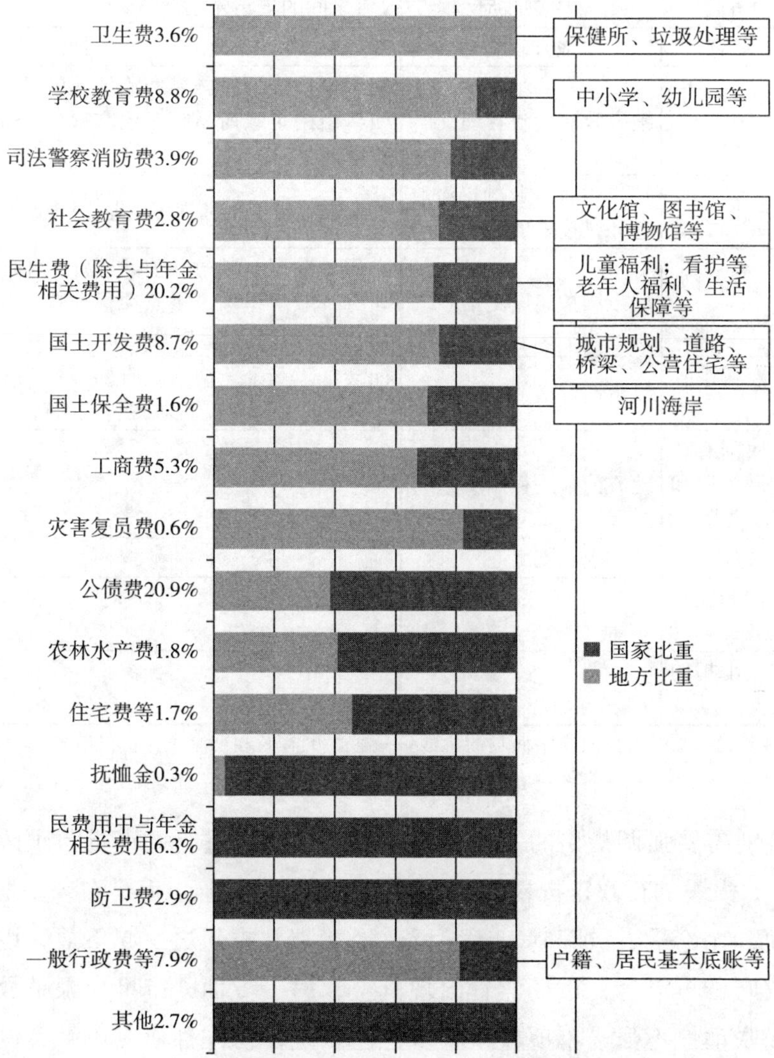

图 3-9 中央与地方财政支出比重（按目的分类）

注：日本的“国家”即指中央政府；“地方”包括都道府县（省级政府）和市町村（基层政府）。

资料来源：総務省：《地方財政白書平成 27 年版（平成 25 年度決算）》，日経印刷株式会社 2015 年版。

问责难度加大。这样一种中央与地方的事权划分，必然造成政府间支出责任面临越来越多的挑战，使政府间财政关系难以为继。

表 3-6　　中央政府和地方政府之间的支出责任划分

中央政府	地方政府	中央和地方政府共同负责
国防支出	地方政府行政管理支出	基本建设投资（国家和跨地区的基本建设项目由中央政府承担，地方项目由地方政府承担）
武警部队支出	地方国有企业的挖潜改造和科技三项费用	各项农业事业费和支援农业生产支出
外交外事和对外援助支出	城市维护建设支出	文化、教育、科学和公共医疗卫生（中央政府一般承担国家重点项目和普通高等教育，而地方政府承担其他部分）
中央政府行政管理支出	政策性价格补贴支出	社会保障基金（中央政府部分弥补了地方管理的社会保障金现收现付制的缺口）
中央直属国有企业的挖潜改造和科技三项费用	地方公检法补贴支出	
地质勘探费	社会福利支出	
国内外债的还本付息支出		
中央一级承担的公检法支出		

资料来源：《中国公共支出面临的挑战——通往更有效和公平之路》，清华大学出版社2006年版。

特别需要强调指出的是，在本届政府大力推进行政审批事项改革的过程中，大量的行政审批权限被层层下放到地方政府，但是在许多地方，一方面，无论是人员编制、还是行政经费都并未随之一起下放，以至于基层政府苦不堪言，市场监管出现真空；另一方面，审批权限下放的协同性和联动性不强，单项放权较多，但系统性协同性研究不够，例如据某省反映，该省将环保监管放权到市级政府，但是投资审批权还在省里，下放的权力不在一个政府层级反而带来更大的麻烦，为企业带来诸多不便（见表 3–7）。

表 3-7 中国中央与地方职权划分

事项	进行管理或服务的机构		
	中央	地方政府	
		县级以上地方	乡镇
外交	☆		
国防建设	☆	*	*
经济工作	☆	☆	☆
编制和执行本级国民经济和社会发展计划	☆	☆	☆
编制和执行本级预算财政	☆	☆	☆
资源和环境保护	☆	☆	
行政法规	☆	☆	
规章	☆	☆	
教育	☆	☆	☆
科学	☆	☆	☆
文化	☆	☆	☆
卫生	☆	☆	☆
体育	☆	☆	☆
计划生育	☆	☆	☆
民政	☆	☆	☆
公安	☆	☆	☆
司法行政	☆	☆	☆
监察	☆	☆	
审计	☆	☆	
民族事务	☆	☆	
决定部分地区进入紧急状态	☆		

注：☆——主要职能承担；*——通过实地调研发现，中国一些地方政府实际上也承担着一定的国防职能。

资料来源：《中国行政体制改革报告 2013》，社会科学文献出版社 2014 年版。

造成这些问题的原因主要有以下几个。

首先，按理说，财税改革应当是先分清事权再分财权，但是，在 1994 年实施分税制改革时，在事权基本未动的情况下快速调整了财权。其原因，一方面是由于时间紧迫①；另一方面也是由于认知方面准备不

① 中国在改革推进方面存在着一个致命的弱点就是，当改革形势不好时，这也不许研究，那也不许研究，而一旦改革形势好转时，改革又往往急于求成，但准备工作不充分。

足，结果导致实行分税制以后，事权层层下放，财权层层上收，地方财政困难，政府债务过重。因为在“单一制”体制下，上级政府将事权下放给下级政府，下级政府岂敢不接？！上级政府将财权上收到上级政府，下级政府岂敢不给？！于是自然会出现“事权过度下放，财权过度上收”的局面，以至于时至今日，中央财政相对充裕，而地方债务规模过大。

其次，迄今为止，由于种种原因（包括分税制改革之后很快遇到了亚洲金融危机，政府不得不忙于应对危机冲击，无暇他顾），分税制只落实到中央政府与省级政府，而在大多数省份，省以下政府间并未落实分税制，省以下的政府间事权划分自然就更无从谈起。

最后，与国际上通行的三级政府架构相比，中国的政府层级多达五级。在政府层级过多的情况下，政府间事权划分的确也存在很大的难度，很容易出现交叉重叠现象，很难清晰划分。

多年来，一些专家学者一直在积极探索中国政府间事权或支出责任划分的改革方向，其中，陈东琪、宋立所提出的改革目标比较具体（见表 3–8）。

表 3-8　中央与地方各级政府支出责任划分改革目标

政府层级		支出责任
中央支出责任	直接支出责任	国防费：外交和外援支出（含口岸管理、界河堤防建设）；全国性及跨省的区域性水利设施，全国性和跨省的交通设施（包括铁路、国道公路和高速公路）；地质勘探费；全国性文化活动以及保护文化遗产的支出；部委属大学经费补助，义务教育经费（中央财政分担部分）支出；公共卫生（三级医疗保健）、计划生育；基础研究、全国性的应用研究等科学技术研究与开发；全国统筹的社会保障；对消费者的价格补贴支出等
	中央委托地方事务	口岸管理、界河堤防建设；边境公路；全国性及跨省的区域性水利设施、交通设施管理；国家级文化遗产保护；公共卫生、计划生育等
共同责任	以中央为主	粮食生产、供给稳定及粮食安全相关的补贴以及对粮食主产区的其他补贴；江河防汛
	以地方为主	武警经费、民兵事业费；森林防火

续表

政府层级		支出责任
地方支出责任	省级支出责任	省本级行政管理费、省级派出机构经费，省级公检法支出；全省性或跨市县的水利设施、交通设施建设（包括地方铁路、省道公路、高速公路）支出；全省性的应用研究等科学技术研究与开发；全省性的农业生产与农业技术推广；全省地方性的文化活动以及省级历史文化遗迹保护；省属大学、职业技术学校及高中教育的经费补助，义务教育经费（省级财政分担部分）支出；二级医疗保健（全省性的地方病防治，省级公立医院经费补助）；省级统筹的社会保障以及中央委托省级地方事务的管理经费等
	市级支出责任	地级市行政管理费、公检法支出；水利设施、交通设施建设（包括公路、高速公路和机场建设）支出；公共交通、煤气、自来水等公共事业；城市基础设施维护和建设经费；应用研究等科学技术研究与开发；文化活动以及历史文化遗产保护；市属大学、职业技术学校及高中教育的经费补助，义务教育经费（市级财政分担部分）支出；初级医疗保健（地方病防治，公立医院经费补助）；市级统筹的社会保障支出以及中央委托市级地方事务的管理经费等
	县级支出责任	县乡行政管理费、公检法支出；水利设施、交通设施建设（包括公路和高速公路）支出；公共交通、煤气、自来水等公共事业；城镇基础设施维护和建设经费；应用研究等科学技术研究与开发；文化活动以及历史文化遗产保护；县属职业技术学校以及高中教育的经费补助，义务教育经费（县级财政分担部分）支出；初级医疗保健（地方病防治，公立医院及乡镇卫生院经费补助）；县级统筹的社会保障支出以及中央委托县级地方事务的管理经费等

资料来源：陈东琪、宋立等：《新一轮财政税收体制改革思路》，经济科学出版社 2009 年版。

（二）国际经验之一：联邦制国家的政府间事权划分——以加拿大为例

在主要的联邦制国家，政府间事权划分通常是比较清晰的，并且由国家法律予以确立和固定下来。像国防、外交、海关、法律与秩序等事务，基本上都是要由中央政府或联邦政府负责的；而城市基础设施、供水及排污等事务，则基本上都是由基层地方政府承担的；至于医疗卫生、教育和交通则是中央政府、省州政府以及基层地方政府三级共同承担，但有明确分工。社会保障与社会福利则大多由中央政府和省州政府共同负责。一些国际组织的专家总结了有关政府间具体分工的情况（见表 3-9）。

表 3-9　　支付责任的代表性分配

功能	制定政策、制定标准和监督	提供服务和管理	生产和分配	注释
解决地域间冲突和国际冲突	U	U	N,P	国际范围内的成本和效益
保护基本权利	U,N	N	N,P	包括国内和全球两个维度
外部贸易	U	U,N,S	P	国际范围内的成本和效益
通信	U,N	P	P	包括国内和全球两个维度
金融交易	U,N	P	P	包括国内和全球两个维度
环境	U,N,S,L	U,N,S,L	N,S,L,P	全球、国内、州和地方范围内的外部环境
外国直接投资	N,L	L	P	当地基础设施建设的关键
国防	N	N	N,P	国际范围内的利益和成本
外事	N	N	N	国际范围内的成本和效益
货币政策、货币流通和银行	U,ICB	ICB	ICB,P	关键是独立于所有层级的政府；受到国际规则的约束
州际贸易	宪法,N	N	P	宪法保护要素和产品流动
移民	U,N	N	N	U 负责强迫驱逐出境
转移支付	N	N	N	再分配
刑事和民事法律	N,S	N,S	N,S	法律法规需要联邦政府而不是州政府的特别关注，如魁北克的《法国民法》
工业政策	N	N	P	要防止以邻为壑政策效应的出现
管制	N,S,L	N,S,L	N,S,L,P	N 负责内部统一市场；S 和 L 负责地区和地方
财政政策	N	N,S,L	N,S,L,P	调整的可能空间
国家资源	N	N,S,L	N,S,L,P	保持地区平等和内部统一市场
教育、医疗和社会福利	N,S,L	S,L	S,L,P	专项转移支付
高速公路	N,S,L	N,S,L	S,L,P	不同地区的成本和效益
公园和娱乐设施	N,S,L	N,S,L	N,S,L,P	不同地区的成本和效益
治安	S,L	S,L	S,L	仅有利于地方
给水、排水、垃圾处理和消防	L	L	L,P	仅有利于地方

注：U 表示超国家责任；ICB 表示独立央行；N 表示联邦政府；S 表示州政府；L 表示地方政府；P 表示非政府部门或者公民社会。

资料来源：〔美〕安瓦·沙著，贾康等译：《践行财政“联邦制”》，科学出版社 2015 年版，第 9 页。

加拿大是联邦制国家，但有意思的是，与其他联邦制国家不同，加拿大的中间层政府不叫“州”而叫“省”，在这一点上颇与单一制国家有些类似。

作为联邦制国家，加拿大的政府间事权划分相对最为清晰，一个显著特点就是联邦政府、省级政府与基层地方政府各司其职，三者之间很少存在职责交叉的现象。

表 3-10　　加拿大各级政府法律责任和服务实际供给

法律规定责任	公共服务	实际功能分配
联邦	贸易与商业	联邦
联邦	失业保险	联邦
联邦	银行业与货币	联邦
联邦	邮政服务	联邦
联邦	普查与统计	联邦
联邦	国防、外交事务	联邦
联邦	航运	联邦
联邦	破产	联邦
联邦	专利、版权	联邦
联邦	印第安人	联邦
联邦	公民权利	联邦
联邦	结婚、离婚	联邦
联邦	刑法与监狱	联邦
联邦与省	养老金	联邦与省
联邦与省	移民	联邦
联邦与省	农业	联邦与省
省	行政司法	省
省	民事、财产权	省
省	公共土地和自然资源	省
省	健康	省
省	许可证	省
省	市政机构	省
省	公司设立	省
省	地方服务	地方
省	教育	省与地方
省	社会福利	省与地方

资料来源：（美）安瓦·沙著，贾康等译：《践行财政“联邦制”》，科学出版社 2015 年版，第 81 页。

（三）国际经验之二：单一制国家的政府间事权划分——以日本为例

日本是单一制国家，但实行地方自治。在市场经济条件下，日本政府的行政事务及权限主要分为：外交·国防·安全（及治安·消防·防灾减灾）、国土·土地利用、交通·社会资本（基础设施建设）、经济活动·劳动、福利·保健·环境以及教育·文化·体育等六个大的方面。如何将这些事权在各级政府间进行配置，不仅关系到社会公平的问题，同时也关系到行政效率的问题（详细介绍请参见附件 3–1）。

在日本，这六大类行政事务在各级政府之间的总体配置如表 3–11 所示。

（四）理论探讨：有关政府间事权划分的基本原则

政府间事权与支出责任划分所依据的原则，大体上有以下几种。

1. 巴斯特布尔三原则

（1）受益原则。按照受益范围大小进行划分，凡受益范围遍及全国的支出应由中央政府负责；凡受益范围局限于某一地方的支出则由地方政府负责。

（2）行动原则。凡政府公共服务的实施在行动上必须统一规则的领域，其支出应由中央政府负责；凡在实施过程中需要因地制宜的，其支出应由地方政府负责。

（3）技术原则。凡政府活动或公共工程因规模庞大，需要高度技术才能够完成的项目，其支出应由中央政府负责，如航天工程。否则，应由地方政府负责。

2. 楼继伟三原则

“楼继伟三原则”是楼继伟先生根据中国地方政府间竞争的实际和财政改革的目标提出来的。

表 3-11　日本政府间行政事务分类分工

	外交·国防·安全	国土·土地利用	交通·社会资本	经济活动·劳动	福利·保健·环境	教育·文化·体育
中央政府	外交 防卫 警察（特定情况） 防灾	一级河川（指定区域之外） 国立公园整治 城市规划（特定情况） 农地改变用途的审批（一定情况） 保安林的指定（特定情况）	铁道事业的审批 公交事业的审批 高速国道 国道（指定区域） 城市公园（特定情况）	货币 金融业的注册、执照 职业介绍 调停劳动纠纷等（特定情况） 不当劳动行为的再审查 建筑业的审批（特定情况） 扶持中小企业（特定情况）	养老金 医师等执照 医药品制造许可 理容师执照 美容师执照	大学 扶持私立学校（大学） 教科书审定 教科书的无偿补助
都道府县	警察 防灾	一级河川（指定区间） 二级河川 城市规划（特定情况） 国家公园、都道府县立自然公园的整治 农地改变用途的审批 保安林的指定	汽车驾照颁发 国道（指定区间之外） 都道府县道 公营住宅 城市公园 流域下水道 港湾管理 渔港管理（特定情况）	金融业的注册（特定情况） 职业介绍（特定情况） 职业培训 调停劳动纠纷 不当劳动行为的审查 建筑业的审批 扶持中小企业	生活保障（町村区域） 保健所 儿童咨询所 发放残疾证 洗涤师执照 麻药使用者执照 开设医院的审批	高中、特殊教育学校 中小学教师的工资、人事 扶持私立学校（幼儿园至高中） 公立大学（特定县）
市町村	消防 防灾	城市规划 准用河川	市町村道 公营住宅 下水道 城市公园 港湾管理 渔港管理	职业介绍（特定情况）	生活保障（市的范围） 保育所 对残疾人的救助 国民健康保险 护理保险 上水道 垃圾、粪便处理 保健所（特定市）	小学、中学、幼儿园 公立大学（特定市町村）

资料来源：総務省：地方制度調査会資料；出井信夫，参議院総務委員会調査室：《図説地方財政データブック》，学陽書房 2005 年版。

（1）外部性。假如一项活动只是一个地方受益，或者一个地方受损，这个事情就交给该地方来管理。一项活动不仅是一个地方受益或受损，还有其他地方受益或受损，就是具有外部性。如果其外部性是跨区域的，则适合于更高层级的政府管理。

（2）信息处理复杂性。信息处理越复杂、越可能造成信息不对称的事项，越应当让地方政府管理。因为地方政府熟悉基层情况，了解当地民众需求偏好，能够更准确地把握真实信息，比中央政府或上级政府具有明显的信息优势。

（3）激励相容。要设计一种体制，使得所有的参与者即使按照自己的利益去运作，也能够实现整体利益的最大化。

3. 一般共识

根据上述原则和国际实践，有关政府事权划分的一般共识如下。

（1）全国性公共产品与服务理应由中央政府负责，如国防、外交、维护统一市场规则和管理等事项。

（2）区域性公共产品理应由地方政府负责，如市政建设、城市消防、乡村道路等事项。

（3）准全国性公共产品，超越地域限制又未遍及全国的事项理应由中央政府与地方政府共同承担，如社会保障、跨区域重大项目的建设和维护等事项。

4. 按照功能划分

现代国家的主要职能可以分为经济发展与收入及财富的再分配即社会福利两大类。理论上，用于经济发展方面的财政支出应主要由地方政府承担，而用于社会福利方面的支出则应主要由中央政府承担。地方间的良性经济竞争能够促进经济增长和社会发展。在过去 20 年之间，中国的基础设施得到大幅度改善，从政府间关系的角度看，虽有中央政府统筹规划和战略投资（如高铁）之功，但驱动力主要来自于地方政府特别是市、县政府对投资（资本）和劳动力（人才）的竞争。

在资本和劳动力可以自由流动的市场经济条件下，如果社会福利和社会保障的支出责任完全由地方政府承担，那些提供较高社会保障水平的地区势必成为吸引大量贫困人口流入的“福利磁铁”，同时必须征收重税为其社会福利项目筹资，而这又会导致那些具有生产力的人口和资本的流失。其结果，必然会出现没有一个地方政府敢于提供显著高于其他地方水平的社会保障服务的“逐底竞争”局面。如果由中央政府承担再分配支出的主要责任，则可以在一国范围之内避免社会福利提供的“逐底竞争”局面。此外，中央政府还可以通过征收累进税为再分配进行筹资。

第三节 财政收入结构与税种划分

一、财政收入结构

有了事权或支出责任，就需要有与之相适应的税收制度安排。因此，在划分政府间事权或支出责任的基础上，需要进一步划分政府间财权。

（一）中国存在的问题：税收在地方总收入中的占比偏低，非税收入成为地方政府的重要收入来源

如前所述，从表面上看，似乎中国政府间财力配置比较均衡，而且似乎还更倾向于地方一些。但是，仔细分析收入结构就可以发现，中国地方政府的正规财力（税收收入）实际上并不强。

首先，中国的一般公共预算收入，包括税收收入和非税收入两大块。近年来，非税收入占一般预算收入的比重不断上升，2015年已经达到18%左右。

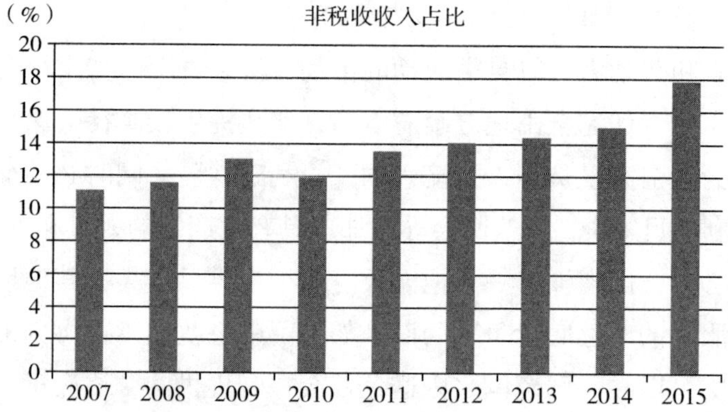

图 3-10 非税收入占一般预算收入的比重

数据来源：Wind 资讯，唐滔协助制图。

其次，在非税收入中，中央和地方占比差异较大，其中绝大部分（80%左右）属于（广义）地方政府。

再次，分税制改革后，地方财政收入增长快于中央财政收入增长，主要是非税收入增长较快。其背后的原因，恰恰是因为中央高度集权，所以地方正规收入过少，才不得不努力增加非税收入。

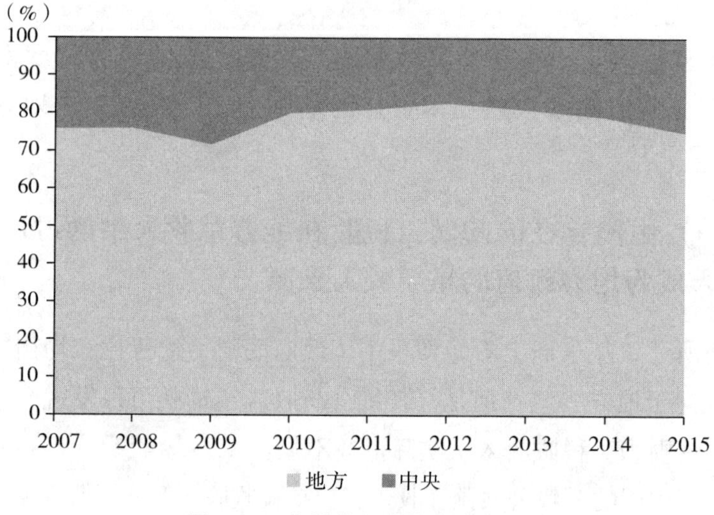

图 3-11 非税收入中的央地占比

数据来源：Wind 资讯，唐滔协助制图。

此外，2015 年社保基金（包括城乡居民基本养老基金）总收入达 45929.7 亿元。考虑到目前中国的社会保障并未实行全国统筹，收入大部分在地方政府，支出责任也主要在地方政府。

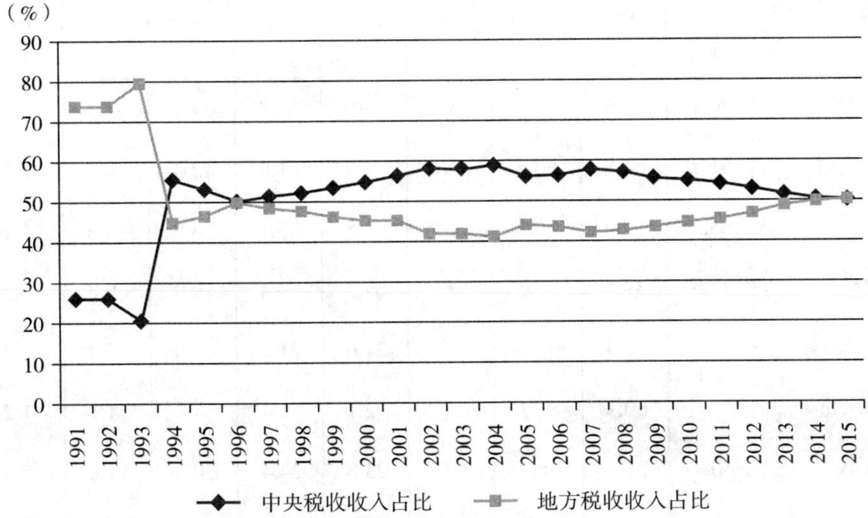

图 3-12　税收收入中的央地占比

数据来源：Wind 资讯，唐滔协助制图。

（二）联邦制国家的经验

2010 年，在 8 个联邦制国家中，中央政府收入占比，德国最低，为 31%；澳大利亚和墨西哥最高，超过 80%。州（省）级政府的占比情况各不相同，从 2%（奥地利）到 5%（比利时）到 39%（加拿大）；基层地方政府的占比跨度也很大，从 1%（墨西哥）到 16%（美国）。

从表 3–12 可以看出，在国土面积较大的国家，州（省）级政府占比一般比较大；而在国土面积小的国家，州（省）级政府税收占比一般比较小。

另外，从 1975 年到 2010 年，比利时、美国联邦政府的比重下降了 8.8 和 7.6 个百分点；加拿大和德国联邦政府的比重下降速度稍慢。奥地利和瑞士联邦政府的比重分别增加 14.5% 和 5.5%。澳大利亚和墨西哥基本无变化。

表 3-12　税收收入在联邦制国家各层级政府间的归属　单位：%

联邦制国家	联邦政府			州级政府			基层地方政府		
	1975年	1995年	2010年	1975年	1995年	2010年	1975年	1995年	2010年
澳大利亚	80.1	77.5	80.3	15.7	19	16.2	4.2	3.4	3.5
奥地利	51.7	64.8	66.2	10.6	1.8	1.6	12.4	4.1	3.3
比利时	65.3	60	56.5	.	1.8	5.1	4.4	4.8	5.1
加拿大	47.6	39.1	41.3	32.5	37.1	39.4	9.9	9.8	10.2
德国	33.5	31.4	31.4	22.3	21.6	21.2	9	7.4	7.9
墨西哥		80.1	81.1	.	2.1	2.4	.	1.1	1.2
瑞士	30.7	31.4	36.2	27	23.8	24.4	20.3	17.6	15.6
美国	45.4	42	37.8	19.5	19.9	20.5	14.7	13.2	16.1
平均值	50.6	53.3	53.8	21.3	15.9	16.3	10.7	7.7	7.9

注：原表中，社保收入与中央、地方政府并列，故此处各级政府占比加总不等于 100。

资料来源：OECD Revenue Statistics（2011）。唐滔协助制表。

（三）单一制国家的经验：以日本为例

2006 年以前，日本的国税一直呈上升趋势，2006 年以后呈下降趋势，2009 年以后重新开始上升；而地税在 2008 年以前是上升态势，2009 年以后基本停止增长。

从结构来看，目前（2015 年）的税收结构，国税占 59.2%，地税占 40.8%；其中，省级政府（都道府县）占 17.1%，基层政府（市町村）占 23.8%——呈哑铃型，两头大，中间小。

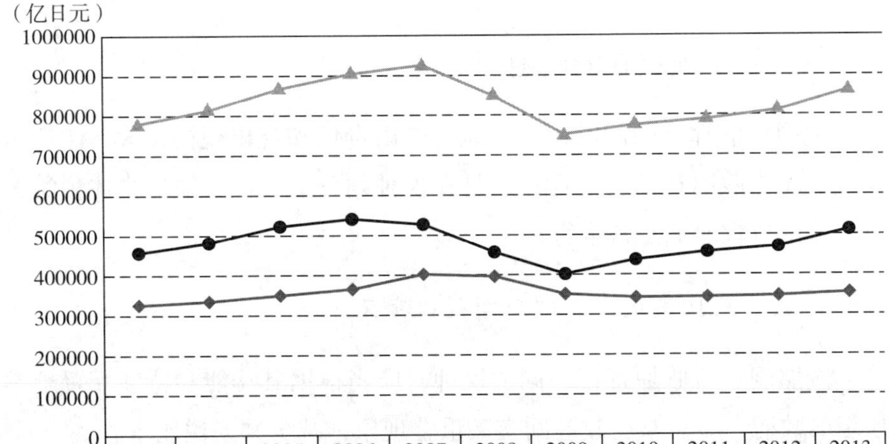

	2003	2004	2005	2006	2007	2008	2009	2010	2011	2012	2013
合计	780351	816417	870949	906231	929226	853894	754263	780237	793468	815100	866017
地方税	326657	335388	348044	365062	402668	395585	351830	343163	341714	344608	353743
国税	453694	481029	522905	541169	526558	458309	402433	437074	451754	470492	512274

图 3-13　日本中央与地方税收的变化

资料来源：総務省：《地方財政白書平成 27 年版（平成 25 年度决算）》，日経印刷株式会社 2015 年版。

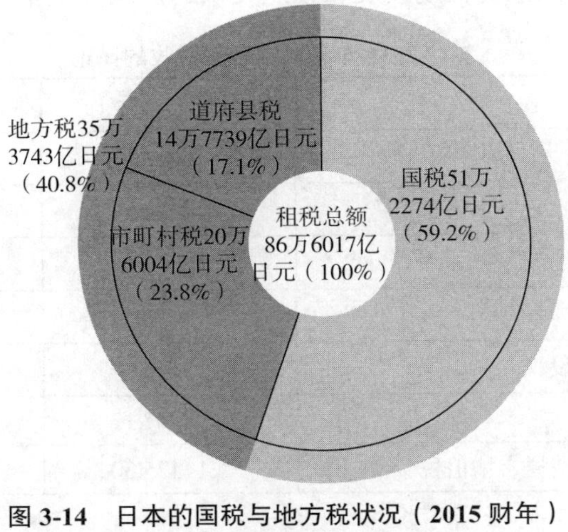

图 3-14　日本的国税与地方税状况（2015 财年）

注：东京征收的市町村税部分包含在市町村税中，不包含在道府县税中。

资料来源：総務省：《地方財政白書平成 27 年版（平成 25 年度决算）》，日経印刷株式会社 2015 年版。

二、政府间税种划分

（一）中国存在的问题

中国目前存在的问题，一是地方支出责任和支出规模过大，制约了中央进一步上收财权的可能性；二是在税种划分上，地方缺乏主体税源，难以支撑地方政府的正常运行。

1. 共享税比例过大，政府间税权交叉

按照现代税收原理，不同的税种，应当根据其功能和特性配置给不同层级的政府，尽量减少政府间交叉重叠现象，减少共享税比重。

然而中国目前的税制安排，最大的问题是名为“分税制”，实为“分钱制”[①]，没有按照税种的属性来配置到不同层级的政府。并且，共享税比例明显偏大（2015 年共享税占全部税收收入的 56.41%），政府间交叉现象比较严重。全面推开营改增试点以后，为了缓解央地矛盾，决定暂时按照 5∶5 的比例进行分成，这种做法虽然可以暂时起到缓解燃眉之急的作用，但是对于国家的长期发展和央地关系的协调并不十分有利。

表 3-13　　2015 年各税种占总税收的比重

	税　种	规模（亿元）	占总税收比重
共享税	国内增值税	30855.36	25.75%
	企业所得税	24642.19	20.56%
	个人所得税	7376.61	6.16%
	资源税	1083.82	0.90%
	城市维护建设税	3644.64	3.04%
	国内消费税	8907.12	7.43%
	进口货物消费税、增值税	14425.30	

① 财政专家高培勇发明的术语。

续表

	税 种	规模（亿元）	占总税收比重
中央专享税	出口货物退增值税、消费税	−11356.46	
	船舶吨税	45.23	0.04%
	车辆购置税	2885.11	2.41%
	关税	2843.41	2.37%
	证券交易印花税	666.92	0.56%
地方专享税	营业税	17781.73	14.84%
	房产税	1851.64	1.55%
	印花税	1540.00	1.29%
	城镇土地使用税	1992.62	1.66%
	土地增值税	3914.68	3.27%
	车船税	541.06	0.45%
	契税	4000.70	3.34%
	烟叶税	141.05	0.12%
	耕地占用税	2059.05	1.72%
	其他税收	0.45	
	税收总收入	119842.23	100.00%

数据来源：Wind 资讯，唐滔协助制表。

2. 缺乏完整的地方税体系，地方政府缺乏主体税源

目前，主要税种均属国税，为中央政府所有；而地方政府的专享税种名目虽多，但大多数为小税种（见图 3–15），形成不了规模，难以支撑地方政府的基本运转。全面实行“营改增”试点以后，原来地方专享的营业税被纳入共享范围，这种局面将会进一步恶化。

从图 3–16 可见，发达国家的地方税大多以所得税或财产税为主，而中国则是以货物劳务税为主，还有很大一块是“其他税种”。

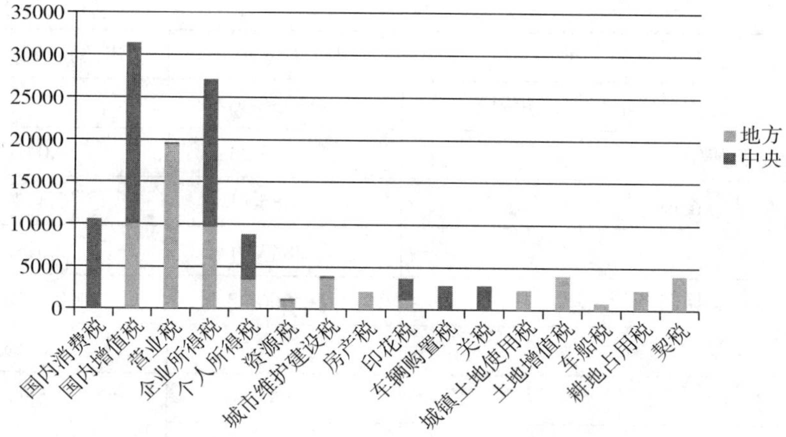

图 3-15 主要税种的央地占比（2014 年）

数据来源：Wind 资讯，唐滔协助制图。

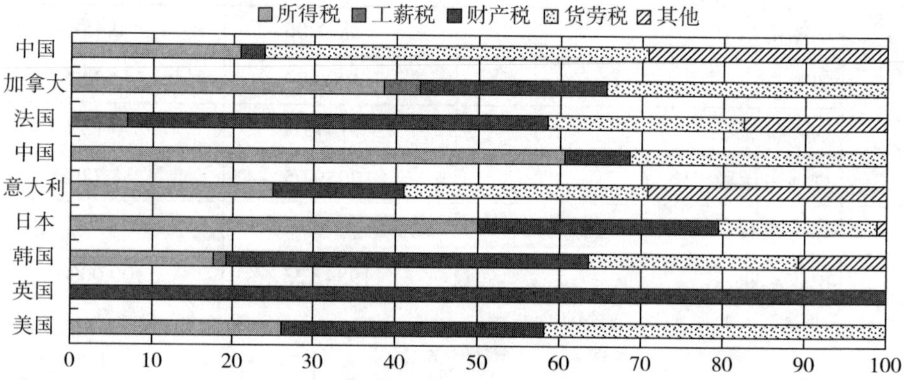

图 3-16 地方税体系国际比较

数据来源：Wind 资讯，OECD Revenue statistics 2014，唐滔协助计算整理并制图。

3. 地方缺乏税收自主权，既不能定税种也不能定税率

中国的税收决策权全部集中于中央政府，地方政府既无权决定税种，也无权决定税率。税权过度集中的结果，一方面，“一刀切”的税收政策，使得房产税迟迟无法推出（房产税迟迟推不出来，既有土地使用权期限的原因；也由于中央政府牢牢控制着决策权，致使地方政府无法因地制宜，

决定税率；而一刀切的财税政策必然会增大政策出台的难度）。另一方面，在对小微企业扶持政策进行评估时发现，对于各地小微企业实行同一水平的税收优惠，就会出现虽然西部贫困地区的小微企业感到十分满意，而东部发达地区的小微企业则根本不屑一顾的现象。

4. 地方税收收入与投资的联系更加紧密，与转变政府职能存在激励不相容问题

中国目前的税收体系以生产和流通环节税收（增值税、营业税以及企业所得税）为主（见图 3-17），而增值税本质上是一种由生产厂商代征的消费税。由于增值税税源实际上来自于消费地却是在生产环节征收，因此税收收入与投资生产联结紧密而与产品消费联结较弱。

为了确保税源，地方政府明显偏好于投资和设立工业企业，想方设法上投资项目，特别是那些一度带来大额税源的重化工业项目，从而加剧了经济增长过度依赖投资的冲动以及产能过剩。与此相比，人口跨区域流入对当地财政增收来说吸引力并不大，“新市民”并不是各地政府在财政增收中的争取对象。

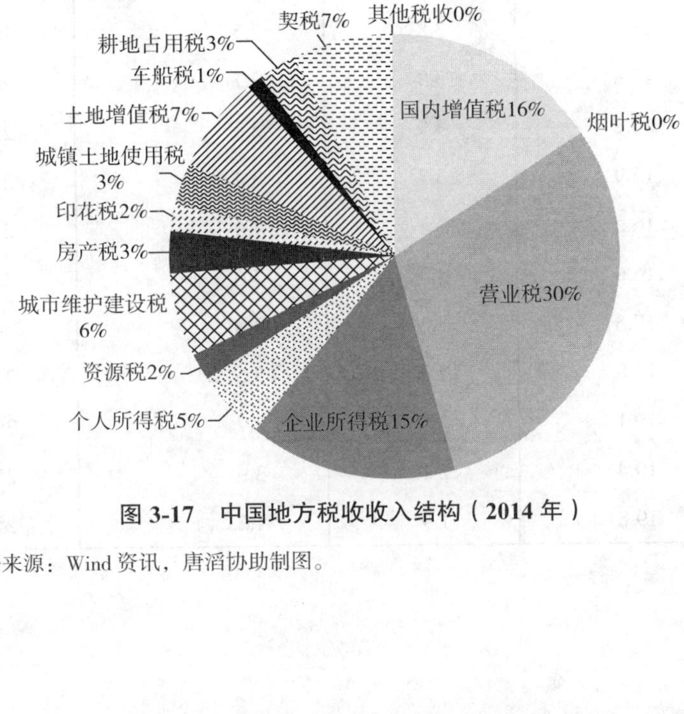

图 3-17 中国地方税收收入结构（2014 年）

数据来源：Wind 资讯，唐滔协助制图。

5. 预算外收入过多，对“土地财政”依赖过大

地方政府的预算外收入过多，尤其是对“土地财政”存在着过度依赖现象。经过多年整治，中国的预算外收入在逐年减少，但是，相对于地方政府而言，预算外收入依然是一笔可观的收入，并且主要以土地财政为主，而且其对地方财政的重要性呈上升态势。

表 3-14　中国各类财政收入占 GDP 的比重（1990 ~ 2015 年）（单位：%）

年份	预算内收入	预算外收入	社会保障基金收入	官方财政收入
1990	19	14.6	1	34.5
1991	16.9	15	1	32.9
1992	14.7	14.5	1.4	30.6
1993	13.5	4.1	1.4	19
1994	11.6	3.9	1.5	16.9
1995	10.8	4	1.6	16.4
1996	10.9	5.5	1.8	18.1
1997	11.4	3.6	1.8	16.8
1998	12.1	3.7	1.9	17.7
1999	13.1	3.8	2.5	19.3
2000	13.8	3.9	2.7	20.3
2001	15.2	3.9	2.8	22
2002	15.9	3.7	3.4	23
2003	16.2	3.4	3.6	23.1
2004	16.6	3.3	3.6	23.5
2005	17.6	3.2	3.8	24.5
2006	17.8	2.9	3.6	24.4
2007	19.1	2.5	3.7	25.4
2008	19.4	2.1	3.9	25.4
2009	19.8	1.9	4.2	25.9

续表

年份	预算内收入	预算外收入	社会保障基金收入	官方财政收入
2010	20.3	1.4	4.2	25.9
2011	21.5		5.3	26.8
2012	22.0		5.9	27.8
2013	22.0		6.1	28.1
2014	22.1		6.4	28.4
2015	22.5		6.6	29.1

注：（1）总收入包括预算内收入和预算外收入、社会保障基金的支付补偿。此外，在中国的统计中被扣除的国有企业亏损补贴也被计入。

（2）2004 年和 2005 年预算收入和总收入数据是经济合作与发展组织的估计值。

（3）官方财政收入 = 预算内收入 + 预算外收入 + 社会保障基金收入。

资料来源：历年《中国统计年鉴》《中国财政年鉴》和环亚经济数据公司（CEIC）数据库。唐滔协助制表。

土地出让金是政府性基金预算最重要的组成部分。2000 年，土地出让收入约 595 亿元，不足地方财政收入的 10%。随着房地产市场的迅猛发展，2010 年土地出让收入达 2.94 万亿元，占当年地方财政收入的 72.4%。之后有所回落，2013 年为 4.12 万亿元，占本级地方收入 59%，占全国财政收入总额的 35%。

近来房地产市场下行压力较大，土地出让金的不可持续性问题日益突出，势必将影响地方政府扩大基础设施投资的能力，并进一步加大宏观经济的下行压力。

表 3-15　土地出让收入与地方一般预算收入（1999 ~ 2015 年）

年份	地方本级财政收入	土地出让收入	土地出让收入 / 地方本级财政收入
1999	5594.87	514.33	9.19%
2000	6406.06	595.58	9.30%
2001	7803.30	1295.59	16.60%
2002	8515.00	2416.79	28.38%
2003	9849.98	5421.31	55.04%

续表

年份	地方本级财政收入	土地出让收入	土地出让收入 / 地方本级财政收入
2004	11893.37	6412.18	53.91%
2005	15100.76	5883.82	38.96%
2006	18303.58	8077.64	44.13%
2007	23572.62	12216.72	51.83%
2008	27703.42	10259.80	37.03%
2009	32580.74	15900.00	48.80%
2010	40610.00	29398.00	72.39%
2011	52547.00	33477.00	63.71%
2012	61078.29	28886.31	47.29%
2013	68969.00	41266.00	59.83%
2014	75876.58	40479.69	53.35%
2015	82983.00	32547	39.22%

注：国有土地使用权出让收入通常由四项政府性基金收入构成，除土地出让金收入外，还包括新增建设用地土地有偿使用费收入、国有土地收益基金收入和农业土地开发资金收入。2013 年，地方政府的土地出让金收入占国有土地使用权出让收入的 95%。

资料来源：Wind 资讯，历年《国民经济和社会发展统计年鉴》和《国土资源统计年鉴》。

唐滔协助制表。

（二）国际上税种（税权）划分的基本原则

税制改革是理顺央地关系的关键所在，根据不同专家学者的研究，有关税收的一般原则主要有以下几种分类。

首先，亚当·斯密的“四原则”，即公平原则、明确原则、方便原则以及最少征收原则。

其次，瓦格纳的四大原则和九项细则：①财政原则，包括充分课税，灵活课税；②国民经济原则，包括准确选择税源，准确选择税种；③公正原则，包括普遍课税，公平课税；④税政原则，包括透明课税，方便课税，及努力减少征税费用。

最后，马斯格雷夫的七大条件：①足额；②公平；③负担者；④中立（效率）；⑤经济的稳定与增长；⑥明确；⑦最小费用。

表 3-16 租税的一般原则

	项　目	内　容
亚当·斯密的四项原则	①公平原则	个人承担税负应依其能力大小，亦即应与其在国家保护下所享受的利益成比例
	②明确原则	租税征收不可随意，其支付时期、方法、金额须平易、明确
	③方便原则	租税之征收，须在纳税人最方便的时期，并采用纳税人最方便的方式
	④最少征收原则	应尽量缩小归入国库的净收入额与支付给人民的金额之差
瓦格纳的四大原则和九项细则	①财政政策方面之原则	1. 充分课税……取得充分租税收入以满足财政需要 2. 灵活课税……能够依财政需要之变化灵活操作财政收入
	②国民经济方面之原则	3. 准确选择税源……准确选择税源，以避免阻碍国民经济之发展 4. 准确选择税种……选择税种，应充分考虑纳税人所受影响及其税负增加，努力公平分担税负，以避免阻碍国民经济之发展
	③公正原则	5. 普遍课税……税负应该普遍分担，对特权阶层的免税必须废止 6. 公平课税……税负应该公平分担。亦即，按各人分担能力大小课税。因税负分担能力的提高大于收入增加的幅度，故应该采用累进税制。另，收入种类等不同会导致分担能力不同，故应区别对待
	④租税行政方面之原则	7. 透明课税……课税须透明，应杜绝恣意课税 8. 课税的方便性……纳税手续应方便 9. 努力减少征税费用……须努力使征税费用减至最低
马斯格雷夫的七大条件	①足额	财政收入（税收）必须充分
	②公平	税负分配必须公平
	③分担者	课税时，除课税对象外，还需考虑最终分担者
	④中立（效率）	租税之选择，需尽量减少对高效市场中经济方面决定之干预。此类干预将导致“过度分担”，而过度分担必须受到最大限度的抑制
	⑤经济的稳定与增长	租税结构必须使维持经济稳定和增长的财政政策容易实施
	⑥明确	租税制度必须公正，且能保证不被恣意执行，还须使纳税人易于理解
	⑦最小费用	只要与其他目的不发生冲突，税务当局及纳税人双方所承担的费用必须尽量降低

资料来源：宇波弘貴：《 図説日本の税制 》，财经祥報社 2013 年版。

具体到将税权分配给不同层级的政府时，一般有 4 个基本原则必须予以考虑[①]。

第一，经济效率标准规定移动要素和交易产品的税收能够影响内部统一市场的效率，应当归联邦政府征管。

第二，出于保证国家权益的考虑，渐进再分配税收应当由联邦政府负责征收。

第三，行政管理可行性标准（降低合规性和管理成本）表明，税收应当分配给进行相关评估的最佳能力管辖区。这一标准使行政成本和潜在的逃税最小化。

第四，财政需求或收入充足与否的标准表明，责任、收入手段（从所拥有的资源中获得收入的能力）应当尽可能地与支出需求相配套（与此同时，长期资产应当通过贷款来融资，以便确保代际间的公平分担）。见表 3–17。

最后，在政府间进行税种划分时，还有一个最基本的原则就是各司其职，尽量减少交叉，减少税收共享。

表 3-17　　代表性税收权力的分配

税种	取决于		征管	注释
	税基	税率		
关税	N	N	N,P	国际贸易税收
企业所得税	N,U	N,U	N,U	要素流动，稳定工具
资源税				
资源租赁税（利润、收入）	N	N	N	高度分配不均的税基
特许权使用费、专业服务费、一般服务费、遣散税	S,L	S,L	S,L,P	州 – 地方服务的利税 / 费
养护费	S,L	S,L	S,L,P	为了保护地方环境
个人所得税	N	N,S,L	N	再分配，流动要素；稳定工具
财产税（对资本、财产、财产转移、继承和遗嘱收取的税）	N	N,S	N	再分配
工资税	N,S	N,S	N,S	利润费，如社会保险覆盖

① 〔美〕安瓦·沙著,贾康等译：《践行财政“联邦制”》，科学出版社2015年版。

续表

税种	取决于		征管	注释
	税基	税率		
多级销售税（增值税）	N	N,S	N,S	根据联邦分配来调整的边缘税种；潜在的稳定工具
单级销售税（制造、批发、零售）				
选项 A	S	S,L	S,L	高度依赖成本
选项 B	N	S	N	均等化，低程度依赖成本
“罪恶”税				
烟酒税	N,S	N,S	N,S,P	分担医疗支出责任
博彩税、赌博税	S,L	S,L	S,L,P	州和地方职责
彩票税	S,L	S,L	S,L,P	州和地方职责
赛道税	S,L	S,L	S,L,P	州和地方职责
税收种类				
碳税	N,U	N,U	N,U	防治全球 / 国内污染
热量税	N,S,L	N,S,L	N,S,L,P	可能对国家、地区或地方造成污染
燃油税	N,S,L	N,S,L	N,S,L,P	是联邦 / 省 / 地方公路的工具
排污税	N,S,L	N,S,L	N,S,L,P	为了处理洲际、政府间或地方相关事务的税收
拥堵税	N,S,L	N,S,L	N,S,L,P	是联邦 / 省 / 地方公路的工具
停车费	L	L	L,P	控制地方拥堵
机动车				
机动车注册费、流转税、年费	S	S	S	州政府责任
司机和厨师的费用	S	S	S	州政府责任
营业税	S	S	S	利税
消费税	S,L	S,L	S,L	居民导向性税收
物业税	S	L	L	完全无流动要素，利税
土地税	S	L	L	完全无流动要素，利税
临街认购税、增值认购税	S,L	L	L	收回成本
人头税	N,S,L	N,S,L	N,S,L	为服务付款
使用费	N,S,L	N,S,L	N,S,L,P	未得到的服务付款

注：U 表示超国家机构；N 表示国家 / 联邦；L 表示市或地方；P 表示私人。

资料来源：〔美〕安瓦·沙著，贾康等译：《践行财政“联邦制”》，科学出版社 2015 年版，第 14 页。

（三）联邦制国家的经验：以美国为例

联邦制国家中，美国的政府间税收制度安排相对比较简明、清晰，联邦政府、州政府之间的税收分工明确，只是在州与“地方政府”（基层政府）之间存在少量交叉共享。参见表 3–18。

表 3-18　美国各级政府的税收权限

	决定者		税收征收管理	收入比重（%）			
	税基	税率		联邦	州	地方	汇总
联邦							
个人所得税	联邦	联邦	联邦	100			100
公司所得税	联邦	联邦	联邦	100			100
汽油税①	联邦	联邦	联邦	100			100
州或省②							
个人所得税	州	州	州	0			100
销售税	州	州	州	0			100
汽油税	州	州	州	0			100
物业税	州	州	州 / 地方	0			100
机动车牌照税	州	州	州	0			100
酒精 / 烟草税	州	州	州	0			100
使用费	州	州	州	0			100
地方③							
物业税	州 / 地方	州 / 地方	州 / 地方	0		100	100
销售税	州 / 地方	州 / 地方	州 / 地方	0		100	100
使用费	州 / 地方	州 / 地方	州 / 地方	0		100	100

注：①通过拨款分享；②一般通过各州的法律分享；③各州的做法有很大的差异。

资料来源：〔美〕安瓦·沙著，贾康等译：《践行财政“联邦制”》，科学出版社 2015 年版，第 277 页。

（四）单一制国家的经验：以日本为例

1. 国税与地税

有关日本国税与地税的划分可分为对收入的课税、对资产的课税以及对消费的课税三大类。具体内容可参见表 3–19。

表 3-19 日本的国税与地税

	国税	地税
收入课税	所得税	个人居民税
	法人税	个人事业税
	地方法人特别税	法人居民税
	复兴特别所得税	法人事业税
		道府县民税利息
		道府县民税分红
		道府县民税股票转让所得
资产课税等	遗产·赠予税	房地产取得税
	许可登记税	固定资产税
	印花税	城市规划税
		事务所税
		特别土地保有税
消费课税	消费税	地方消费税
	酒税	地方烟税
	烟税	汽油交易税
	烟特别税	机动车取得税
	汽油税	高尔夫球场使用税
	地方汽油税	澡堂税
	石油天然气税	机动车税
	机动车重量税	轻型机动车税
	飞机燃料税	矿产税
	石油煤炭税	狩猎税
	电源开发促进税	矿区税
	关税	
	吨位税	
	特别吨位税	

注：吨位税指按照重量征收的税种。

资料来源：宇波弘貴：《図説日本の税制》，財経祥報社 2013 年版。

2013 年，日本全国（包括国税和地税）对收入的课税占税收总额的 52.7%，对资产的课税占税收总额的 16.1%，对消费的课税占税收总额的 31.2%，参见图 3–18。

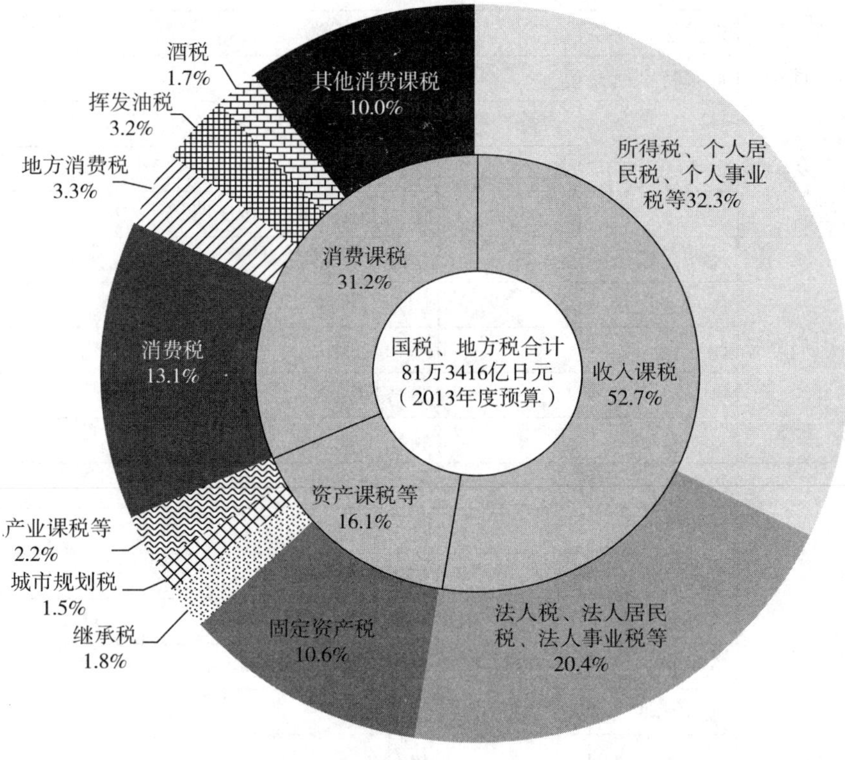

图 3-18　按计税基数划分的税收明细与税种

资料来源：宇波弘貴：《図説日本の税制》，財経祥報社 2013 年版。

2. 国税部分

日本的国税税目按税负能否转嫁可分为直接税和间接税。其中收入课税全部为直接税；资产课税中继承税和赠予税为直接税，登记许可税和印花税为间接税；消费课税全部为间接税（见表 3–20）。从构成比例来看，在国税收入总额中，直接税占比 57.9%，间接税占比 42.1%（见图 3–19）。

表 3-20 日本国税税目

收入课税	所得税★ 法人税★ 地方法人特别税★ 复兴特别所得税★ 复兴特别法人税★
资产课税等	继承税、赠予税★ 登记许可税 印花税
消费课税	消费税、汽车重量税 酒税、飞机燃料税 香烟税、石油煤炭税 香烟特别税、促进电源开发税 挥发油税、关税 地方挥发油税、吨税 石油天然气税、特别吨税

注：印有星号★的为直接税，没有的为间接税等。

资料来源：総務省：地方財政白書平成 27 年版（平成 25 年度決算），日経印刷株式会社 2015 年版。

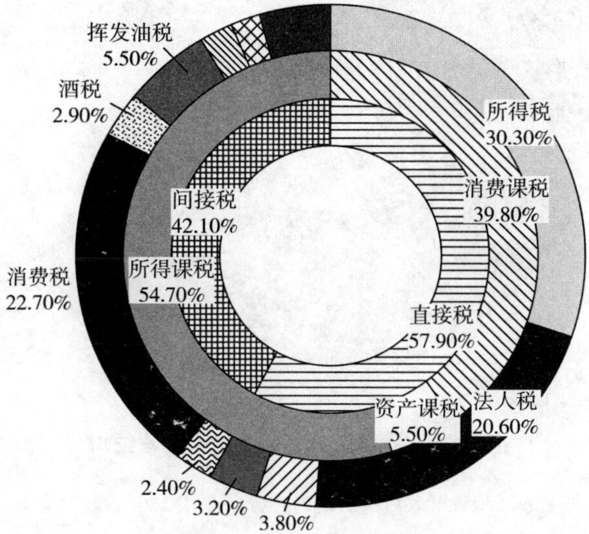

图 3-19 国税的构成（2013 年度预算额）

资料来源：総務省：地方財政白書平成 27 年版（平成 25 年度決算），日経印刷株式会社 2015 年版。

3. 地税部分

（1）省级政府（道府县）税收。在省级政府（道府县）的税收中，道府县民税比重最大，达 33.8%；其次是事业税，占 19.3%；再次是地方消费税，占 17.9%；最后是汽车税，占 10.7%；其他则是一些比例较小的税种，包括汽油交易税（6.4%）、房地产税（2.4%）等。参见图 3-20 和图 3-21。

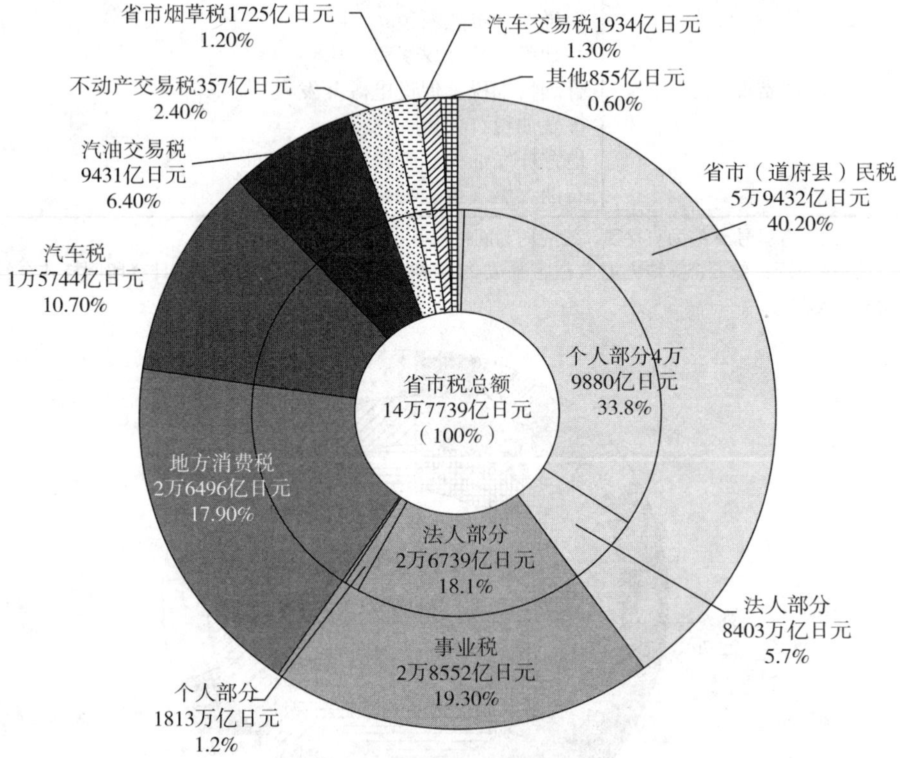

图 3-20　省级政府（道府县）税收结构

资料来源：総務省：《地方財政白書平成 27 年版（平成 25 年度決算）》，日经印刷株式会社 2015 年版。

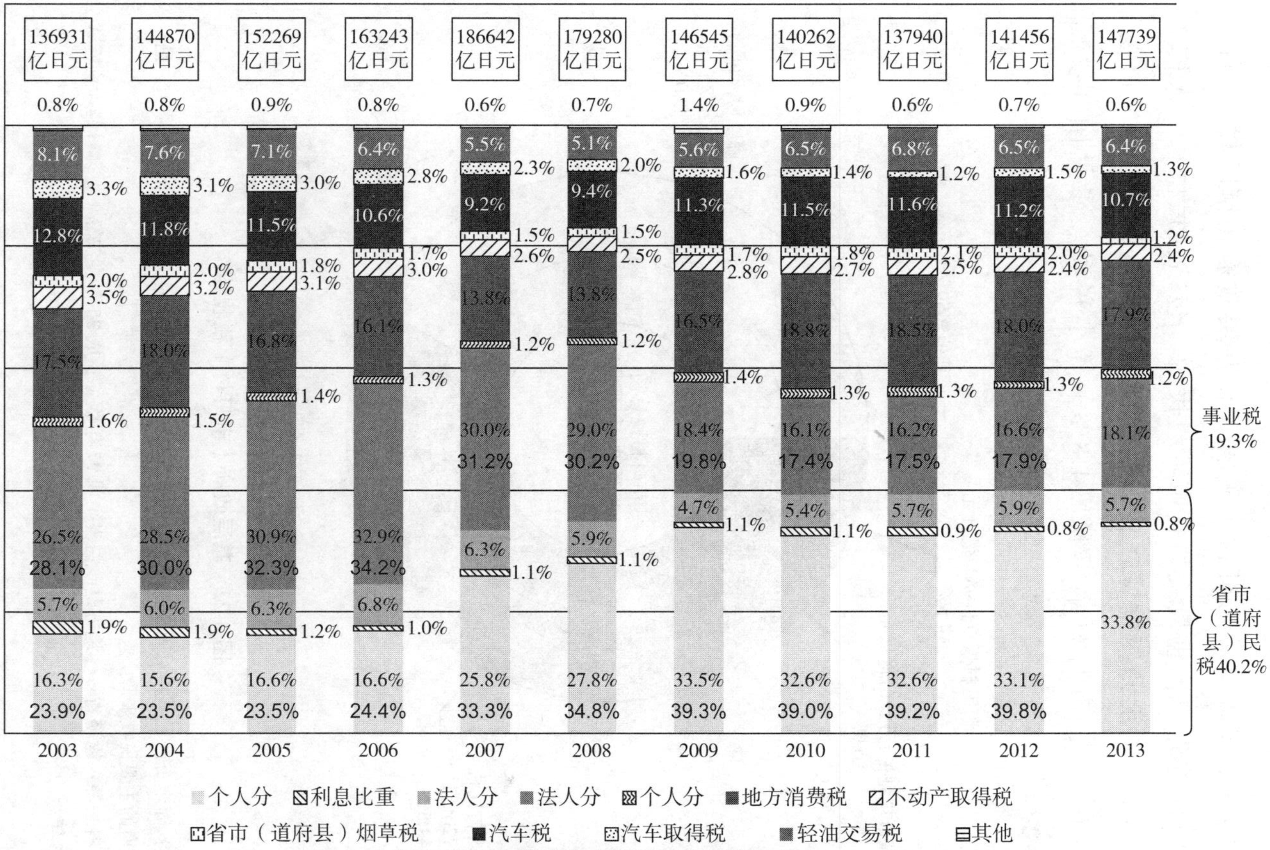

图 3-21　省级政府（道府县）税收变迁

注：加粗数字为事业税和省市（道府县）民税的构成比。

资料来源：総務省：《地方财政白書平成 27 年版（平成 25 年度决算）》，日经印刷株式会社，2015 年版。

（2）基层政府（市町村）税收。在基层政府（市町村）的税收结构中，首先，比重最大的是市町村民税（包括住民税和法人税），占44.5%；其次是固定资产税，占42.0%；其他就是一些城市规划税（6.0%）、市町村烟草税（4.8%）等小税种。参见图3-22和图3-23。

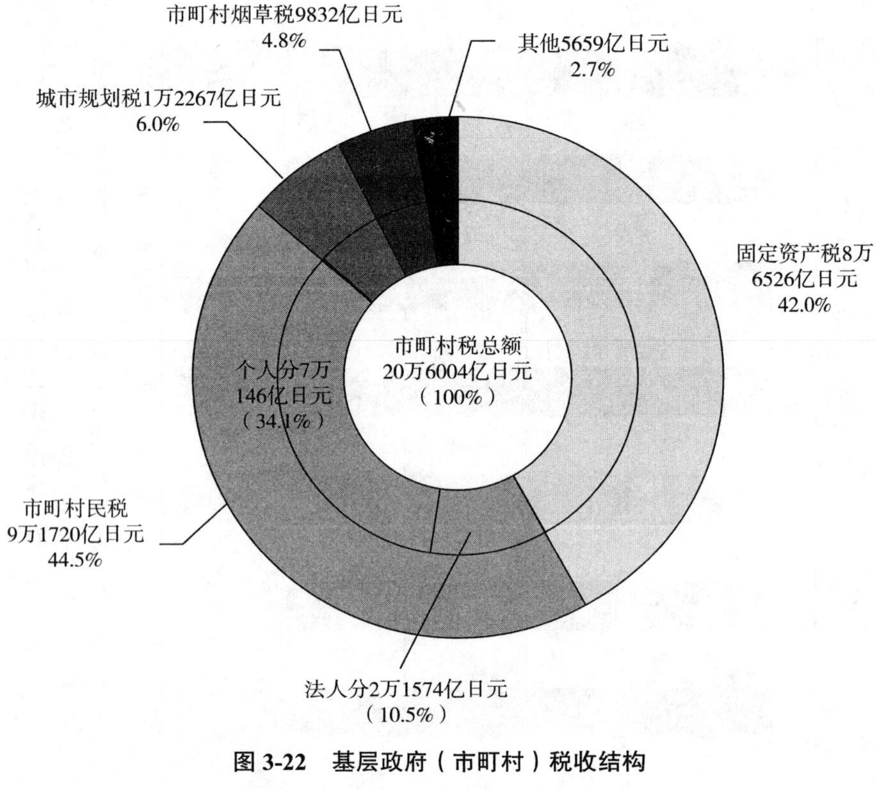

图3-22　基层政府（市町村）税收结构

注：固定资产税是指对固定资产所有人课征的地方税（地方税法第343条第1项），是日本地方政府的主要税收来源。

资料来源：総務省：《地方財政白書平成27年版（平成25年度決算）》，日経印刷株式会社2015年版。

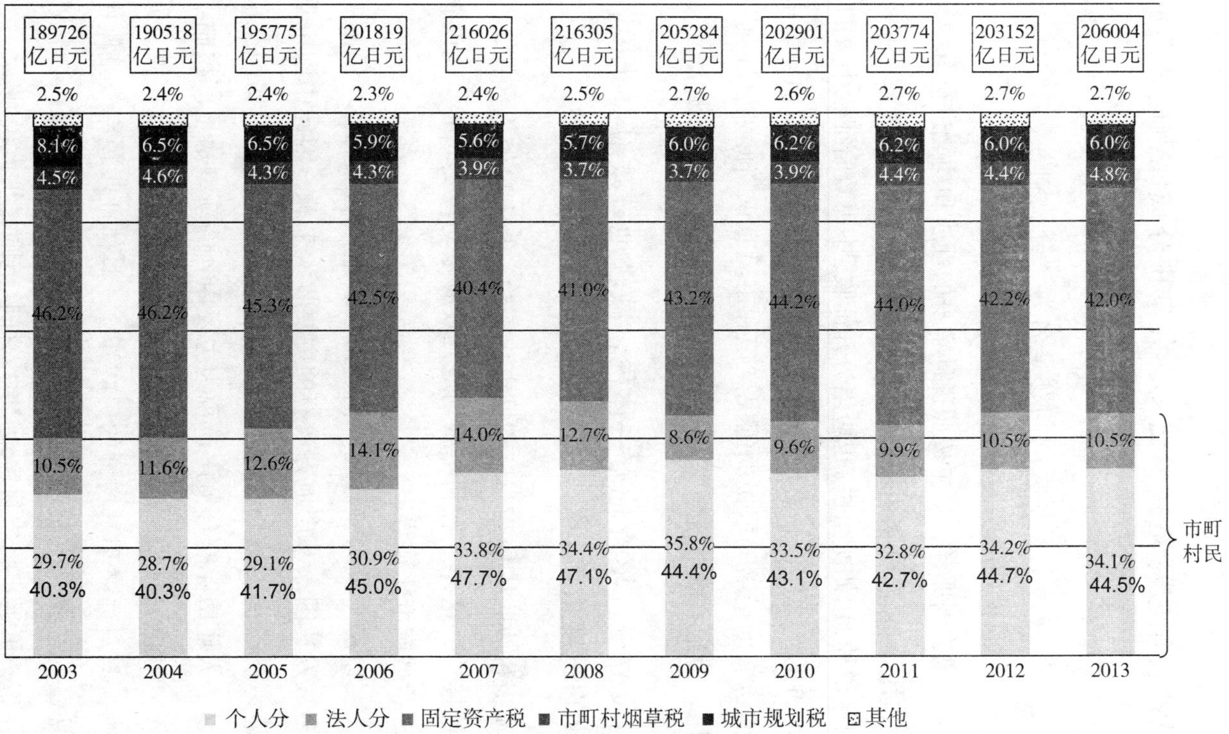

图 3-23 基层政府（市町村）税收变迁

注：粗数字为市町村民税的构成比。

资料来源：総務省：《地方財政白書平成 27 年版（平成 25 年度決算）》，日経印刷株式会社 2015 年版。

三、对中国税制改革的启示与思考

（一）税种安排应尽量减少交叉，共享税分成比例应适度向地方倾斜

中国目前在税种安排上，最大的问题是名为“分税制”，实为“分钱制”，没有能够按照税种的属性来配置到不同层级政府。

税种安排应当像美国那样，尽量按照税种本身的性质和功能进行分税，应当尽量减少政府间的交叉重叠和共享。中央税就是中央税，地方税就是地方税。即使是同一税种，比如所得税，也应当分开征收，中央政府征收中央的，地方政府征收地方的。这样，一方面有助于强化各级政府自身的预算约束意识，另一方面也有助于培养居民的国民意识和市民意识。此外，还具有激励相容的作用，使地方政府能够有动力吸引外来人口，将税基做大。

（二）清费立税，培育地方主体税，减轻地方政府对非税收入和土地财政的过度依赖

地方政府本级税收收入应当与新型城市化挂钩，与人口流入挂钩，与服务对象的数量挂钩，这样才有利于激励地方政府主动转变职能，建设服务型政府，推进新型城市化建设。

具体而言，要以房产税为核心之一构建市县级地方税系。房产税的属性使之成为大多数发达国家基层地方政府的主要收入来源，因此中国市县级地方税系也应以房产税为核心税种。这就需要改革和整合现有房地产税费制度，形成以个人住房保有环节房产税为主要内容的新型房地产税制。从近期来看，先对城市经营性用房征收，居民住房征收范围的确定以“调节高端”为原则，只对远高于平均价的房产开征，具体征收税率及细则由地方政府按照地区间差异自主制定。从远期来看，随着农村地区产业化和城市化水平的提高，可逐步将农村房地产纳入征收范围，扩大税基。

但是，在推行房产税时，必须首先解决土地使用期限问题。其中可行的政策选项，是在解决土地使用期限问题时同步推出房产税改革。然而要

解决土地使用期限问题，就必须进一步解放思想，正确认识土地确权的意义和作用，不能一味采取否定态度，束缚自己的手脚，最终误国误民。

（三）赋予地方政府一定的税收立法权，至少允许地方政府在税率调整方面拥有一定的自由度

应当让地方政府拥有一定的税收立法权，至少应在税率决定方面拥有一定的自由度，这样，一方面可以防止不顾地区差异“一刀切”的传统做法；另一方面可以让地方财政能够逐步自治，只有地方财政在一定程度上能够做到自治即自我约束，则中央财政才有可能真正摆脱对地方政府的无限救助责任，防范地方政府在财政问题上的道德风险。

（四）坚持国地税分设体制，避免改革出现反复折腾

近年来，一直有人以节省费用、方便办税为理由主张所谓“国地税合一”，但如果我们确信未来的财税改革方向是要实行地方分权和地方自治的话，那么今天把国税地税合二为一了，早晚有一天还要再分开，那将真是“瞎折腾”。只要存在中央与地方关系，那么国税与地税就应当分设两套系统。否则，就会出现互不信任的局面。

当然，为了方便纳税人缴纳税金，国税与地税可以采取联合办公的形式，但是绝不能将两个机构合二为一，否则将偏离实行地方（财政）自治这一财税改革的长远方向。

第四节　关于政府间转移支付

一、中国存在的问题

中国的转移支付制度正式规范于 1994 年的分税制改革，参见表 3-21

（A）；之后又进行了不断的调整，参见表 3–21（B）。

表 3-21（A）　　中国转移支付制度概要

税收返还	1994 年分税制改革时规定，保障地方政府 1993 年税收，其后增加部分按一定比例返还。 公式：［1+0.3×（增值税和消费税增加百分数）］×（上年返还额） （注）按该方式，税收增加部分的返还比例迅速降低。 2002 年法人税、所得税共享改革后，税收返还开始保障 2001 年地方财政收入
财政性转移支付	以平衡各地之间差距为目的
一般性转移支付	基于 22 要素进行计算，向贫困地区转移支付用作一般性财源
民族地区转移支付	2000 年实施西部大开发后创设之制度，对象为五个自治区、三个民族省份、八个自治州（有一定条件）
工资调整转移支付	用于提高公务员工资、加强社会保障
农村税费改革转移支付	因农村税费改革导致地方政府财政收入减少之部分予以补助（对中西部，尤其对农业地区补助力度很大）
专项转移支付	先拨付政府主管部门，再由其分配给每个项目，基本上全部分配给基建、社保、农业、教育等四个领域
体制补助	1993 年以前制度之延续。对西藏、新疆维吾尔自治区等给予一定资金补助

资料来源：大西靖：《中国财政・税制の現状と展望》，财团法人大藏财务协会 2004 年版，第 68 页。

表 3-21（B）　　中国一般性转移支付制度分配方法

	转移支付分配方法
2008 年	某地区一般性转移支付额 =（该地区标准财政支出 – 该地区标准财政收入的差额）× 该地区转移支付系数
2011 年	某地区均衡性转移支付 =（该地区标准财政支出 – 该地区标准财政收入）× 该地区转移支付系数 + 增幅控制调整 + 奖励资金
2012 年	某地区均衡性转移支付 =（该地区标准财政支出 – 该地区标准财政收入）× 该地区转移支付系数 + 增幅控制调整 + 奖励资金

资料来源：《2008 年中央对地方一般性转移支付办法》《2011 年中央对地方均衡性转移支付办法》以及《2012 年中央对地方均衡性转移支付办法》。

经过多年的不断调整，中国的转移支付制度正在日趋完善，但同时也存在一些问题，主要有以下几个方面。

（一）税收返还削弱了转移支付的调节能力

1994年实行分税制改革时，为了照顾少数发达地方的局部利益，使分税制改革能够尽快顺利推进，当时中央政府采取了折中的过渡办法，对一些发达地区采取了“先征后返”的办法。这种做法的好处是减少了当时发达地区推行分税制的阻力，但缺点是减弱了转移支付的调节能力，不利于实现地区间公平。

近年来，税收返还占比在逐年下降，因此，适时取消已经成为可能。从表3-22可见，中国广义的转移支付总额中，税收返还部分所占比重一直呈逐年下降趋势，目前已经下降到不到10%，这一方面说明当时的国务院领导推进改革的“聪明”之处，另一方面也说明取消税收返还的时机已经成熟，取消的阻力应该不会太大，因此应当在适当的时候尽快取消税收返还。

表3-22　历年转移支付情况

年份	中央对地方税收返还和转移支付总额	税收返还	狭义转移支付总额	体制辅助	专项转移支付	一般转移支付	狭义转移支付/转移支付总额	狭义转移支付/国家财政总支出	狭义转移支付/GDP	税收返还/转移支付总额
1994	2389	1799	586	114	361	NA	24.50%	10.10%	1.30%	75.30%
1995	2534	1867	664	115	375	21	26.20%	9.70%	1.10%	73.68%
1996	2723	1949	774	111	489	35	28.40%	9.80%	1.10%	71.58%
1997	2857	2012	845	112	516	50	29.60%	9.20%	1.10%	70.42%
1998	3322	2083	1239	NA	878	NA	37.30%	11.50%	1.60%	62.70%
1999	4087	2177	1910	120	NA	NA	46.70%	14.50%	2.30%	53.27%
2000	4665	2268	2397	125	1440.25	832.45	51.40%	15.10%	2.70%	48.62%
2001	6002	2335	3667	125	2560	NA	61.10%	19.40%	2.70%	38.90%
2002	7352	3208	4143	NA	2402	1622	56.40%	18.80%	3.90%	43.63%
2003	8240	3631	4609	NA	2577	1912	55.90%	18.70%	3.90%	44.07%
2004	9410	4157	5253	NA	2895	2238	55.80%	19.60%	4.20%	44.18%
2005	11484.02									
2006	13501.45									
2007	18137.89									
2008	22990.76	4282.16	18708.6	136.14	9962.39	3918	81.40%	37.60%	5.90%	18.63%
2009	28563.79	4886.7	23677.09	138.14	12359.89	4759.79	82.90%	37.80%	6.90%	17.11%

续表

年份	中央对地方税收返还和转移支付总额	税收返还	狭义转移支付总额	体制辅助	专项转移支付	一般转移支付	狭义转移支付/转移支付总额	狭义转移支付/国家财政总支出	狭义转移支付/GDP	税收返还/转移支付总额
2010	32341.09	4993.37	27347.72	140.14	14112.06	7487.67	84.60%	35.80%	6.70%	15.44%
2011	39921.21	5039.88	34881.33	145.14	16569.99	8582.62	87.40%	38.80%	7.20%	12.62%
2012	45101			1220.81	18804.13	9812.01				0.00%
2013	48019.92	5046.74	42973.18		18610.46	10803.81	89.50%	34.10%	7.30%	10.51%
2014	51591.04	5081.55	46613.01		18941.12	18502.27	90.40%	33.20%	7.30%	9.85%
2015	55219.79	5081.98	50078.65	1034.08	21612.04		90.80%	33%	7.40%	9.20%

注：狭义转移支付——扣除税收返还之后的真正的转移支付。

广义转移支付——包括税收返还在内的全部转移支付总额。

资料来源：各年财政年鉴、2004 年财政报告。

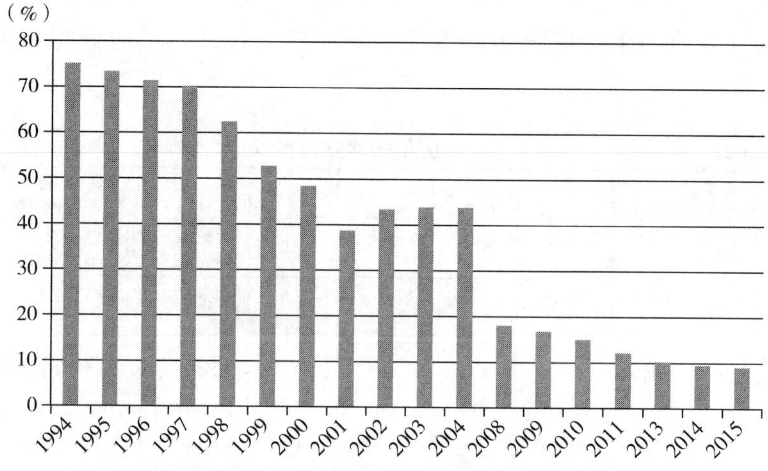

图 3-24 税收返还占广义转移支付的比重

资料来源：历年财政年鉴，Wind 资讯，唐滔协助制图。

（二）财力均衡效果不断增大，但2002年以后有所下降

转移支付对于平衡东中西部不同地区的财力效果比较明显，实施之初逐年上升，但是自 2002 年以后调节力度有所下降。

从地方本级支出占地方总收入的比重来看，东部地区从 1994 年的 78.2% 下降到 2005 年的 75.4%，大体维持在 75% ~ 80% 之间。

中部地区，从 1994 年的 96.1% 上升到 2002 年的 131.6%，后下降到 2005 年的 122.1%。

西部地区，从 1994 年的 109.6% 上升到 2002 年的 167.2%，后下降到 2005 年的 147.5%。

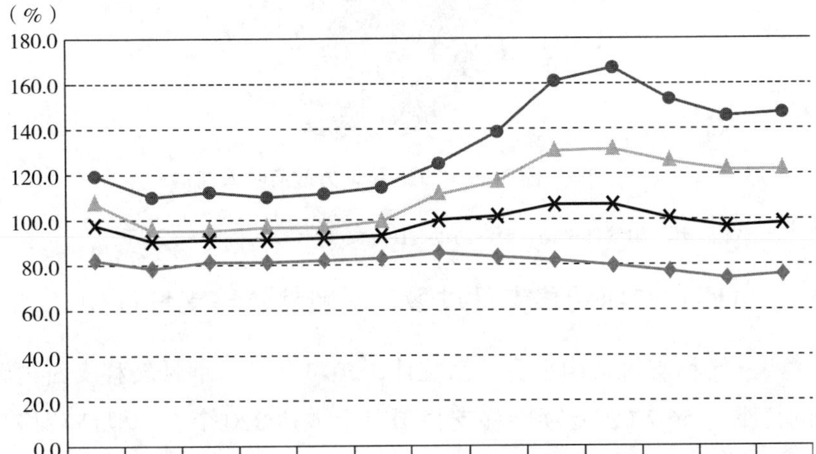

	1993	1994	1995	1996	1997	1998	1999	2000	2001	2002	2003	2004	2005
西部	119.0	109.6	111.6	109.4	111.4	113.7	124.7	138.6	161.3	167.2	152.8	146.1	147.5
中部	108.2	96.1	95.7	96.9	96.8	99.8	112.0	117.8	130.4	131.6	126.4	122.4	122.1
东部	82.4	78.2	81.1	80.7	81.7	82.6	84.8	82.3	81.2	78.7	76.7	73.8	75.4
地方平均	98.2	90.0	91.5	91.1	91.9	93.5	99.8	101.5	106.6	105.9	100.5	96.6	98.3

图 3-25　1993 ~ 2005 年地方本级支出占地方总收入比例

注：1. 地方财政总收入 = 地方本级收入 + 上划中央两税 + 上划中央所得税；2. 上划中央两税 = 中央分享两税 - 按分税制改革核定中央基数所占比重计算的原中央两税；3. 上划中央所得税 = 中央分享所得税 - 中央按所得税收入分享改革前所得税所占比重计算的原属中央所得税。

唐滔协助制图。

（三）地方政府对转移支付的依赖程度过高

2013 年中央对地方转移支付达 4 万亿元，占地方财政收入比重高达 29%（见图 3–26）。过于庞大的财政转移支付，不仅容易引发寻租行为，也容易导致地方政府在中央财政拨款的使用上效率低下。

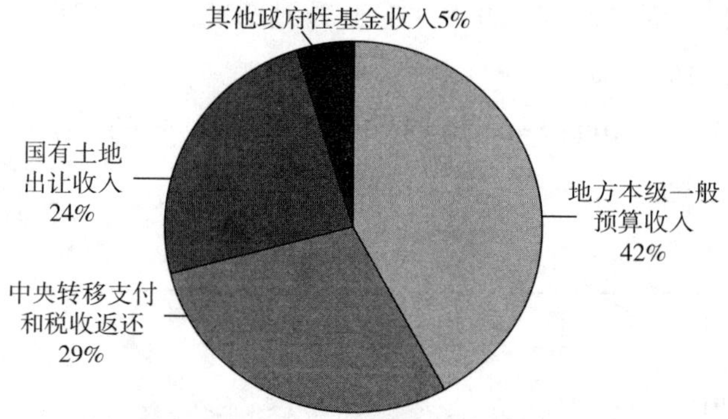

图 3-26　2013 年地方政府收入结构

数据来源：财政部网站。唐滔协助制图。

（四）专项转移支付过多，一般性转移支付过少

从转移支付结构来看，据统计，2013 年，一般性转移支付占转移支付的比重达 56.7%；专项转移支付项目个数达 220 个。一般性转移支付比例过低，专项转移支付比例过高，从而导致中央部门对地方事务的干预过多，容易产生寻租腐败现象，也不利于地方政府自身的统筹兼顾，以至于地方政府常常出现这样的情况：有的领域已经揭不开锅了，有的领域却出现资金闲置现象，然而“买油的钱不能打醋”，因而使得一些地方政府常常是干着急，无可奈何。

（五）变相的横向转移支付，既不规范也不透明

中国目前普遍存在着大量的“对口支援”或“生态补偿”的做法。不论是平时日常的扶贫扶困，还是非常时期的抢险救灾，惯用的做法就是“对口支援”。这种做法虽然暂时缓解了一些落后地区、贫困地区或受灾地区的生产生活困难，但由于其运作不规范，不透明，随意性强，导致无论是实施援助的地区之间、还是接受援助的地区之间都存在着很大的不公平性。并且，常常会出现一些因援助导致的扭曲现象，例如，在对口支援的安排下，某西部灾区由沿海发达地区援建的医院，安装的是进口的高级电梯，但由于该地区属于贫困地区，连维护保养进口电梯的经费都得不到保障，于是

只好停止使用，成了摆设，造成了严重的浪费现象。因此，学习德国经验，将这种对口支援以及生态补偿措施，改造成规范的现代横向转移支付制度（见后文），实在是势在必行。

二、单一制国家的经验：以日本为例

日本中央政府与地方政府（包括省级政府和基层政府）在财政收入结构上的比例大体上是58.1：41.9（约等于3：2），经过一般性转移支付（地方交付税）之后变成了41.5：58.5（约等于2：3），再经过专项转移支付（国库支出金）之后，最后的财政支出结构就变成了41.7：58.3（约等于2：3）。并且，专项转移支付占比很少。参见图3–27。

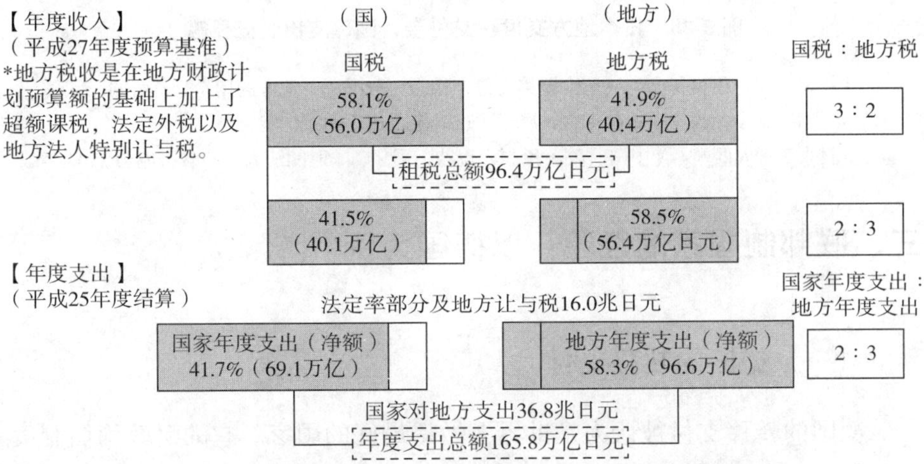

图3-27 日本中央与地方政府财政收支结构（含转移支付因素）

注：平成25年（2013财年）的国家年度支出额是由一般会计、交付税以及让与税配付金特别会计、能源对策特别会计、年金特别会计（只限儿童的现金支付结算）、食品稳定供给（只限国营土地改良事业结算）、社会资本整备事业特别会计、东日本大震灾复兴特别会计这六个特别会计组成的净结算额。

"国家对地方支出"是地方年度收入结算额中的地方交付税、地方特例交付金、地方让与税以及国库支出金（包含交通安全对策特别交付金以及国有提供设施等所在市、町、村资助交付金）的总额。并且，也另外存在"地方对国家支出"（地方年度支出结算额中有关国家直辖事业负担金的、对国家现金缴纳金额）。

资料来源：大矢俊雄：《（図説）日本の財政 平成27年度版》，東洋経済新報社2015年版。

根据2004年的数据，中央政府给省级政府（都道府县）的一般性转移支付为11万亿日元，专项转移支付为9.6万亿日元；给县级政府（市町村）的一般性转移支付为9万亿日元，专项转移支付为4.9万亿日元。此外，省级政府（都道府县）给县级政府（市町村）专项转移支付2.3万亿日元，参见图3–28。

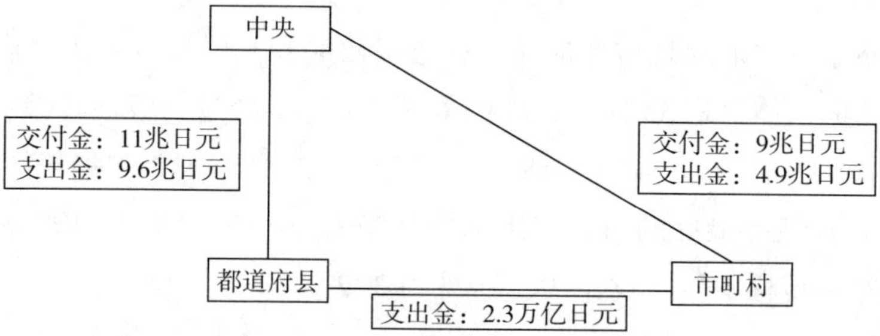

图3-28　日本地方交付税交付金、国库支出金概要等

注：地方交付税交付金为一般性转移支付，作为一般财源，地方的用途是自由的。
国库支出金为专项转移支付，属于（被规定了用途的）特定财源。
资料来源：大西靖：《中国财政・税制の現状と展望》，财团法人大蔵財務協会2004年版。

三、联邦制国家的经验：以德国为例

（一）德国的转移支付

德国的转移支付被认为是世界上做得最好的国家。它的财政均衡制度或财政转移支付制度包括4个步骤[①]。

第一步，将各个税种都按照一定的规则分配给州政府，增值税暂不分配。

第二步，将增值税收入的25%用于拨付给财力较弱的州。

第三步，州与州之间的横向转移支付，即财政能力低于财政均衡指数的州会从财政能力高于财政均衡指数的州那里自动得到一定的资金。

① 参见：〔美〕安瓦・沙著，贾康等译，《践行财政“联邦制”》，科学出版社2015年版。

财政能力指数 = 税收总收入 – 该州上一年超额税收收入[①] × 12%+ 该州地方税收收入 × 64%

财政均衡指数 =(全国所有州税收能力之和 ÷ 所有州测定居民数总和) × 该州测定居民数

第四步，纵向转移支付。并非所有州都能够得到联邦政府拨款。其中，“一般性转移支付”提供给所有财力较弱的州，以提升他们的财力；“专项转移支付”拨付给东部较年轻的州，以帮助他们减轻历史债务；还会拨付给 10 个财力最弱、规模最小的州，以帮助他们支付比其他州都要高的政治管理成本（“最小州成本”）。

需要特别说明的是关于德国的横向转移支付制度。这是一种其他发达国家所少有的特殊制度安排，但是对于平衡地区间差距起到了十分重要的作用。

（二）德国横向转移支付的目标及法律依据

在德国，中央政府强有力的影响以及各个州政府在政策、法律和税收问题上的团结，这些共同构成了“单一制的德国联邦”（Spahn 和 Fottinger，1997）。德国的宪法规定了各等级的政府致力于“联邦区域内平等生活水平的构建”（the establishment of equal living conditions in the federal territory），这比加拿大联邦政府规定的“最低水平”（minimum level）或者“相同标准的公共服务水平”（same standard of public services）要更强硬。

德国基本法（联邦宪法）第一百零六条规定：“联邦和各州有平等权利要求从日常收入中支付各自的必需费用。”第一百零七条规定：“联邦立法保证财政上强的和财政上弱的州之间有合理的平衡，同时考虑各镇和联合乡的财政能力和财政需要。这种立法规定，应该获得平衡费的州提出平衡申请的条件和应付出平衡费的州担负平衡责任的条件，以及决定平衡费数额的标准。这种立法还可规定联邦从联邦基金中拨款给财政上弱的州以便补

① 其中超额税收收入是指该州上一年的税收收入与所有州平均税收收入相比多出的部分。

充支付它们的一般财政需要（补充拨款）。”基本法的上述规定确立了“保障联邦境内生活水平的统一”和“各州财力应当保持适当平衡”的宪法原则，从而为财政转移支付制度的制定和实施奠定了坚实的宪法基础。

（三）德国横向转移支付制度的基本状况

德国所特有的横向均等化制度（the Finanzausgleich）最初是为了补偿某些州政府与难民、港口维修等有关的“特殊负担”，从 1955 年起该制度被写入宪法中，目的是为了保证所有州政府财政能力的均等化。横向协调包括各州之间的财政均等化转移支付和州内城镇之间的财政转移支付，这种横向平衡是德国独具特色的转移支付方式，通过财政收入在各州之间以及州内各市镇之间的横向转移，提高贫困州或市镇的财政收入，缩小贫困地区与富裕地区之间的财政收入差距，从而在一定程度上起到地区间财力平衡的作用。

在横向均等化制度下，财政收入低于平均水平的州政府得到的资金要与高于平均水平的州政府支出的资金水平相等。“均等化标准”是指以人口密度[①]为权重的人均平均财政收入 +50% 的标准市政收入，并允许对一些北部州政府加上一些“特别负担”[②]（special burdens）。这里的标准化水平是由所有州的人均财政能力乘以一个州的人口得出的。最终相对贫穷地区能够通过该制度被补偿到全国平均水平的 95%。

专栏3-1　德国横向转移支付制度具体操作规则与计算公式

德国的横向分配包括两个层次：一是德国16个州级财政单位之间的分配；二是州内各个市之间的分配。

横向财力平衡拨款，其计算公式是（财政需求指数-财政能力指数）×调整系数。公式中的财政需求指数等于州内各地方人均财政收入乘以该地方的加权人口数，财政能力指数等于该地方全部财政收入

① 人口密度系数通常在1.0到1.3之间，除了不莱梅、汉堡和柏林的人口密度系数为1.35外。
② “特别负担”补偿是一次性的对于港口服务方面的支出。

数。调整系数根据本州的财政情况来确定，一般在0.5～0.9之间。

具体操作程序是，先测量财力指数与平衡指数，然后进行平衡关系的比较，并通过富州向穷州的横向拨款来实现各州之间财力水平的基本接近。

1. 各州财力指数测算

财力指数主要衡量各州的税收能力水平。各州的财力指数由州本级的税收收入反映，包括州的专享税收入，以及共享税中属于州和地方收入的部分。测算时，专享税收入如实计算；共享税中的公司所得税和个人所得税按既定比例计算州应得的部分，增值税的分配比例没有在《基本法》中规定，不是简单地在各州之间平均分配，就是联邦和州之间的分配比例也是几年一变。目前增值税收入的56%归联邦财政，剩余部分又分成两部分在各州之间分配，先将剩余部分中的3/4按各州居民人数分配，即计算出人均增值税收入额，再乘以各州居民数进行分配；然后再将1/4进行横向分配，以提高贫困州（税收收入低于各州平均水平92%以下）的收入水平。

州内地方一级的税收按其实际收入的50%计入财力指数的测算。

对某些州的特殊负担，如边境州的边境建设费用、港口城市的港口维护费用，可在其税收总额中扣除。

财力指数=增值税前的税收能力+增值税+补贴税-海港维护费收入及边境建设费用+地方税收总额×50%

2. 平衡指数测算

平衡指数是确定财力平衡状况的数值，反映各州对财力的需求标准，包括州本级和州内地方的需求数两部分。平衡指数实际上体现的就是通常所说的标准财政支出需求，是一个用来与各州的财力指数相比较，以确定财力平衡情况的数值。

平衡指数=全国人均税收额×（州人口数×权数+地方人口数×权数）

州本级的需求数量是用全国人均的税收收入分别乘以各州的居民数，再乘以权数。根据有关法律规定，对汉堡和不莱梅两个州级市的居民人数，按其实际居民数乘以1.35的权数计算，其他各州按实际人数测算。

州以下地方需求数的计算中，各地的居民人数的权数标准是：居民点的人数不足5000人的权数为1.0；5000至15000人的权数为1.1；80000人以下的权数为1.15；400000人为1.2；500000人为1.25；500000人以上为1.3。这一权数标准体现了对居民人口稠密地区的额外照顾。

3. 比较分析与横向转移支付

超额（+）及短缺（-）=财力指数-平衡指数

以上两个指数的测定为州际横向转移支付提供了基本依据。根据德国财政平衡法的规定：

财力指数小于平衡指数92%的州，92%以下的差额可全部得到补偿；

财力指数相当于平衡指数92%～100%之间的州，按照差额的37.5%的比例弥补，即至少弥补到全国平均水平的95%；

财力指数在平衡指数96%～100%之间的，按照差额的37.5%得到补偿；

财力指数在平衡指数100%～101%之间的部分，要从超额中拿出15%用于补贴贫困州，101%～110%的超出部分拿出60%，110%以上部分拿出80%。

通过各州财力指数与平衡指数的对比，来确定某州是接受转移支付的州还是贡献的州以及各州之间财政转移支付的资金流向和数量规模。经过比较，对于州财政能力低于平均财政能力95%的州进行第二次转移支付，保证经过第二次转移支付后，每一个州的财政能力（包括接收转移支付以后的财力）至少要达到平均财政能力的95%。而转移支付的资金，来源于经过上述测算财政能力超过标准的州，按均衡法规定的比例所贡献出来的财力。

（张洋、谭聪执笔）

四、对中国转移支付制度改革的启示与思考

从国际经验比较来看，各国转移支付多少不一、方式各样，没有一定规律，例如美国只有专项转移支付，而无一般性转移支付。中国所要做的是要一方面减少专项转移支付，另一方面要增加一般性转移支付，以便给地方政府在使用时更多的自主权。与此同时，还应当设法将现有的对口支援的做法规范化、制度化、货币化以及公式化，改造成为类似德国的“横向转移支付”。

第五节　地方政府债务

一、中国存在的问题

中国的政府债务风险主要体现在地方政府债务问题上。2013 年底，国家公布了有关地方政府债务的审计结果，虽然从规模上看尚处于可控范围之内，但由于其具有形成原因复杂、增长速度过快、道德风险巨大、解决难度较大等显著特征，因此值得给予高度关注。

首先，增长速度过快。中国地方政府债务规模在 2003 年时大约为 1 万亿元（国务院发展研究中心宏观经济研究部）；2006 年时大约为 4 万亿元（财政部财科所）；2010 年达 10.7 万亿（国家审计署）；2013 年合计为 17.89 万亿元（国家审计署）。2003 ~ 2010 年，中国地方政府债务的平均增长速度为 29.5%，增长速度之快由此可见一斑。若按这种速度发展下去，要不了多久，中国政府的总体债务规模就有可能超过目前债务规模居发达国家之首的日本。但是，中国与日本至少有两点不同，一是日本的政府债务主要是中央政府债务（地方政府债务只占 20% 左右），而中国的政府债务主要为地方政府债务（地方政府债务占到大约 60%），二是日本的政

府债务大多是在高速增长期结束以后、因刺激经济增长而快速形成的；而中国的政府债务则是在高速增长期尚未结束时就已形成，一旦经济增长速度放缓，那么在高速增长下掩盖着的财政风险和金融风险就会统统暴露出来。

表 3-23　　中国政府的总体债务情况

债务性质	债务名称	债务余额（亿元）	占 GDP 比重（2010 年，%）	占全国财政收入比重（2010 年，%）
中央显性负债	国债余额	67548.11	16.84	81.28
	四大资产管理公司债务	14000.00	3.49	16.85
中央隐性负债	铁道部债务	18918.00	4.72	22.76
地方显性负债	省市县地方政府债务	107174.91	26.71	128.97
	乡镇地方政府债务	8100.00	2.02	9.75
地方隐性负债	养老保险隐性债务	10000.00	2.49	12.03
	公路债务	11831.89	2.95	14.24
债务总计		237572.91	59.22	285.88

注：（1）国债余额、GDP 和财政收入数据来自《2011 中国统计年鉴》；

（2）四大资产管理公司债务数据来自马骏（2012）①；

（3）铁道部债务数据来自 2010 年铁道部财务报告，为 2010 年末的债务数据；

（4）省、市、县级政府债务数据来自审计署 2011 年第 35 号公告《全国地方政府性债务审计结果》；

（5）乡镇政府债务数据来自北京福盛德经济咨询有限公司（FOST）2011 年 6 月 28 日的测算报告；

（6）养老保险隐性债务数据来自贾康等《关于中国养老金隐性债务的研究》；

（7）公路债务数据来自 2011 年 30 个省份收费公路调查摸底结果和审计署 2011 年第 35 号公告《全国地方政府性债务审计结果》；

（8）笔者并未全面统计政府的隐性负债。例如，《2007 年中国教育蓝皮书》中披露全国高校贷款规模为 4500 亿 ~ 5000 亿元，《2010 中国卫生统计年鉴》显示公立医院债务余额为 3687.28 亿元。这些本应计入政府隐性负债，但考虑到其与《全国地方政府性债务审计结果》提及的地方高校政府性债务 2634.98 亿元和地方医院政府性债务 977.74 亿元可能发生重复，加上本身数额不大，因此没有列入表 3-24 进行统计。此外，我们也没有考虑政策性银行负债和国有商业银行的不良贷款。所以说，笔者对政府隐性债务的估算是比较保守的，实际上政府的隐性债务规模可能更大。

资料来源：余斌、魏加宁等著：《中国财政金融风险问题研究》，中国发展出版社 2012 年版。

① 马骏：《中国国家资产负债表研究》，社会科学文献出版社2012年版。

其次，形成原因复杂。中国地方政府债务风险的形成，既有财政方面的原因，也有金融方面的原因；既有地方政府方面的原因，也有中央政府方面的原因；既有经济体制方面的原因，也有政治体制方面的原因。尤其是财政与金融，你中有我，我中有你；若财政方面强调是或有负债，则有可能引发金融危机；若金融方面强调有地方政府担保，则有可能引发财政危机，并且二者之间存在着交叉传染的可能性，因此，中央政府面临两难选择。

再次，道德风险巨大。由于中国现行政体为单一制，中央政府与地方政府之间的关系就好比总公司与分公司的关系，中央政府管着地方政府的人财物，因此从法理上讲，中央政府对地方政府债务必然负有兜底责任，由此而引发的地方政府道德风险十分巨大。这就如同一艘大船，下面的“船舱”都是通的，因此，一旦有“船舱”进水就会迅速蔓延，并有可能导致整个国家这艘“大船”迅速沉没。相比之下，联邦制国家由于各级政府之间“打着隔断”，筑有“防火墙”，因此，尽管几个“船舱”甚至十几个“船舱”进水，国家这艘“大船”都不会沉没。

最后，流动性风险凸显。虽然中国的地方政府债务与国外有所不同，大多投向了基础设施建设，有一定的投资回报，但由于其中大多属于固定资产，资产方流动性较差；而债务方却多为中短期负债，因此存在着严重的期限错配。更加令人担心的是，一旦因通货膨胀或资金紧张等原因推动利率上升，就有可能导致一些高风险地区资不抵债、甚至连利息都无法支付，以至于直接引发个别地方出现债务危机；或者由于利率上升导致房地产泡沫破裂，从而导致土地出让金大幅度减少，进而导致过度依赖土地财政还款付息的地方政府债务普遍出现违约，引发大面积的政府债务危机。

2014 年各省曾公布截至 2013 年 6 月底政府性债务审计报告[①]。2016 年初，25 个省相继披露截至 2015 年底的地方政府债务数据。

从各省债务规模来看，无论是 2013 年 6 月底还是 2015 年底，江苏省

① 具体分析参见：魏加宁等：地方政府债务风险化解与新型城市化融资，机械工业出版社 2014年版。

的债务规模都是最大的，2015 年底达 10954.3 亿元；宁夏的债务规模最小，2015 年底为 1138.9 亿元。从平均债务规模来看，2013 年 6 月底平均债务规模为 3910.3 亿元，2015 年底达 5697.5 亿元，增加了近 1787.2 亿元（图 3–29）。

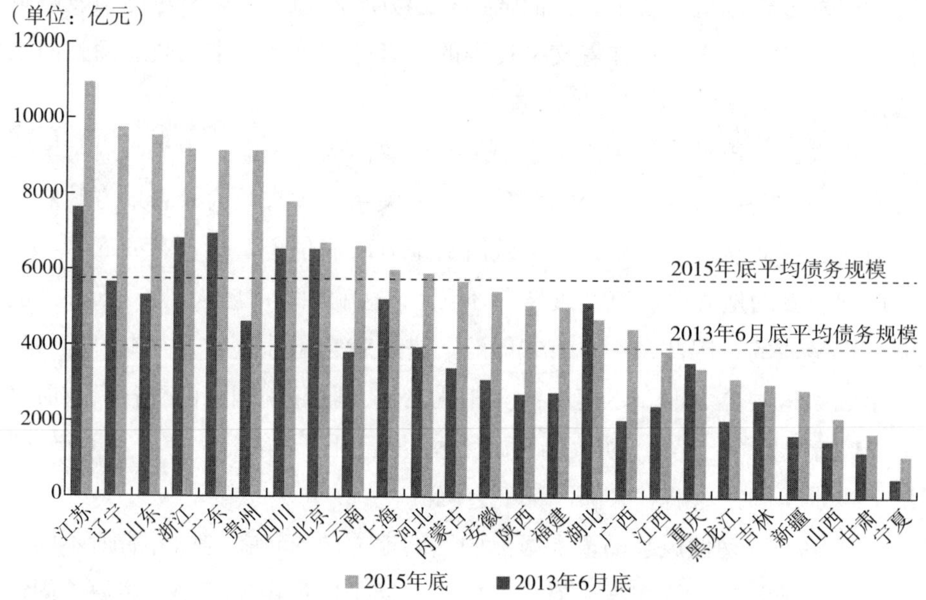

图 3-29　各省负有偿还责任的债务规模

资料来源：Wind 资讯及杨坤计算并作图。

从各省债务增速来看，两年半间，25 省平均债务增速达 53.78%；其中宁夏债务增速最快，为 126.78%，其次为广西壮族自治区，为 115.61%，贵州省也逼近 100% 的增速。重庆市、湖北省债务增速则出现负增长，分别为 –5% 和 –9%（图 3–30）。

从各省负债率水平来看，2015 年底贵州省的负债率为 86.98%，超过 60% 的警戒线水平，也远高于其他省份，是全国平均水平的三倍多。与 2013 年 6 月底相比，北京市、重庆市和湖北省 2015 年底负债率出现明显下降（图 3–31）。

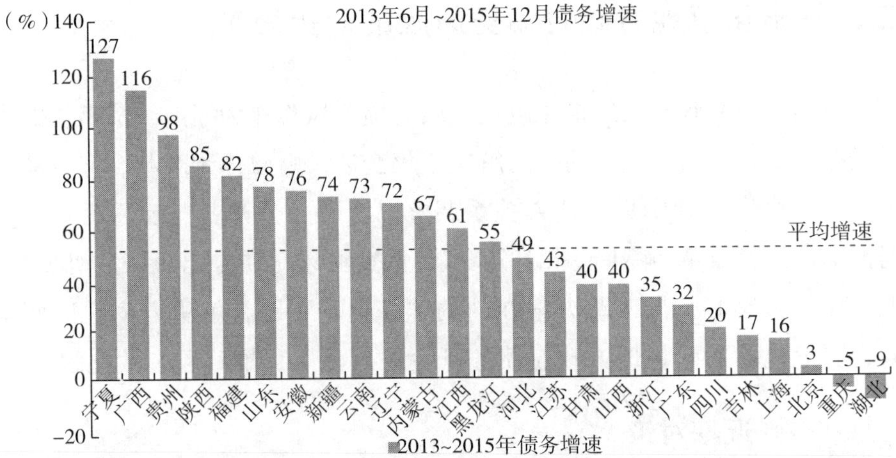

图 3-30 各省负有偿还责任的债务增速

资料来源：Wind 资讯及杨坤计算并作图。

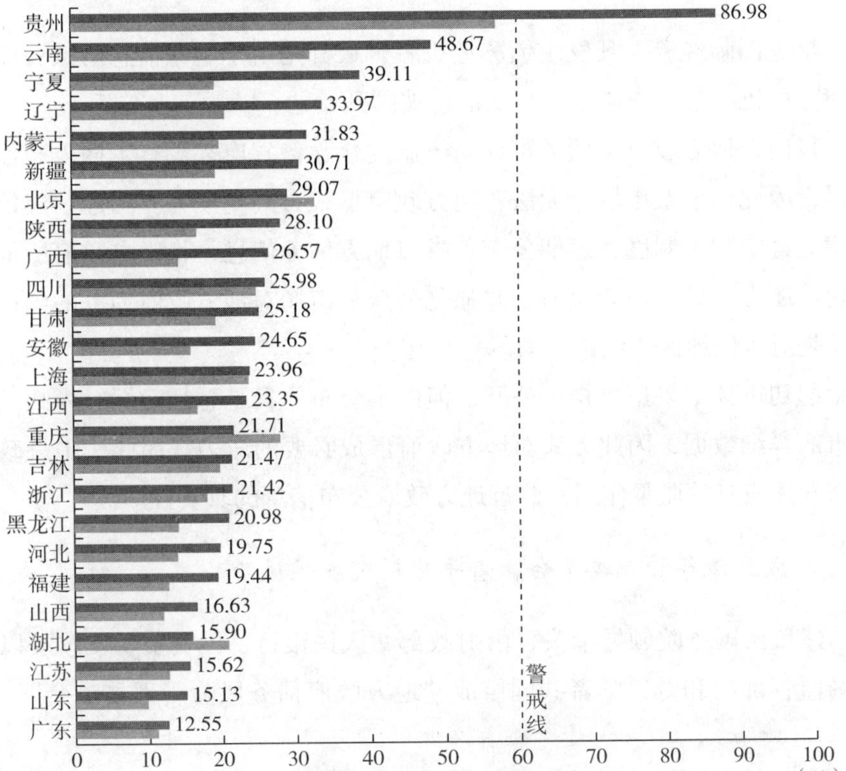

图 3-31 各省负有偿还责任的债务负债率

资料来源：Wind 资讯及杨坤计算并作图。

二、关于化解地方政府债务风险的对策思考①

目前，中央政府已经把化解地方政府债务风险作为当前经济工作的主要任务之一，但由于这一问题的解决不仅会涉及财政体制改革、金融体制改革，还会牵涉到中央与地方关系调整以及政务公开、财政透明等一系列根本性制度改革，解决起来十分复杂，因此必须尽快拿出短期危机预案、中期化解方案和长期改革方案在内的“一揽子”综合解决方案，以便争取赶在危机爆发前将地方政府债务风险进行分散、推移和有效化解。

（一）近期对策

1. 定期公布审计结果，及时下放舆论压力

根据国际经验，凡发生债务危机者，大都是由于隐藏信息所致；而化解债务危机的第一步通常都是从信息披露开始的。

目前，地方政府性债务审计尚未制度化，各省市都没有定期公布债务数据，因此，金融市场还无法对地方政府形成必要的压力。为此，建议尽快建立健全相关制度，定期公布各省市地方债务信息，将中央政府所承担的舆论压力下放给地方政府，并强化公众和市场对地方政府债务的约束，尤其是对重债地区的舆论压力。

起初审计结果虽已初步公开，但由于公布的只是总量数据，尚缺乏各省市的详细数据，因此无法对地方政府形成必要的压力。因此，中央政府应当发挥应有的监督作用，监督地方政府公布信息的真实性。

2. 成立债务管理委员会，着手应对突发性风险

建议由国务院领导牵头，由财政部、人民银行、国资委、发改委以及金融监管部门和专家学者共同组成“地方政府债务风险管理委员会”②，

---

① 此部分为笔者2014年提交的一份内部报告的主要内容。

② “地方政府债务风险管理委员会”应当是一个跨部门的临时决策机制，而不是一个常设的行政机构。

以应对近期内可能出现的局部突发风险和推进中期的风险化解工作以及长期的改革治本之策。

该委员会的职能应当主要有：对各地地方政府债务进行风险评估，决定是否对发生债务危机的地方政府提供紧急救助以及如何进行紧急救助等。此外，在允许地方政府发债时负责总量控制、必要的发行审核以及信息披露真实性监管等工作。

3. 设立风险处置基金，多方筹措救助资金

建议在“地方政府债务风险管理委员会”下面设立“地方政府债务风险处置基金”，其资金来源可以多方筹措，包括动用现有财政盈余、转移支付资金、国有资产变现、中央银行贷款以及中央政府担保发债等。基金主要用于对发生债务风险的地方政府提供临时救助贷款、财政救助资金以及减债奖励资金等。

4. 制定风险应急预案，确立危机救助原则

尽快制定地方政府债务风险的应急处置预案，确立救助的基本原则、审批程序和具体方式，并且以救助资金为手段，对发生债务危机的地方政府提出整改要求、数量指标、改革措施以及债务重组计划等，制定相应的路线图和时间表，并负责检查监督落实情况。

5. 判断风险性质程度，采取不同处置方式

根据国际经验，对于地方政府债务风险可以采取三种不同的处置方式。

首先，对于债务指标已经超过警戒线，但尚未发生债务危机的地方政府，可以借鉴“夕张模式”或“存款保险模式”（参见附件3–2），在强调“责任自负”的基础上，由“地方政府债务风险管理委员会”出面进行“早期干预”，对重债地区提出“财政重建”要求，由地方政府制定财政重建规划，报“地方政府债务风险管理委员会”审批；审批通过后，由地方政府负责实施，“地方政府债务风险管理委员会”监督落实。对于那些能够在规划

期限内完成财政重建任务的地方，“地方政府债务风险管理委员会”可以进行适当奖励。

其次，对于已经爆发债务危机，但不具备系统性风险的地方，可以借鉴“IMF模式”（参见附件3-2），即由“地方政府债务风险管理委员会”承诺提供必要的救助，但是同时提出一系列整改要求，要求地方政府必须在规定期限内分阶段达到中央政府提出的阶段性整改目标，否则就不给予救助或停止继续救助。

最后，对于债务危机已经十分严重，并且有可能引发系统性风险的地方，可以借鉴“美国纽约市债务危机处置模式”（参见附件3-2），对发生债务危机的地方，宣布实行“财政紧急状态管制”，由“地方政府债务风险管理委员会”全面接管危机地区的财政收支、人事任免以及其他所有重要事项的决策权，并组建“债务重组领导小组”作为“托管人”，全权负责应急处置及债务重组等相关事宜，直到危机平息以后再将相关权限逐步交还给当地政府。

（二）中期对策

由于目前地方政府债务风险成因复杂，如果仅从财政角度去处置，把所有风险称之为“或有债务”一推了之，就会引发金融危机；如果仅从金融角度，把所有风险统统归之为“政府债务”，就会引发财政危机。因此，必须由跨部门的“地方政府债务风险管理委员会”来统一制定包括财政、金融在内的“一揽子”综合化解方案，并制定《地方政府债务风险化解中期规划》，力争在“十三五”期间逐步化解全部已有债务风险。

一方面，从地方政府资金来源的角度讲，首先，要加快推进税制改革，尽快实现“费改税”，实行全口径预算管理，培育地方政府主体税源，以增强地方政府的自主财力。其次，要规范转移支付，减少专项转移支付，增加一般性转移支付，建立横向转移支付，并增强转移支付的规范性、公式化和透明度，以增强地方政府的财政能力。再次，要规范地方政府举债融资机制，允许市级地方政府公开、透明、自主地从资本市场举债融资，开正门、堵旁门。对于已有地方政府债务，也可以通过资产证券化方式盘活存量，把现有的隐形债务“暗翻明”，增强流动性，防止资不抵债，防范银行风险。最后，要分类规范地方政府融资平台，对于那些公益性较高、收益性较低的地方政府融资平台，其融资渠道应当主要依靠发行市政债和政策性银行贷款；而对于那些公益性较低、收益性较高的平台，其融资渠道应当主要依靠发行企业债和商业银行贷款。

值得强调的是，吸引民间资本进入市政建设等领域的公私合营方式（即所谓“PPP 模式”），在当前不失为化解地方政府融资平台风险的一种最佳选择，但也要注意其“双刃剑效应”，在政府依然控制服务对象、服务内容和服务价格的情况下，PPP 并不能完全解脱政府的偿债责任，只不过是将政府的偿债责任长期化和隐性化而已，其远期风险值得关注。

此外，由于目前中国的外债水平尚处于较低水平，因此有利于中国地方政府债务风险的化解，可以允许外资通过 QFII 的形式适当购买地方政府公开发行的市政债，作为吸引外资的新方式，从而为化解地方政府债务赢得宝贵时间。

另一方面，从金融机构化解风险的角度讲，首先，要进一步推进国有银行股份化进程，尽快降低各级政府在商业银行的持股比例，直至完全退出，以防止政府间的关联交易行为①，从而切断地方政府债务风险的主要资金源头。其次，应当让国家开发银行回归政策性，使之成为专门为地方政府融资平台提供贷款的政策性金融机构②。由于政策性银行的资金来源与普通商业银行不同，一般不会形成短存长贷或短借长投等期限错配、成本错位现象，因而可以避免商业银行因地方政府融资平台贷款所带来的潜在风险。再次，有条件地将因地方政府债务所形成的银行不良资产再次剥

① 即：各级政府通过对商业银行持股控股——控制商业银行的高管任免——命令商业银行将贷款贷给政府指定项目。

② 2015年4月，国务院批复国开行改革方案，国函〔2015〕55号：国家开发银行要坚持开发性金融机构定位。适应市场化、国际化新形势，充分利用服务国家战略、依托信用支持、市场运作、保本微利的优势，进一步完善开发性金融运作模式，积极发挥在稳增长、调结构等方面的重要作用，加大对重点领域和薄弱环节的支持力度。

离到资产管理公司，由资产管理公司进行市场化处置、回收。对于不良资产过多、救助无望的商业银行，在建立存款保险制度的前提下，果断实施破产处置。最后，推进地方政府债务证券化试点，盘活资产存量，增强流动性，以分散和减轻商业银行所面临的流动性风险。

需要指出的是，有关部门在实施债务置换的过程中，不是依靠市场化手段，而是采取计划经济的手法，由政府部门摊派给各家商业银行，这样做，既不利于对地方政府区别对待和市场约束，也不利于商业银行的风险防控。与其如此，不如实行“中国版 QE”，即由中央银行公开宣布将有选择地收购这些地方政府债券，但同时指出，哪个地方财政信息披露做的好，地方政府资产负债表编制并予以公布，国有资产重组做的好，国有企业改革做的好，中央银行就优先、优惠收购那个地方的政府债权，如此一来，商业银行、金融机构等投资者就会踊跃购买，但是是有选择地购买，于是那些上述方面改革做的好的地方政府，其债券就能够顺利地发行出去。这样做可以“一石三鸟”——一方面可以缓解或化解地方政府债务风险；另一方面可以解决人民银行货币投放渠道因资本流向改变而变更的问题，更重要的是，可以调动地方政府推动改革的积极性，使改革者有利可图，形成正向激励。

（三）长期对策

在现代市场经济国家，对于地方政府债务通常存在着三种约束机制：一是自上而下的债务管理，二是来自市场的投资者约束，三是自下而上的民主监督。

首先，必须建立起中央政府对地方政府的债务管理体系，包括风险监测指标和有效监管体制，最好能够（像日本等国那样）将中央财政与地方财政实行分开管理，由独立于中央财政的专门机构（如“地方事务部”）来负责监管地方政府债务。

其次，通过允许地方政府在资本市场上公开、自主举债融资，形成来自信用评级机构、金融中介机构以及广大投资者的市场约束机制。

最后，地方政府债务风险的治本之策还在于推行地方财政自治，强化地方政府自我约束机制，在各级政府之间打造“防火墙”，其中包括：强化地方人大对地方政府举债融资的监督约束；建立地方财政局长对地方行政长官的制衡机制；引进地方政府发债的民主投票机制以及建立地方政府的“破产处置机制”。

总而言之，冰冻三尺非一日之寒，地方政府债务风险的形成有其复杂成因，因此，应对之策既不能放任自流，也不可急于求成，必须长短结合、标本兼治。

第六节　对近年来财税改革的初步评估

建立现代财政制度是实现国家治理体系和治理能力现代化的重要基础，也就是实现国家治理现代化的基础；财税体制改革是经济体制改革的基础性改革，也是实现国家治理现代化的重中之重。中共十八届三中全会提出的财税体制改革任务，共分三大类19项。对于落实情况，初步评估结果如下：

一、预算管理制度改革成效显著，但仍有改进空间

预算管理制度方面的改革成效最为显著，取得了重大进展，可以说，现代预算管理制度的总体框架已经初步建立起来，但仍有改革的空间。

（一）积极推进预算公开

按时公开中央一般公共预算、政府性基金预算和国有资本运营预算；2016年，进一步细化了中央本级支出、中央对地方税收返还和转移支付情况；首次公开了地方政府一般债务余额、专项债务余额情况。河北、内蒙

古等 18 个省份非涉密部门全部公开部门预算。

（二）完善政府预算体系

加大一般公共预算、政府性基金预算和国有资本经营预算的统筹力度。2015 年和 2016 年，将地方教育附加、文化事业建设费、水土保持补偿费等 16 项政府性基金转列一般公共预算，中央国有资本经营预算调入一般公共预算比例提高至 19%。但存在的问题是，社会保障预算至今尚未纳入进来，目前仍属于“三缺一”状态。此外，收费事项也没有纳入公开程序。

（三）改进预算管理和控制方式

推进预算由约束性向预期性转变。横向上，探索把规划、政策和预算三者置于统一的宏观经济框架下进行管理；纵向上，编制全国中期财政规划，推动中央部门编制三年滚动规划，指导地方开展中期财政规划管理工作。但因经济下行压力较大，实施难度增大（如果是经济上行期，财政收入快速增长时，推进难度就会小很多）。

（四）加强地方政府债务管理

在对地方政府存量债务清理核实的基础上，将地方政府债务分类纳入预算管理，实行限额管理，控制债务风险。实行地方政府债务置换。2016 年 11 月 14 日，国务院印发地方政府性债务风险应急处置预案，明确工作原则：分级负责[①]；及时应对；依法处置。

（五）探索建立权责发生制综合财务报告制度

为全面准确反映地方政府整体财务状况、运行情况和财政可持续发展能力，提升地方政府财务管理水平，财政部组织全国所有省本级和 1900 多个市县区试编权责发生制综合财务报告。

---

① 分级负责原则表明，中央不为地方政府性债务兜底，但问题是，中国现行体制为单一制国家，如果某省出现了严重的政府债务风险，中央政府是救，还是不救？仍然有待观察。

二、税收制度改革有序推进，但难度增大，完成部分任务

（一）“营改增”全面推开

2016年5月1日，营改增在全国全面推开，有利于贯通企业间的抵扣链条，消除重复征税问题，有助于促进社会分工协作，激发企业活力，支持企业转型升级。

（二）“消费税”调整完善

对消费税征收范围、环节、税率进行了调整。2014年底和2015年1月，先后三次提高成品油消费税。2014年12月，取消对小排量摩托车、汽车轮胎、车用含铅汽油及酒精4种产品征收的消费税。2015年2月，将电池、涂料纳入消费税征收范围。2015年5月，较大幅度提高了卷烟消费税税率。

（三）“资源税”从价计征改革

全面推进资源税改革，理顺资源税费关系。在原油、天然气资源税从价计征改革的基础上，2014年12月和2015年5月，先后实施了煤炭和稀土、钨、钼资源税从价计征改革，同时清理了相关收费基金。

（四）“环保税”立法积极推进

2015年6月10日，国务院法制办将财政部、税务总局、环境保护部起草的《环境保护税法（征求意见稿）》及说明全文公布于世，广泛征求社会各界意见。《环境保护税法（草案）》于2016年5月4日由国务院进行审议，并于2016年12月通过并公布。

三、事权与支出责任相关制度（央地关系）改革进展缓慢，亟待提升协调层次

（一）调整完善中央与地方增值税收入划分

在营改增改革推进过程中，为了缓解央地矛盾，作为过渡方案，决定暂时按照5∶5的比例进行分成，但这种做法进一步强化了“分钱制”。同时，中央上划收入通过税收返还方式返回给地方，以确保地方既有财力格局基本不变（但是强化了税收返还制度），在地方主体税种建立前，这一过渡方案虽能暂时保证地方财力，但增大了未来税制改革的难度，如前所述，按照现代税收原理，不同的税种，应当根据其功能和特性配置给不同层级的政府，尽量减少政府间交叉重叠现象，减少共享税比重。

（二）改革完善转移支付制度

减少专项转移支付项目件数57%，但是资金规模仅减少5%。增加一般性转移支付规模，将一般性转移支付占比从2013年的56.7%提升至2016年的60.5%；大幅度增加对老少边穷地区的转移支付，老少边穷地区转移支付由2013年的1081亿元增加到2016年的1538亿元，年均增长12.5%。改变均衡性转移支付与所得税增量挂钩的方式，确保均衡性转移支付增幅高于转移支付的总体增幅4.6个百分点。2016年中央对地方转移支付规模达到5.29万亿元，其中一般性转移支付3.2万亿元，专项转移支付2.09万亿元。

（三）研究推进中央与地方财政事权和支出责任划分改革

《关于推进中央与地方财政事权和支出责任划分改革的指导意见》目前正在进一步修改完善，待下发后，拟率先启动国防、国家安全、外交、公共安全等领域财政事权和支出责任划分改革。

四、创新财政资金使用方式

第一，推进政府购买服务；第二，推广政府和社会资本合作（PPP）模式（详见附件3–3）。

五、财税体制改革顶层设计及时，财政部门做了大量工作

财税改革总体方案制定的最早，也是最早拿到政治局上讨论通过的。

总而言之，财税改革三大任务中，第一项预算制度改革，成效显著；第二项税收制度改革，部分完成；第三项央地关系改革，基本没动。但是，如做客观评价，第一项预算制度改革，财政部做了很大的努力，楼继伟部长亲自到党中央、国务院作汇报，到全国人大去做工作，做各个部门的工作，做了大量工作；第二项税收制度改革，在任何国家，税收制度改革都需要与政治体制改革相配套，政治体制不动，税收制度改革就很难真正推进；第三项央地关系改革，这不是财政部自己能够左右的，需要更高层面——国家层面、立法层面的推动。总体来看，为了推进上述财税改革，财政部门这些年做了大量的工作，从中央到地方，开了无数的会议，做了无数的调研，写了无数的报告[①]。

按理说，财税体制改革应当先明确划分事权，再划分财权（税收制度改革），然后公布预算才有意义；但是，从现实来看，如果不公开预算，就难以发现问题，难以达成共识，改革就难以推进。如同金融改革，是先开放后改革，还是先改革后开放的关系一样，二者恐怕应当是互动的，螺旋式逐步地向前推进。

六、下一步财税改革，重点应当放在哪里？

第一，改革的先后顺序要倒过来。楼继伟部长时期，财税改革的顺序

① 在2016年做财税改革评估时，笔者曾经请财政部提供过详细日志。

主要是先公开预算，后推进改革；那么，下一阶段，就应当倒过来：先理顺央地间事权关系，再理顺央地间财权、财力关系，最后是进一步规范各级预算公开。

第二，前置性研究。在理顺央地关系之前，首先要做好几项前置性研究：一是要理顺政府与市场关系，分清哪些是政府的职责，哪些是市场的功能；二是要理顺政府与国民的关系，分清哪些是政府的职责，哪些是国民自己的责任；三是必须压缩政府层级；四是调整行政区划，以防止省级政府管理幅度过宽，管理权限过大。只有这样，才有可能把中央与地方的事权划分清楚、支出责任划分清楚。

附件3-1 对日本政府间事权划分的考察[①]

2005 年 9 月 25 日至 10 月 1 日，作为与日本财务省财务综合政策研究所共同研究项目的活动之一，国务院发展研究中心宏观经济研究部组团赴日，就日本政府间事权划分问题进行了实地考察。考察团先后到新泻、北九州等地与各级地方政府及相关机构进行座谈，并到东京听取了日本中央政府有关部门官员的介绍。现将此次考察的初步成果汇总整理如下。

一、日本政府间事权划分[②]

（一）中央政府负责“国家的事务”

日本的中央政府主要负责“国家的事务”，简要概括为以下几个主要方面[③]。

（1）法律、司法、外交、国防以及货币发行等，国家（在国际社会上）存立所必需的事务。

（2）需要全国统一处理的事务。

（3）需要站在全国的角度制定计划和方案的事务。

（4）需要高技术或者需要巨额财政资金的事业。

根据《地方自治法》第 2 条第 10 款的有关规定，中央政府承担的“国家的事务”具体包括以下内容：①司法；②刑罚以及国家的惩戒；③国家的运输、通信；④邮政；⑤国立教育及研究设施；⑥国立医院及疗养设施；⑦国家的航空、气象及水路设施；⑧国立博物馆及

① 本报告撰写于2005年。

② 以战后体制为主，兼叙最近实行的一些改革措施。

③ 参考资料：《日本の地方自治制度》，自治総合中心出版社1987年版。

图书馆[①]。

日本中央政府承担的“国家的事务”分别由各个省厅（部委）来承担。根据法律规定，日本主要省厅（部委）的职能配置如表1所示。

表1　中央政府各省厅的主要任务和行政功能

名称	主要任务	主要行政功能
总务省	确保综合、有效地实施行政基本制度的管理和运营；实现地方自治的宗旨和确立民主政治的基础；形成自立的区域社会；联络协调中央政府与地方公共团体之间以及地方公共团体之间的关系；确保和增进信息以电磁方式适当而顺利地输送；确保和增进电波公平而有效率地利用；合理而有效率地经营邮政事业；促进业者之间公正而自由地竞争；迅速而适当地解决公害纠纷；采矿业、采石业、采砂业与一般公益事业或各种产业之间的调整，以及通过消防来保护国民的生命、身体及财产安全；那些不属于其他行政机关的行政事务和法律（包括以法律为基础的命令）也归属于总务省的行政事务	计划和起草有关国家公务员的相关制度； 计划和起草一般行政制度的基本事项； 计划和起草有关地方公共团体的组织和运营制度； 计划和起草有关地方税制度； 计划和起草与符号、音响、影像以及其他以电磁方式发送、传输或接收信息所需要的有线或无线设施的设置和使用有关的规章以及促进这些设施的整治； 作为邮政事业，国家统一经营以下事业及业务：① 邮政事业；② 邮政储蓄事业，邮政汇兑事业，邮政转账事业；③ 简易生命保险事业；④ 从①到③各项事业的附带业务、印花纸销售业务；等等
法务省	维持和整备基本法制；维持法治秩序；维护国民权利；统一而适当地处理涉及国家利害关系的诉讼以及出入境的公正管理	计划和起草有关民事法制；计划和起草有关刑事法制；计划和起草有关司法制度；有关人权侵犯事件的调查以及受害救助及预防；等等
外务省	维持国际社会的和平与安全，同时通过自主而积极的争取来谋求良好的国际环境；继续维持和发展和谐的对外关系；谋求增进日本国家及日本国民在国际社会中的利益	外交政策；代表日本国政府，处理与外国政府的交涉与合作以及其他与外国相关的政务；签订条约以及其他国际公约；保护和增进日本国民在海外的法律上或经济上的利益以及其他利益；政府开发援助中与技术合作有关的行政机关所制订的计划和方案的调整；等等

① 资料来源：大川政三、大森誠司、江川雅司、池田浩史、久保田昭治：《日本の財政—国の財政と地方財政の連関分析（新訂版）》，創成社2004年版。

续表

名称	主要任务	主要行政功能
财务省	确保健全的财政；实现适当而公平的课税；关税业务的适当运营；国库的适当管理；维持货币的信用以及确保汇率的稳定；谋求铸币事业及印刷事业的健全运营	国家预算、决算及会计相关制度的计划、立案及事务处置的统一；计划和起草与租税（关税等除外）有关的制度和估算租税收入；计划和起草与关税等关税行政有关的制度；计划和起草财政投融资制度；计划和起草与汇率有关的制度；从确保健全财政、国库的适当管理、维持货币信用和确保汇率稳定的立场出发，计划和起草与金融破产处置制度以及金融危机管理；等
文部科学省	以振兴教育及推进终生学习为中心，培养充满人性的、富于创造性的人才；振兴学术、体育、文化及科学技术；适当地实施与宗教有关的行政事务	与振兴初等中等教育（小学、中学、高中、中等教育学校、盲人学校、聋哑人学校、保育学校及幼儿园的教育）有关的计划、立案、援助及建议；与科学技术有关的政策制订、方案制订及推进工作；与振兴体育运动有关的计划、方案制订以及援助和建议；与振兴文化有关的计划、方案制订、援助、建议；等等
厚生劳动省	（1）为保障和提高国民的生活水平、有利于经济的发展，提高和增进社会福利、社会保障及公共卫生，确保劳动条件及劳动环境的配备，保障就业；（2）除前项以外，归国人员、战伤病人员、战死者遗属、未归还者留守家族等的援助，以及整理旧陆海军遗留事务	普及和提高医疗服务水平；调整劳资关系；监督职业介绍、人才招聘、人才供给和人才派遣事业；增进老年人的福利；健康保险事业；等等
农林水产省	确保食品的稳定供给；发展农林水产业；增进农林渔业从业人员的福利；振兴农山渔村及山间地区等；发挥农业的多方面功能；森林的养护培育和森林生产力的增进；适当保护和管理水产资源	增进、改善和调整农畜产品及肥料、农药及其他农畜产业专用品的生产、流通及消费；改善和稳定农业经营，确保农业的应负担者；土地改良事业；造林、治水和开辟改良林区道路及其他森林维护工作；保护和管理水产资源；等等
经济产业省	以提高民间经济活力和顺利发展对外经济关系为中心，发展经济和产业，确保矿产资源及能源的稳定有效供给	推进经济结构改革； 各业种实行普遍的产业政策； 通商政策； 增进、改善和调整矿产品等的出口、进口、生产、流通和消费； 与矿产资源及能源有关的综合政策；等等

续表

名称	主要任务	主要行政功能
国土交通省	国土（资源）的综合系统利用、开发和保护，为此而进行的社会资本的统一配置；交通政策的推进；气象业务的健康发展；确保海上的安全与治安	国土利用计划及其他与国土利用、开发和保护有关的综合性基本政策的计划、方案设计和推进； 推进社会资本的综合有效配置（包括公共事业的投标及合同的改善）； 综合交通体系的配置；等等
环境省	保护地球环境，防止公害，保护和整治自然环境，以及其他环境保护	计划、起草和推进与环境保护有关的基本政策；防止公害的管制措施；自然环境优越地区的环境保护；抑制废弃物的排出和适当的处理、清扫；从环境保护的观点出发，与以下事务及事业有关的标准、指针、方针、计划等的制订以及管制： • 抑制温室效应气体的排出； • 保护臭氧层； • 化学物质的审查及生产等方面的管制；等等

资料来源：《行政管理研究センター調査研究部 . データ・ブック日本の行政 2003》，進栄社 2003 年版。

（二）地方政府负责“自治事务”和“非自治事务”

除了外交、国防和司法等中央政府所应承担的事务以外，与居民日常生活紧密相关的教育、福利、保健卫生、土木建设、产业振兴、消防、警察等工作实际上都是由中央政府与地方政府（都道府县和市町村）共同承担的；并且这些事务的具体实施工作大部分是由都道府县或市町村等地方公共团体负责的。

1. 事权划分的基本原则

日本地方自治制度的一个基本原则就是，凡直接与居民日常生活相关的行政工作都尽可能由居民身边的地方公共团体来处置。地方公共团体不能处理的问题才由中央政府来照管[①]。

① 《日本の地方自治制度》，自治総合中心出版社1987年版。

为了推行地方自治，战后初期发布的《肖普劝告》[①]确立了中央政府与都道府县及市町村之间事务配置的基本原则，主要有三点[②]。

（1）行政责任明确化原则。

（2）地方公共团体，尤其是市町村优先原则。

（3）效率原则。

近年来，修订后的《地方自治法》对于都道府县和市村町之间的行政事务分工作出了如下规定。

首先，作为统管市村町的广域地方公共团体都道府县，负责处理广域（跨地区）事务、与市町村相关的联络协调事务以及在规模和性质上超出一般市町村处理范围的事务。

其次，市町村负责处理都道府县政府管辖事务以外的其他事务。

“但是，实际上，中央政府、都道府县以及市町村之间的行政事务划分，并不是根据地方公共团体层级对各个事务领域进行划分，而绝大多数都是以在同一事务领域发挥各层级地方公共团体职能的形式进行分工的。”[③]

2. 地方负责事务的分类

地方公共团体的主要职责是为了增进当地居民的福利，自主并综合地实施区域内行政工作。其事务内容首先可以分为：自治事务与非自治事务（机关委任事务）两大类[④]。

（1）所谓“自治事务”，就是指那些属于地方公共团体自己的事务。自治事务又可分为公共事务（固有事务）、团体委任事务和行政事务三种。

所谓“公共事务”，就是基于地方公共团体的决策或计划来实施的事务，

---

① “肖普劝告”指 1949年联合国有关日本税制的调查报告，对日本的税制改革提出一系列政策建议。

② 但是据日本有关专家称，这些原则在后来的具体实践中并未真正得到完全落实。参见日本财务省研究所专家在2005年12月8日中日课题组研讨会上的发言。

③ 资料来源：财团法人自治体国際化協会：《日本の地方自治制度》，2005年版。

④ 资料来源：大川政三、大森誠司、江川雅司、池田浩史、久保田昭治：《日本の財政一国の財政と地方財政の連関分析（新訂版）》創成社2004年版。

又称“固有事务”。

所谓“团体委任事务”，是指根据法律或政令属于普通地方公共团体的事务。

所谓“行政事务”，是指在区域内那些不属于国家的其他行政事务。

（2）所谓“非自治事务”，则主要指的是“机关委任事务”，也就是说，这些事务本来属于国家的工作，应由中央政府来负责实施，但是考虑到这类事务与居民生活直接相关，如果委托给地方公共团体来实施的话效率会更高，于是，通过法律法规的形式将这些事务转变为地方公共团体首长或其他执行机构所应承担的工作（与团体委任事务不同的是，“团体委任事务”的承担者是地方公共团体，而“机关委任事务”的承担者是首长个人）。

表 2　　地方公共团体的事务内容

	事务分类	计划	实施	事务内容
自治事务	公共事务（固有事务）	地方	地方	学校的设置与管理； 条例、规则的制定； 上下水道、交通事业； 医院、诊疗所等的设置管理等
	团体委任事务	中央·地方	地方	保健所的设置与管理； 生活保护； 儿童福利； 失业对策事业； 国民健康保险事业； 学校教育等
自治事务	行政事务	中央·地方	地方	一般警察事务； 公害防止； 各种产品的检查管制； 土地利用的管制等
非自治事务	机关委任事务	中央	地方	国会议员的选举事务； 户籍、居民登记事务等

资料来源：大川政三、大森誠司、江川雅司、池田浩史、久保田昭治：《日本の財政—国の財政と地方財政の連関分析（新訂版）》，創成社 2004 年版。

由地方公共团体的首长根据法律代替中央政府（或其他地方公共团体）管理或实施的所谓“机关委任事务”，曾经被视为战后日本中央集权型行政体系的核心内容。根据1999年7月制定的《地方分权一览法》，日本对《地方自治法》进行了修订。修订后的《地方自治法》废止了“机关委任事务”，并对中央政府与地方公共团体的作用和分工重新作出了明确的规定。

废除“机关委任事务”制度以后，地方公共团体的行政事务被调整分类为“自治事务”和“法定委托事务”。

所谓“法定委托事务”，指的是法律或政令规定的由地方公共团体依据法令执行的事务中的本应属于中央政府或都道府县政府职能范围内的事务，并且中央政府或都道府县政府必须确保对这些事务的正确处理（包括护照的签发、国道的管理、国家指定统计事务等）[①]。

所谓“自治事务”，指的是除“法定委托事务”以外的地方公共团体行政事务，具体来说，就是历来的地方公共团体行政事务以及原“机关委任事务”中被归类为地方公共团体事务的内容[②]。

为了在中央政府部门与地方公共团体之间发生纠纷时能够有一个专门的机构来进行公平、中立的调查、协调和仲裁，日本还在总务省设置了一个新的机构——“国家地方纠纷处理委员会”。

3. 都道府县负责的事务

都道府县是包括市町村在内的广泛地域的地方公共团体，负责处理以下事务[③]。

（1）“广域事务”：超越市町村行政辖区范围，涉及广泛地域（跨地区）的事务（如：制定地方综合开发计划、治山·治水事业等）。

（2）“统一事务”：需要统一处理的事务（如：维持义务教育以及

---

① 资料来源：财团法人自治体国际化协会：《日本の地方自治制度》，2005年版。

② 同上。

③ 《日本の地方自治制度》，自治総合中心出版社1987年版，第40页。

其他教育水平、警察的管理及运用等）[①]。

（3）“联络调整事务”：有关中央政府与市町村之间的联络事务，以及对市町村的行政工作进行提议、指导（例如对市町村的组织及其运营的合理化提供建议、劝告、指导等）。

（4）“补充事务”：不适于由一般的（单个）市町村来处理的大规模事务（如：高中、医院、研究所和美术馆等）。

4. 市町村负责的事务

市町村是基础地方自治体，也是和居民关系最为紧密的一级政府，承担着与居民日常生活最直接相关的行政工作，负责处理除了都道府县所负责行政事务以外的所有事务。其内容主要有以下几项[②]：

（1）与居民生活相关的基础性事务（例如办理户籍、居民登记、地址标识、开具各种证明等）。

（2）有关居民安全、保健以及环境保护等的事务（例如消防、垃圾和粪便的处理以及上水道、下水道、公园等的修建）。

（3）有关街区建设的事务（例如城市规划以及道路、河川和其他公共设施的建设、管理）。

（4）有关各种设施的建设、管理事务（例如公民会馆、市民会馆、保育所、中小学校、图书馆的建设与管理）。

但是，对于前述都道府县所负责事务中的第（4）项“补充事务”，如果某个市町村的规模及能力许可的话，也可以由该市町村来负责。

5. 有关大城市的一些特殊制度安排

（1）关于“政令指定都市”的特殊制度安排。在大城市，通过“政令指定都市”的特殊制度安排，将一些原本由都道府县负责的事务转移到

---

① 调整后的都道府县事务中取消了此条，资料来源：财团法人自治体国际化協会：《日本の地方自治制度》，2005年版。

② 资料来源：财团法人自治体国際化協会：《日本の地方自治制度》，2005年版。

大城市的市政府来承担。

如下表所示，一些与民生行政、保健卫生、城市规划等有关的事务，虽然原本是由都道府县负责的，但是人口在50万以上的“政令指定都市”，可以依据《地方自治法》第252条第19款的有关规定来自行处置其全部事务或其中的一部分事务。在社会福利、公共卫生、城市规划等19个项目的事务分配上具有与府县同等的权限。同时，根据其他单项相关法律，它们在对国道的管理、义务教育等领域也具有与府县同等的权限[①]。

表3　　从都道府县转移给政令指定都市的事务内容

A. 儿童福利相关事务	J. 母子保健相关事务
B. 民生委员相关事务	K. 食品卫生相关事务
C. 残疾人福利相关事务	L. 墓地、埋葬等的管制事务
D. 生活保障相关事务	M. 演艺场、旅馆和公共浴场的营业管制事务
E. 旅途中病人和旅途中死亡人员的处置	N. 精神保健和精神障碍者的福利相关事务
F. 社会福利事业相关事务	O. 结核病预防相关事务
G. 智力障碍者福利事务	P. 城市规划相关事务
H. 母子家庭及寡妇的福利相关事务	Q. 土地规划治理事业相关事务
I. 老人福利相关事务	R. 户外广告的管制相关事务

资料来源：地方公務員昇任昇格試験問題研究会：《図表で地方自治法を理解する》，学陽書房2003年版，第160页。

（2）关于“核心市”的特殊制度安排。作为“核心市”，在经过自主申请并通过行政程序，可以获得与“政令指定都市”大体相同的事务和权限，并可以设立保健所。但是，那些涉及都道府县区域范围并由都道府县进行一体化处理更具效率的事务以及一些与《道路法》有关的事务和“儿童心理咨询所”的设置等事项除外。

（3）关于“特例市”的特殊制度安排。所谓“特例市”，就是把授权给“核心市”的事务，减去那些由都道府县整体处理效率更高的事务之后，授权给“特例市”去处置。

① 财团法人自治体国際化協会：《日本の地方自治制度》，2005年版。

表 4　　各类城市的事务配置比较

都道府县处理的主要事务

〇警察行政相关事务

〇广域事务、联络调整事务、补充事务

政令指定都市处理的主要事务

〇民生行政相关事务（儿童心理咨询所）

〇城市规划等相关事务

〇土木行政、文教行政相关事务

核心市处理的主要事务

〇民生行政相关事务

〇保健所的设置

〇城市规划等相关事务

〇环保行政、文教行政相关事务

特例市处理的主要事务

〇城市规划等相关事务

〇环境保护行政相关事务

资料来源：横道清孝：《地方制度改革》，ぎょうせい出版社 2004 年版。

（三）日本各级政府间经费分担的基本原则

如前所述，有些事务虽然原本属于中央政府的工作，但是要由地方公共团体（都道府县或市町村）来实施，如某些大型基础设施建设；而另一些事务，虽然属于地方公共团体所应承担的工作，但是由于必须在全国范围内维持一定的大体相同的基本行政标准和基本公共服务水平（所谓“均等化”要求），如义务教育等，因此对于这些领域，中央政府应当负担其中的一部分经费。

按照《地方财政法》规定的基本原则[①]：地方公共团体或其机关所承担事务，其经费原则上全部由地方公共团体负担。

① 《日本の地方自治制度》，自治総合中心出版社1987年版。

作为上述（1）的例外，以下①～④各项事务所需经费，由中央政府（国家）承担其全部或其中的一部分。①地方公共团体或其机关基于法令必须实施的、并且关系到地方公共团体和中央政府双方利益的事务，为使其顺利运营，中央政府有必要积极负担其（部分）经费（如义务教育、生活保障、保健所、农业委员会等相关事务）。②地方公共团体或其机关在执行（为适应国民经济而确立的）综合 计划，在实施法律或政令所规定的土木或其他建设事业时所需要 的经费（公共事业、失业对策事业等）。③法律或政令所规定的与灾害事务有关的经费（灾害救助、灾害修复等）。④专门从事与国家利益有关的事业时所需经费（有关国会议员的选举、外国人登记等委托事务）。

中央政府在直接进行建设事业或灾害修复事业时，可以向从该事业中受益的地方公共团体要求负担其项目经费的一部分（称之为“国家直辖事业负担金”）；并且，除了上述情况以外，中央政府承认有特别的需要或地方公共团体财政上有特别的需要时，有时也对地方公共团体交付（提供）补助金。

二、主要事务在各级政府间配置

在市场经济条件下，政府的行政事务及权限主要可以分为：外交·国防·安全（及治安·消防·防灾减灾）、国土·土地利用、交通·社会资本（基础设施建设）、经济活动·劳动、福利·保健·环境以及教育·文化·体育等六个大的方面。

如何将这些事权在各级政府间进行配置，不仅关系到社会公平的问题，同时也关系到行政效率的问题。

在日本，这六大类行政事务在各级政府之间的总体配置如表 5 所示。

下面，择要介绍一下与国民日常生活密切相关的主要行政事务在日本的中央政府与地方政府之间的配置情况。

表 5　　政府间行政事务分类分工

	外交·国防·安全	国土·土地利用	交通·社会资本	经济活动·劳动	福利·保健·环境	教育·文化·体育
中央政府	外交 防卫 警察（特定情况） 防灾	一级河川（指定区域之外） 国立公园整治 城市规划（特定情况） 农地改变用途的审批（一定情况） 保安林的指定（特定情况）	铁道事业的审批 公交事业的审批 高速国道 国道（指定区域） 城市公园(特定情况)	货币 金融业的注册、执照 职业介绍 调停劳动纠纷等（特定情况） 不当劳动行为的再审查 建筑业的审批（特定情况） 扶持中小企业（特定情况）	养老金 医师等执照 医药品制造许可 理容师执照 美容师执照	大学 扶持私立学校（大学） 教科书审定 教科书的无偿补助
都道府县	警察 防灾	一级河川（指定区间） 二级河川 城市规划（特定情况） 国家公园、都道府县立自然公园的整治 农地改变用途的审批 保安林的指定	汽车驾照颁发 国道（指定区间之外） 都道府县道 公营住宅 城市公园 流域下水道 港湾管理 渔港管理(特定情况)	金融业的注册（特定情况） 职业介绍（特定情况） 职业培训 调停劳动纠纷 不当劳动行为的审查 建筑业的审批 扶持中小企业	生活保障（町村区域） 保健所 儿童咨询所 发放残疾证 洗涤师执照 麻药使用者执照 开设医院的审批	高中、特殊教育学校 中小学教师的工资、人事 扶持私立学校（幼儿园至高中） 公立大学（特定县）
市町村	消防 防灾	城市规划 准用河川	市町村道 公营住宅 下水道 城市公园 港湾管理 渔港管理	职业介绍（特定情况）	生活保障（市的范围） 保育所 对残疾人的救助 国民健康保险 护理保险 上水道 垃圾、粪便处理 保健所（特定市）	小学、中学、幼儿园 公立大学（特定市町村）

注：粗体字为国家垄断的事务。

资料来源：出井信夫·参議院総務委員会調査室：《地方財政データブック》，学陽書房2006年版。

（一）安全·治安·防灾减灾

国家安全通常属于中央政府的事务及职权范围，而社会治安则主要属于地方政府的事务。社会治安方面的事务主要包括警察及消防行政。

1. 警务行政

第二次世界大战以前，日本的警察工作一直是由中央政府直接掌管的，但是在战后初期，警察工作一度下放到市町村负责，后来又重新向上收权，现在几乎全部由都道府县政府来承担。

表 6　　　　中央警察机构图

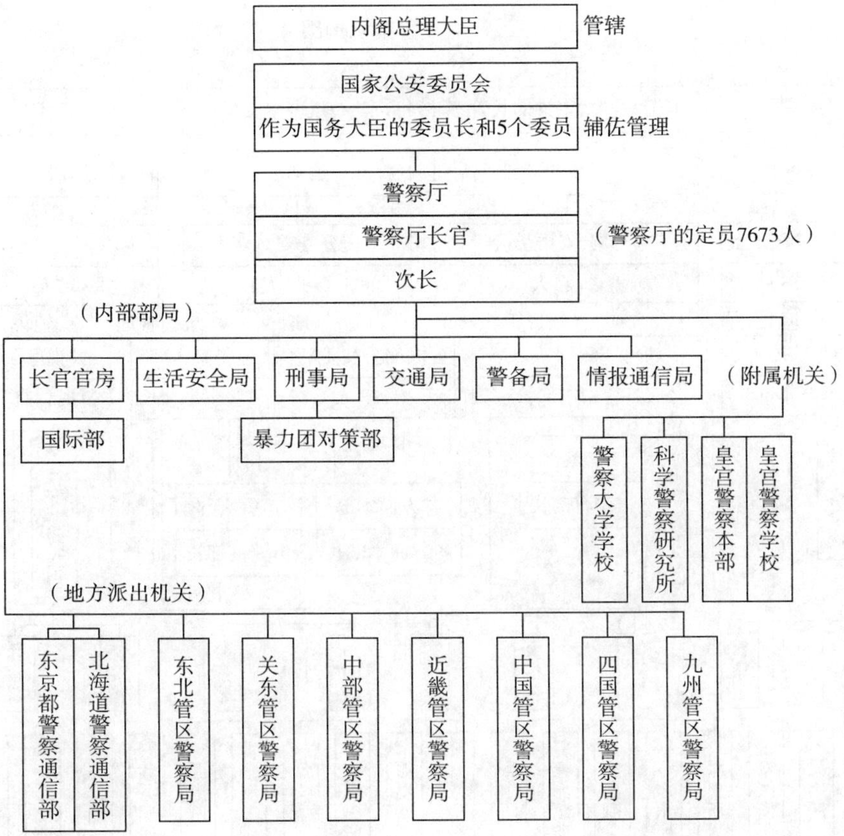

资料来源：自治省、财政局：《地方財政のしくみとその運営の実態》，地方財務協会 1987 年版。

目前，日本在中央政府仅设有“国家公安委员会”，主要负责掌管国家公安有关的警务运营事务。在“国家公安委员会”的管理下，警察厅负责有关警察制度的全盘计划和调整、警察培训、警务通信、犯罪鉴定、案件统计、警务装备和与警察行政有关的协调事务。

与居民日常生活密切相关的警察工作，则完全由都道府县负责。在都道府县一级政府，通常在都道府县公安委员会的管理下设有道府县警察本部，负责辖区内的警务行政事务，为调动警力和应对突发事件而向警察厅长官请示的警务行政事务。

此外，在都道府县警察中，“警视正”以上等级的警官（所谓“地方警官”）为一般职的国家公务员，其任免权限在国家公安委员会。

表 7　　地方警察机构图

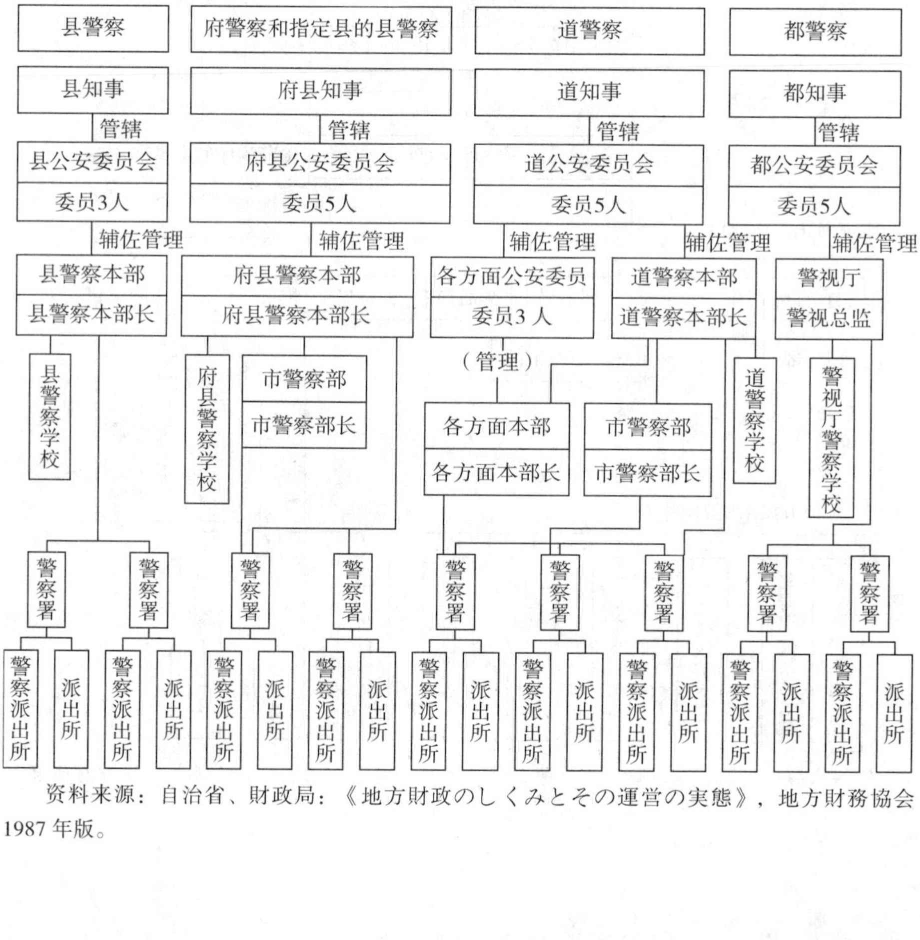

资料来源：自治省、财政局：《地方財政のしくみとその運営の実態》，地方財務協会1987 年版。

2. 消防行政

第二次世界大战以前，日本的消防工作是作为“国家的消防”而由警察来承担的。但是在战后，消防工作几乎全都成为市町村（东京则由东京都负责）政府的事务范围。

目前在中央政府，作为自治省（现总务省）的外局（直属总局）设置有消防厅，负责研究制定消防制度，研究消防职员及消防团员的培训标准，消防统计，与消防相关的试验研究，研究救生工作的标准，对市町村的消防进行劝告、指导、建议，但不从事实际的消防活动。

消防工作的责任原则上属市町村负责。市町村设置有消防本部、消防署和消防团，负责在火灾、风灾、水灾、地震等灾害中保护居民的生命、身体和财产安全。市町村的消防系统大致分为常设消防（即消防本署及消防署）和作为自卫消防的非常设性消防团。不过，近年来，非常设的消防团也已经基本上常备化了。市町村之间可以达成相互援助的有关协议，或者由数个市町村联合组成消防组织。

此外，与中央政府一样，都道府县政府仅限于对市町村政府进行指导和建议，除了非常事态场合的紧急指示权以外，对于市町村的消防行政不拥有指挥命令权。

表 8　　　　市町村消防组织现状

		1995 年 4 月 1 日	1994 年 4 月 1 日
消防本部	消防本部	931	931
	其中：单独 市	351	354
	单独 町·村	113	112
	部分事务组合	467	465
	消防署	1631	1615
	派出所	3207	3207
	消防职员人数	147016	144885

续表

		1995 年 4 月 1 日	1994 年 4 月 1 日
消防团	消防团	3637	3641
	分团	25506	25561
	消防团员（非专职人员）	975512	979718
	消防团常备部	—	1
	专职消防团员	—	19

原载：自治省消防庁総務課："平成 7 年版消防白書の概要"，载于《月刊フェスク》，1995 年。
资料来源：自治省、財政局：《地方財政のしくみとその運営の実態》，地方財務協会 1987 年版。

3. 防灾救灾

在灾害频繁发生的日本，灾害对策也是地方公共团体的重要工作之一。灾害对策依据其实施的时点，大致分为灾害发生前的"灾害预防"、灾害发生时的"紧急应急对策"、防止灾害扩大的"灾害修复"。

在防灾方面，在灾害发生地区或有可能发生灾害的地区内、对不适合居民居住的区域范围以内的居民区进行整体搬迁的"整体搬迁事业"，设立了国库补助制度。

在灾害救助方面，救助工作属于中央政府的责任，负责实施的是作为"中央政府机关"的知事。救助所需要的费用原则上是由都道府县来支付，当都道府县支付的金额超过 100 万日元时，中央政府根据该项灾害救助费用额度，依据下表所表示的超额累进费率由国库负担。

表 9　都道府县救灾补助标准

都道府县支付额 / 标准税收入	负担率
2/100 以下部分	50/100
2/100 ～ 4/100 部分	80/100
4/100 以上部分	90/100

资料来源：自治省、財政局：《地方財政のしくみとその運営の実態》，地方財務協会 1987 年版。

作为救济援助措施，对因自然灾害遭受灾的个人（或遗属）有灾害慰问金、灾害障碍探视金的发放、灾害救助资金贷款（灾害慰问金的发放等相关法律）、家庭重建资金贷款、母子（孤儿寡母）福利资金贷款、灾害修复住宅资金贷款等。

其中，灾害慰问金以市町村的条例为基础，因灾死亡者是户主的场合为500万日元，其他场合以250万日元为最高限度，其发放所需经费为中央政府1/2、都道府县1/4、市町村1/4。

（二）国土·土地利用

1. 河流行政

河流可以分为一级河流、二级河流、准用河流以及其他河川等。根据《河流法》，所谓"一级河流"是指在国土保护或国民经济方面具有特殊重要地位的水系，并通过政令指定的河流。日本现共有109条这样的水系（13831条河流，全长87225千米）。一级河流由中央政府的建设大臣负责进行管理；在建设大臣指定的区间（现有76723千米）内，由都道府县知事（地方政府首长）负责管理。

所谓"二级河流"，是指一级河流以外的、对公共利益有着重要关系的、都道府县知事指定的河流。"二级河流"由都道府县首长负责管理（共有2696条水系，全长35738千米）。

所谓"准用河流"由市町村首长负责依据《河流法》第100条的有关规定进行管理。

关于下水道，通常被分为公共下水道、城市下水路以及流域下水道三类。按照规定，公共下水道以及城市下水路的设置、维修管理原则上由市町村负责，而流域下水道的设置、维修管理原则上由都道府县负责。

（三）社会资本（基础设施建设）

在社会资本形成或基础设施建设领域，政府的事权主要包括道路行政、城市规划等方面事务。

1. 道路行政

依据《道路法》的有关规定，道路可以分为高速国道、一般国道、都道府县道、市町村道 4 种。截至 1994 年（平成 5 年），日本的所有道路实际长度为 1130778 公里（其中，都道府县道 190945 公里，市町村道 953600 公里）。

国道的新建和改建工作原则上由中央政府的建设大臣负责管理，其中规模较小的工程等由都道府县知事负责。有关维修、灾后修复及其他管理工作，在指定区间内的由建设大臣负责，其他部分则由都道府县知事负责。此外，都道府县道的管理由都道府县负责，市町村道的管理由市町村负责。

另外，在大城市区域内的国道的管理工作，原属于都道府县知事管理的事务转移至该大城市的市长负责；大城市区域内的都道府县道的管理工作，转由该大城市负责。

2. 城市规划行政

根据《城市规划法》的有关规定，城市规划区域的指定和城市规划工作的决策原则上属于都道府县知事的权限。此外，街道事业、土地区域规划整治事业、下水道事业、公园事业等城市规划事业的实施，大部分属于地方公共团体的职责，原则上由市町村负责实施。

3. 资金的分配

如果从资金在项目类别的分配来看，道路建设所占比重最大，通常要占到 30% 左右；而从资金在省厅（部委）之间的分配比率来看，建设省占了大头，通常要占到 68% 左右。

表 10　　按项目类别划分的资金分配比率（%）

	1982 年	1985 年	1990 年	1997 年
治山・治水	17. 4	17. 4	17. 9	16. 3
道路	29. 7	29. 4	29. 5	28. 6
港湾・机场	8. 2	8. 2	8. 2	7. 6

续表

	1982年	1985年	1990年	1997年
住宅对策	12.1	12.2	11.4	12.7
下水・环境	15.5	15.6	16.3	17.9
农业・农村	14.1	14.2	13.9	12.6
林道・工业	2.8	2.7	2.6	4.0
调整费等	0.2	0.2	0.2	0.4
全体	100	100	100	100

资料来源：宫脇淳：《図解財政のしくみ：いっきにわかる財政危機の本質と問題点》，東洋経済新報社1997年版。

表11 按省厅（部委）划分的资金分配比率（%）

	1982年	1985年	1990年	1997年
建设省	68.3	68.2	68.6	68.9
农林省	21.9	22.0	21.7	20.1
运输省	6.2	6.3	6.2	6.8
通产省	0.3	0.3	0.3	0.2
厚生省	3.1	3.1	3.1	3.7
环境厅	—	—	—	0.2
国土厅等	0.2	0.2	0.2	0.2
全体	100	100	100	100

资料来源：宫脇淳：《図解財政のしくみ：いっきにわかる財政危機の本質と問題点》，東洋経済新報社1997年版。

（四）产业经济

与产业经济有关的行政事务以振兴产业、稳定经济为主要内容，涉及农业、森林、水产、工商等诸多方面，中央政府从全国的角度出发，进行计划、调整、指导、研究以及资金供给，地方公共团体则负责实施中央政府（国家）的政策，负责振兴适合当地经济实际的个别产业，并为此进行相应的扶持、指导和研究等。

1. 农林水产行政

管家除负责管理粮食、经营国有森林、调整远洋渔业、进出口管制等全国性的农林水产事务以外，还负责有关农林渔业发展的统一规划和设计，以及对地方公共团体、农林渔业团体的指导和监督。地方公共团体除负责土地改良、农用道路、村庄道路、渔港整修、生产基础设施改进以外，还负责生产技术的指导、金融、利息补贴、各种试验场的经营、病虫害防治等发展农林渔业的行政以及制定有关调整耕地利用、管理森林、调整渔业等规章。

2. 工商行政

国家负责实施振兴贸易、能源政策、基干产业政策等国家的各种产业政策和开发技术政策等。地方公共团体负责地区性中小企业的扶持和指导、工业用地的建设、消费流通的对策、旅游设施的修建等。

（五）福利卫生

1. 社会福利

在社会福利行政中，中央政府掌管部分健康保险、临时工（日工工人）健康保险、雇用保险、国民年金等；还负责社会福利设施标准的设定、民生委员的委托、聋哑人康复设施的设置等社会福利行政的一部分；此外，对社会福利行政进行全面的计划与指导。所有与居民生活直接密切相关的行政统统属于地方公共团体的事务。

与生活保护、儿童福利、母子福利、老年人福利、身心障碍者福利有关的援助、教育、康复等事务由都道府县、市、特别区以及法律法规所规定的町村所设立的福利事务来负责（主要承担社会福利、身心障碍者福利等事务）。

关于其他社会福利行政，如妇女心理咨询所的设置、母子福利资金的放款等由都道府县负责，国民健康保险事业、公益当铺的经营等由市町村负责。

表 12　　中央政府与地方在生活保护行政方面的主要事务分担

中央政府（厚生大臣）	知事（实施机关的权限除外）	实施机关（知事、市长和管理福利事务所的町村长）	町村长（管理福利事务所的町村长除外）
保护基准的设定，级别地域的指定； 知事和市町村长的指挥、监督、监查； 保护设施最低基准的决定； 都督道府县保护设施有关的改善命令等； 医疗机关的指定（仅限于中央政府开设的机关）	市町村长的指导、监督、监查； 保护设施的认可、改善命令等； 医疗机关的指定（中央政府开设的机关除外）	对申请保护者的是否保护、程度和方法的检定； 保护的实施	对在特殊紧急状态申请保护者实施必要的保护； 在发现需要保护者的场合向实施机关发出通知； 町村长经手保护的开始和变更申请场合下的受理和向实施机关的寄送（扶养义务者的有无、资产状况等有关的参考书面的资料） 协助实施机关，对被保护者等进行的保护物品的交付和申请保护者的调查

资料来源：自治省、财政局：《地方財政のしくみとその運営の実態》，地方財務協会1987年版。

表 13　　关于儿童福利行政中央政府与地方的主要事务的分担新旧比较表

<table>
<tr><th colspan="2">区分</th><th>旧制度</th><th>新制度</th></tr>
<tr><td colspan="2">中央政府（厚生大臣）</td><td>儿童福利设施的设备运营基准的决定</td><td>同左（比旧制度简单合理化）</td></tr>
<tr><td rowspan="2">作为中央政府机关的地方公共团体</td><td>知事</td><td>助产设施、母子宿舍的入住措施；
对身体残疾儿童补装具的交付等；
市町村设立儿童福利设施的设置认可</td><td>中央政府、都道府县和市町村以外的儿童福利设施的设置认可</td></tr>
<tr><td>市町村长</td><td>助产设施、母子宿舍的入住措施（仅限于福利事务所的管理者）；
保育所的入所措施</td><td></td></tr>
<tr><td colspan="2">督道府县</td><td>儿童心理咨询所的设置（必须设置）；
儿童福利设施的设置</td><td>同左；
同左；
助产设施、母子宿舍的入住措施；
对身体残疾儿童补装具的交付等</td></tr>
<tr><td colspan="2">市町村</td><td>儿童福利设施的设置</td><td>同左；
助产设施、母子宿舍的入住措施（仅限于福利事务所的管理者）；
保育所的入所措施</td></tr>
</table>

续表

区分	旧制度	新制度
费用负担	工资生活者部分 事业主：7/10，中央：2/10，地方：1/10	同左
	自主经营者部分 中央：2/3，地方：1/3	同左
	特殊支付部分 事业主；10/10	同左

资料来源：自治省、财政局：《地方財政のしくみとその運営の実態》，地方財務協会 1987 年版。

表 14　　中央与地方在老人福利行政方面的主要事务分担

中央政府（厚生大臣）		护养老人家庭的设备，运营基准的决定； 护养老人家庭入所等措施基准的决定
作为国家机关的地方公共团体	知事	护养老人家庭等的改善命令等； 社会福利老人设立的护养老人家庭等的设置认可
都道府县		老人福利设施的设置； 老人福利增进事业的实施
市町村		养护老人家庭的入所等措施； 在住宅进行护养等的措施； 老人福利设施的设置； 老人福利增进事业的实施

资料来源：自治省、财政局：《地方財政のしくみとその運営の実態》，地方財務協会 1987 年版。

表 15　　中央与地方在身体残疾者福利行政方面的主要事务分担

中央政府（厚生大臣）	知事	实施机关（福利事务所管理知事、市町村长）	都道府县	市町村
身体残疾者更生护养设施的设备运营基准的决定	身体残疾者手册的交付	护养的实施； 诊察、更生咨询的实施； 康复医疗的付给	身体残疾者更生心理所的设置（必须设置）； 身体残疾者更生护养设施的设置	（没有设置福利事务所的町村）协助知事等事务； 身体残疾者更生护养设施的设置； 身体残疾者家庭服务员的派遣

资料来源：自治省、财政局：《地方財政のしくみとその運営の実態》，地方財務協会 1987 年版。

表 16　中央与地方在智障者福利行政方面的主要事务分担

中央政府（厚生大臣）	实施机关（福利事务所管理知事、市町村长）	都道府县	市町村
智障者护养设施的运营基准决定	智障者等的指导和护养措施	智障者福利司的设置； 智障者护养设施的设置； 智障者更生心理所的设置	（没有设置福利事务所的町村）协助知事等事务； 智障者护养设施的设置

资料来源：自治省、财政局：《地方財政のしくみとその運営の実態》，地方財務協会 1987 年版。

2. 医疗卫生

卫生行政的内容极其复杂，其中，中央政府负责与医生、牙科医生、保健士、助产士、护士等有关的国家考试、执照发放以及麻风病疗养所设置、医药品、兴奋剂、有毒物品、麻药生产等特殊事务的许可。

除了上述部分与医药有关的行政以外，中央政府只不过是对卫生行政进行全面的计划和指导，那些直接与国民生活相关的卫生行政，尤其是与公共卫生有关的事务则几乎全部由地方公共团体来负责。尤其是最近，因公害行政、环保行政日益重要，其实施几乎都是由地方公共团体来负责，中央政府只负责环境标准的设定、公害防止计划的批准、指导和财政援助。

作为卫生行政的核心机关，在都道府县和政令指定的市，共设置了保健所 848 个，从事着内容极为广泛的公共卫生工作。此外，都道府县与市町村的卫生行政所负责的领域有着大致的分工，前者负责结核病预防、传染病预防等卫生防疫工作，后者则负责粪便处理、灰尘处理等环境卫生。

从公共医疗设施状况来看，在医院中，有中央政府所办的国立医院 392 家、地方公共团体所办的公立医院 1375 家；在一般诊疗所中，有中央政府所办的国立医院 583 家、地方公共团体所办的公立医院 4000 家，由地方政府办的公立医院要比中央政府办的国立医院多得多（1995 年）。

（六）教育·文化

1. 幼儿园教育

在日本，幼儿园中58.2%是私立的、41.5%是公立的，因此私立的相对较多（1995年）。

表17 设置者类别、幼儿园数和在园幼儿数的状况

区分	园数		园儿数	
	园数	比率（%）	园儿数	比率（%）
国立	49	0.3	6778	0.4
公立	6168	41.5	361662	20.0
私立	8639	58.2	1439992	79.6
合计	14856	100.0	1808432	100.0

注：（1）此项调查为1995年5月1日；（2）本表来源于《1995年度（平成7年度）学校基本调查》；（3）幼儿园数为本校和分校的合计数。

资料来源：自治省、财政局：《地方財政のしくみとその運営の実態》，地方財務協会1987年版。

2. 小学、初中教育

小学、初中属于义务教育，其学校设置是市町村的义务。

小学和初中的学校设置、综合管理、设施维修由市町村负责，而教职员工的任命、工资的负担和支付则由都道府县负责。但是，教职工工资所需经费中有1/2是由中央政府通过转移支付交付给都道府县的。

因此，从小学和初中的学校数量、儿童和学生数量来看，小学、初中几乎全部是公立学校（小学为99%，中学为94.3%），儿童和学生数也大都集中在公立学校（为97.6%），国立学校和私立学校只不过是极为特殊的例外而已（1995年）。

3. 高中（高等学校）教育

高等中学也要按照文部大臣所规定的《设置标准》来设置。目前日本的高中数量中，由地方公共团体设立的共有4164所、私立学校1320所、

国立学校 17 所（1995 年）。在举办高中的地方公共团体中，都道府县占绝大多数，而学生数量所占比例也大都集中在都道府县所办高中学校。

对于高中学校，公立学校由教育委员会负责管理，私立学校由都道府县知事行使一般监管权，中央政府并不拥有直接的管理权限。

表 18　高等学校（高中）设置状况

区分		都道府县设立	市町村设立	合计
本校	全日制	3026	174	3200
	定时制	72	49	121
	并设（双制）	668	34	702
	合计	3766	257	4023
分校		131	10	141

注：此项调查来源于 1996 年 5 月 1 日的《学校基本调查》，市町村设立包含组合设立。

资料来源：自治省、财政局：《地方财政のしくみとその運営の実態》，地方財務協会 1987 年版。

另外，按照 2005 年 5 月 1 日最新统计，小学、中学、高中的国公私立比例为：小学国立为 0.3%，公立为 98.8%，私立为 0.8%；中学国立为 0.7%，公立为 92.8%，私立为 6.5%；高中国立为 0.3%，公立为 75.3%，私立为 24.4%。其中，公立高中中，由都道府县设置的学校最多。

表 19　中小学公私立比例（%）

	国立	公立	私立
小学	0.3	98.8	0.8
中学	0.7	92.8	6.5
高中	0.3	75.3	24.4

资料来源：财团法人自治体国際化協会：《日本の地方自治制度》，2005 年版。

4. 大学教育

日本的大学教育是在国立大学、公立大学和私立大学中进行的。从设置数量上看，私立大学最多，占到 73.3%；其次是国立大学，占到 18.7%；由地方公共团体兴办的公立大学仅为 7.8%。此外，学生数量所占比例也大致相同（1992 年）。

但是不论公立大学还是私立大学，都必须遵守《大学设置标准》，而这一标准是由中央政府的文部省所颁布的；并且，中央政府还拥有有关设立公立大学和私立大学的批准权以及对私立大学法人代表的监管权，但是无权对教育内容、教职员工人事等进行干涉。

表 20　设置者类别、大学和学生数的状况

区 分	大学		短期大学（大专）		合计		
	学校数	学生数	学校数	学生数	学校数	学生数	
						学生数	构成比 %
公立	52	83812	60	24134	112	107946	3.6
国立	98	598723	36	13735	134	612458	20.1
私立	415	1864114	500	460647	915	2324761	76.3
合计	565	2546649	596	498516	1161	3045165	100.0

注：（1）此项调查于 1995 年 5 月 1 日；（2）本表来源于《1995 年度学校基本调查》。

资料来源：自治省、财政局：《地方財政のしくみとその運営の実態》，地方財務協会 1987 年版。

5. 其他（社会）教育

有关盲人学校、聋哑学校、养护学校的小学部、初中学校，由于都道府县有设置的义务，所以这些学校大部分（98.3%）是公立的。

表 21　特殊教育诸学校的设置和在学者数的状况

区 分		学校数	在校生人数					
			幼儿部	小学部	初中部	高中部	合计	构成%
盲人学校	国立	1	13	23	31	158	225	4.9
	公立	67	201	766	546	2763	4276	92.7
	私立	2	—	12	8	90	110	2.4
	合计	70	214	801	585	3011	4611	100.0
聋哑学校	国立	1	34	76	56	135	301	4.2
	公立	105	1237	2300	1264	2096	6897	95.0
	私立	1	15	30	14	—	59	0.8
	合计	107	1286	2406	1334	2223	7257	100.0
教养学校	国立	43	19	786	774	1293	2872	3.8
	公立	733	114	24779	17808	28667	71368	95.2
	私立	14	6	143	128	449	726	1.0
	合计	790	139	25708	18710	30409	74966	100.0

注：（1）此项调查时间为 1995 年 5 月 1 日；（2）本表来源于《1995 年学校基本调查》。（3）本表示的是本校和分校的合计数。

资料来源：自治省、财政局：《地方財政のしくみとその運営の実態》，地方財務協会 1987 年版。

关于社会教育，目前，县民会馆、市民会馆以及公会馆共设有 2536 座（其中市町村办的有 2404 座）。除此之外，1995 年，地方公共团体设置的图书馆共有 2223 家（其中，县办 65 家，市町村办 2158 家）、博物馆共有 522 家（其中，县办 119 家，市町村办 403 家）、棒球场 3991 个（县办 146 个，市町村办 3845 个）。

表 22 博物馆设置状况

设置者 \ 分类	综合博物馆	科学博物馆	历史博物馆	美术博物馆	野外博物馆	动物园	植物园	动植物园	水族馆	合计
国立	3	8	4	2	1	—	7	—	3	28
公立	85	45	152	103	3	18	4	4	9	423
私立	21	36	118	176	5	13	11	5	25	410
合计	109	89	274	281	9	31	22	9	37	861

注：（1）此项调查于 1993 年 10 月 1 日；（2）本表来源于《1993 年度社会教育调查》。

资料来源：自治省、财政局：《地方財政のしくみとその運営の実態》，地方財務協会 1987 年版。

表 23 图书馆等设置状况

设置者 \ 分类	图书馆	公民馆	儿童文化中心	青年之家	少年自然之家
都道府县	66	—	3	112	100
市（区）	1392	7818	59	205	136
町 村	678	9727	9	82	52
组合	2	1	—	12	6
其他法人	34	16	—	—	—
合计	2172	17562	71	411	294

注：（1）此项调查于 1993 年 10 月 1 日；（2）本表来源于《1993 年度社会教育调查》；（3）本表的图书馆、公民馆包括分馆。

资料来源：自治省、财政局：《地方財政のしくみとその運営の実態》，地方財務協会 1987 年版。

附件3-2 国际经验：化解地方政府债务风险的案例

一、单一制国家：日本夕张市的财政重建①

夕张市位于北海道中部，面积763.2平方公里。夕张市曾经依靠丰富优质的煤炭资源在日本现代化进程中迅速崛起，然而随着日本经济的停滞和煤炭业的衰落，夕张市人口迅速减少，政府债务不断增多。

面对无法继续掩盖的债务危机，2006年6月20日，夕张市新任市长在市例会上表示，希望夕张市成为“财政重建自治团体”（地方自治团体=地方政府），选择由中央政府协助进行财政重建的方式，并向中央政府提交了财政重建申请。经过议会决议，在制定“财政重建计划”的同时，夕张市也成了“财政重建自治团体”。此外，尽管关于重建计划是否争取总务大臣同意的权利取决于“财政重建自治团体”，但是如果得不到总务大臣同意，“财政重建自治团体”便不能发行“重建特别债”。

（一）财政重建计划

2007年1月26日夕张市公布了在中央政府和北海道厅政府共同监督下制定的“夕张市财政重建计划草案”，根据该草案，计划在为期18年的“财政重建期”里消除总共360亿日元的财政赤字（见表1）。

表1 夕张市财政重建计划草案 单位：百万日元

分类	2006年	2009年	2012年	2015年	2018年	2021年	2024年
市地方税	943	1111	1042	1208	1127	1065	1000
转移支付	4240	4370	3989	3607	3225	2977	2709
国、道补助金	1114	1325	895	853	821	821	821
其他收入	16792	2596	1691	1409	1159	1149	1143

① 本部分内容由魏加宁、古珂根据《自治体破綻・夕張ショックの本質——財政論・組織論からみた破綻回避策》《追跡・「夕張」問題——財政破綻と再起への苦闘》《地域再生——逆境から生まれる新たな試み》等资料编译整理而成。

续表

分类	2006 年	2009 年	2012 年	2015 年	2018 年	2021 年	2024 年
财政收入合计	23089	9402	7617	7077	6332	6012	5673
人事费	4417	940	624	616	636	694	590
维持补修费	505	359	335	302	271	213	158
公债费	3705	1676	1515	1228	1052	776	328
其他支出	48218	5462	4057	3582	1999	1368	964
财政支出合计	56845	8437	6531	5728	3958	3051	2040
财政收支差额	−33756	965	1086	1349	2374	2961	3633
累积赤字金额	−35299	−31456	−28004	−24202	−18579	−9999	511

夕张市财政重建计划于 2007 年 3 月 6 日由总务大臣正式批准，计划消除赤字 353 亿日元，重建计划的期间为 2006 年至 2024 年。从 2006 年到 2008 年的 3 年时间里，夕张市按照计划消除了 31 亿日元的赤字，到 2008 年度末财政赤字为 322 亿日元。

（二）北海道对夕张市财政重建的支援政策（概要）

为了支援夕张市的财政重建和搞活地方经济，北海道政府向夕张市政府提供了 360 亿日元（相当于赤字额度）的贷款（利率为 0.5%），而同期市场利率为 3.5%，该项措施相当于每年提供给夕张市约 9 亿日元的补贴，为此北海道政府受到了舆论的批判。北海道政府还对夕张市财政重建提供了其他支援政策，主要内容如下（见表 2）。

表 2　　北海道对夕张市的支援项目

项　目	内　容
医疗补助项目	北海道实施了包括婴幼儿医疗费补助在内的 3 项医疗补助项目，费用由北海道全额负担
确保公交线路	和夕张市协调，对公交机构提供补助金
城市的部分除雪	北海道负责旧道 3 条路线（约 9 公里）的除雪等
（北海道）道营住宅建设	整顿公营住宅等援助

续表

项　目	内　容
地区经济振兴	利用地区建设综合补助金，对市营住宅整顿项目等举措提供援助
	通过发电厂所在地区补助金，提供地区事业援助
	充分利用产炭地区固有资源，推动与外界相关资源的合作，发展地区经济

（1）有计划地、稳定地推进财政重建。减轻夕张市财政重建特别债的利息负担、创设北海道贷款借换制度，延长还款年限。

（2）确保夕张市行政体制执行力。北海道政府向夕张市派遣管理人员及专职人员等，主要用于自来水、建设、生活保护、税收等方面。

（3）稳定市民生活，振兴地区经济。北海道政府还对夕张市提供了医疗、公共交通、住宅、发展地方经济等援助项目，用于稳定市民生活，振兴当地经济。

（三）当地居民、企业振兴地区经济的努力

除了夕张市政府和北海道政府外，当地居民和企业也为振兴地区经济付出了巨大的努力。

（1）市民的居民自治与政府的协作。市民对身边的城市发展课题主动思考、实践，组建了夕张重建市民议会，组织交流沙龙、除雪志愿者、环境美化等各类市内活动，与政府协作，积极参与到城市重建中去。

（2）市民团体参与各种设施的运营。市民团体（同乡团体及体育团体）参与公共设施的运营管理，如参与管理市营球场、红叶山公园高尔夫球场和各地区的生活馆等。

（3）非营利组织（NPO）的发展对地区经济的推动。非营利组织（NPO）等法人相继成立，市民活动日益活跃。如相继成立了夕张观光协会、夕张

国际梦幻电影节、夕张电影协会、煤矿记忆推广事业团等，有力推动了当地经济的发展。

（4）企业和政府的协作。当地企业也积极与政府协作，支援市政府网站的运营，支援修缮市民会馆，支援拆除老化公共设施，为修缮老化公务员住宅提供过渡住房，修缮夕张站候车室，夏季重开鹿之谷公厕，开展各类文娱活动、庆典活动，为推动当地经济发展起了积极作用。

（5）产业振兴激活地区发展。通过成立企业、激发企业活力创造就业，推动城市经济发展。如 2009 年 3 月成立夕张经济振兴会议；2012 年 3 月引进日本 purple 企业；2012 年 12 月成立三信商会、花田牧场、TSUMURA & Co、夕张度假村、AQLI Foods Corporation、next 夕张、ZITIZEN 夕张、夕张希望之社等。

（6）灵活运营民间援助（捐赠）。夕张市通过“幸福黄手帕基金”（捐赠者可以指定捐款的用途）推进城市建设，并扩大捐赠的手段（可以使用信用卡捐赠）。

（7）积极采取措施增加财政收入。夕张市还积极采取措施来增加政府的财政收入，比如：灵活利用雅虎的拍卖系统，积极进行公有财产的拍卖。曾拍卖前任市长的公车、盆栽、土地等；财政重建考察的收费化，将考察日程化，减轻负担，增加财政收入；将政府机构的 1 楼空地租给银行做网点，有效利用设施，增加财政收入。

（四）从财政重建计划到财政再生计划

2009 年 4 月，《地方自治体财政健全化法》开始全面实施，法案规定了城市有义务公布“健全化判断比率”，即赤字程度及公债费负担比例，如果超过了中央制定的财政再生基准比率，则必须制定财政再生计划（根据 2008 年度决算数据判断）。由于夕张市的财政“健全化判断比率”高于“财政再生基准”（见表 3），因此制定了财政再生计划。

表 3　　夕张市财政健全化判断比率（2008 年度决算数据）

分　类	夕张市早期健全化的比率	财政再生基准比率	财政再生计划的目标	
实际赤字比率（一般会计）	703.60%	20%	均衡	0%
综合实际赤字比率（全部会计）	705.67%	40%（※）	低于早期健全化基准	20%
实际公债费比率	42.1%	35%		25%
将来负担比率	1164.0%	—		350%

（※）该设定值每 3 年调整，从 2011 年起是 30%。

注：早期健全化基准相当于财政破产预警基准。根据财政健全化法，地方政府的财政健全化判断的 4 项指标如果有任何一项超过早期健全化基准一定比例，就被认定为面临破产的地方政府，有义务自主制定财政健全化计划。

夕张市财政再生计划的时间为 2009 年至 2029 年，共 21 年，其中消除赤字的实际计划期间为 2010 年到 2026 年，共 17 年[①]。

夕张市针对不同的债务，制定了具体的债务消除目标以及债务消除的方法（见表 4）。

表 4　　夕张市财政再生计划的债务消除目标

项　目	债务消除目标	途　径
一般会计赤字额	322 亿日元	发行再生转账特别债，17 年还清
普通会计市债余额	133 亿日元	通过减少新债发行缩减债务
一般会计债务负担余额	56 亿日元	旧第三部门（官民合办企业）债务在 2016 年前消除
土地开发国营公司长期贷款	16 亿日元	2013 年前消除
公共排水会计赤字额	11 亿日元	2009 年通过一般会计操作消除
国民健康保险赤字额	0.2 亿日元	2013 年前消除
特别会计市债等余额	39 亿日元	依据一般会计负担进行妥当管理

夕张市制定了健全化判定指标的预期，即通过再生转账特别债融资消除实际赤字比率，到 2009 年综合实际赤字比率低于基准，到 2029 年实际公债费比率低于基准，到 2023 年将来负担比率低于基准（见表 5）。

① 计划制订后，为了缩短期间，要继续向北海道及中央申请援助。

表 5 夕张市健全化判定指标的预期

分 类	2008 年的决算	财政再生基准比率	早期健全化基准	2014 年计划	财政再生计划目标达成情况
实际赤字比率（一般会计）	703.60%	20%	15%	—	通过特别债融资消除
综合实际赤字比率（全部会计）	705.67%	40% ~ 30%	20%	—	2009 年低于基准
实际公债费比率	42.1%	35%	25%	65%	2029 年低于基准
将来负担比率	1164.0%	—	350%	843.8%	2023 年低于基准

※ 在财政再生计划中，目标是让上述 4 项指标低于早期健全化基准。

※ 因为实际公债费比率是 3 年平均值，所以 2026 年消除赤字后，在 2 年内会超过基准。

夕张市财政再生计划的基本方针为如下。

第一，在努力进行财政重建计划的基本前提下，还要保障市民生活的安全稳定，要正确应对计划制订后发生的各种问题，保证财政健全化顺利进行。

第二，为了切实进行财政健全化，要重视维持地区活力及城镇的未来发展规划，用有限的财政资源高效地施展政策。

第三，在中央、北海道政府的指导和援助下，稳健进行财政重建及地区振兴。

此后，为了应对财政再生计划制订后产生的各种新问题，夕张市每年都对计划进行了修改，2010 年和 2011 年各修改了 4 次，2012 年及 2013 年各修改了 5 次，2014 年修改了 1 次。

二、联邦制国家：美国纽约市债务危机的应对措施①

受 1971 年布雷顿森林体系崩溃以及 1974 年石油危机冲击的影响，1975 年纽约市发生了财政危机。纽约财政危机的成因与技术变革、资本流动与人口迁移等诸多因素导致税基减少和政府过度负债有密切关系。

① 本节内容由魏加宁、李娜、古珂根据《巨大都市の危機と再生——ニューヨーク市財政の軌跡》等相关文献编译整理。

（一）财政紧急事态法和金融体系的启动

1975年6月，纽约市面临政府债券停牌违约的危机，为了解救这一财政危机，纽约州议会成立了市政援助公司（Municipal Assistance Corporation For The City of New York，MAC）。该公司的主要任务是发行以纽约市营业税和股票交易税为担保的免税债券，用于代替即将到期的市短期债以及筹措必须的应急资金。同时还对市财政活动进行监督。最初发行的10亿美元MAC债券通过与纽约市主要银行签订协议，由各大银行买入。但是，要想偿还累积的庞大短期债务，不从根本上对市财政进行改革肯定是不行的。由于MAC债券追加发行困难重重，纽约市于同年8月再度面临违约的危险边缘。

同年9月，纽约州议会对纽约市制定了财政紧急事态法（New York State Financial Emergency Act for the City of New York）。该立法的宗旨是以州宪法为基础临时行使"紧急事态处置权力"（police and emergency power），以便终止纽约市的危机态势，对紧急事态进行统一管理，并对纽约市财政进行统管和监督。该法第2条还规定：根据该法案宗旨，对纽约市有关课税、房地产评估及债务契约的权利进行限制。根据法案成立了纽约州紧急财政控制委员会（New York State Emergency Financial Control Board），并拥有下列强力权限。

（1）委员会拥有纽约市预算总额的决定权。要求纽约市向委员会提交一份在1978年底之前达到预算收支均衡，摆脱危机事态的"财政计划"，并需委员会批准。这份"财政计划"不仅包含市长领导的行政部门，还特别点出了13个机构的名称，这13个机构均是直接或间接或附带领取市公费拨款的独立行政机构和企业。

（2）委员会对所有财政政策的决策都可参与，包括收支预估、资金调配计划、资本计划、管理改善计划、公务劳动的生产性测定、劳务政策、预算缺口的确定等。停止1975年6月30日之后实施的市公务员工资增长，为了实现收支均衡的目标，冻结期限可以根据委员会的决议在必要时延长。

（3）市政府在未取得委员会同意的情况下，不得进行任何借债行为。

（4）市全部收入，除了有法令规定的之外，其他一律存入设置在市内主要银行的紧急财政控制委员会基金账户，由委员会保管。这些银行账户的日常运营及资金支出委托市政府负责，但是委员会在认为必要的时候，可以立即将其归入自身管辖。这不仅是解除违反委员会决议的公职人员职务的权限，也是统管市财政的终极武器。

负责行使这些强权的是紧急财政控制委员会的理事会。该理事会的构成是：纽约州州长担任议长，州监察官、纽约市市长、市监察官以及州长在州议会同意下任命的3名民间人士。按照全体委员的多数通过原则进行决策。为了辅佐委员会工作，州政府中还设置了“纽约市特任副监察官”（Special Deputy Comptroller for New York City）。

根据1975年11月提出的名为“财政3年计划”的资金调配方案，州议会通过了“即将到期的市短期债的停止支付令”以及“提高市民所得税率”的增税案。同时，还决定由州政府向市政府注资8亿美元。主要银行、纽约市公务员退休基金、减债基金及MAC成立了“长期融资协定”，并达成协议，将银行、退休基金、减债基金所持有的MAC债及市短期债转为长期债，由退休基金出资购买25亿美元的市长期债券。12月，联邦政府同意为纽约市的“3年计划”融资，其中第一年即1976年融资1.26亿美元，接下来的2年继续融资，总额达到23亿美元，全部融资在1978年6月底完成。

（二）金融支援体系的重构和法案修改

纽约市通过以上措施在1975年暂时避免了债务违约，并根据“财政3年计划”进行了如下行政财政机构改革：1975年削减了超过20%的常务公务员人数；将福利收益人数从1972年的126万5300人削减到93.16万人；市立大学收费化；地铁票价提高40%；关闭15间消防局，削减77家幼儿园的经费支出；通过市公务员旷工管理计划，旷工人数减少33%；削减公务员特别津贴4100万美元；削减一般会计原则（generally accepted accounting principles，GAAP）统计下的赤字额 10 亿美元；改革政府会计，引入新的财务管理体系。

尽管实施了行政财政改革，纽约市还是没有实现 GAAP 下的预算收支平衡，难以重启债券发行之路。于是纽约市重新制定了于 1982 年底前实现 GAAP 下预算收支平衡的“财政 4 年计划”。由于该计划需要 45 亿美元的融资支持，由民间金融机构、退休基金、减债基金及 MAC 重新构建了“长期融资协定”，联邦政府也给予 16 亿 5000 万美元的偿债保证。

在金融支援体系重新构建的过程中，1978 年 7 月修改了财政紧急事态法，将其存续期限延长到 30 年后的 2008 年 6 月底。而且，随着该法案的修改，改变名称的紧急财政控制委员会被授予了在实现：①解除联邦政府对市债本息偿还的担保、②连续 3 年实现基于 GAAP 的预算平衡、③形成健康的长期 / 短期融资信用市场之前，长期对纽约市财政进行统管的权限。

（1）纽约市必须每年制定“财政计划”，最迟要在会计年度开始的 50 日前提交给财政管制委员会，并获得批准。委员会可以对其进行修改，也可以不批准。如果“财政计划”没有在规定时间内提交，或者不管因为什么理由没有在会计年度开始前得到批准的话，委员会有权在此期间自行编制“财政计划”并批准。“财政计划”获得委员会批准后，要每个月及每季度提交报告公示计划的执行状况，同时根据“债务保证协定”，纽约市还有义务必须每个月及每季度向联邦财务长官提交“财务计划书”（Financial Plan Statement）。

（2）纽约市政府债券在联邦政府担保下发行后，为了保障偿还，还在财政统制委员会内设立了有州监察官管理的“一般公债基金”（General Debt Service Fund），并将纽约市房产税的税收立刻委托其保管。对纽约市短期借债的额度做出了比地方财政法规更苛刻的限制，在“一般公债基金”中设立了账户，缴纳各种短期债偿还费。

就这样，纽约市财政自 1978 年 9 月 28 日起，处于新的金融支援体制的长期统管之下。纽约州向市债持有人及联邦政府保证，在纽约市债务没有全部偿还之前，不会做出任何废除紧急财政控制委员会或限制其权限的决定。还规定每个会计年度结束，要由第三方会计对纽约市的财务诸表进行检查。

（三）纽约市宪章及预算制度改革

根据财政紧急事态法，纽约市的财政运行长期处于州、联邦的管理下，进行财政重建。纽约市民的财政自治受到严格的制约。1975 年 11 月，根据纽约居民的投票，对市宪章了进行修改，推动了预算制度体系改革。

宪章修改委员会提交的预算制度改革方案中，提出了导致纽约市陷入财政困境的“财政与管理八大问题”，并一一提出解决方案。

问题 1：没有说明费用和作用就增加行政部门及项目

解决方案：

（1）由市长制定“行政部门重组计划”（reorganization plan）。市议会必须在 90 天内对该计划进行讨论，监管机构（super agency）即使市长要求保留，但只要市议会没有批准，都于 1977 年 7 月 1 日废除。

（2）市长要比较各行政部门的目标和绩效（service goal and performance），必须每半年向市议会和理事会提交 1 次“管理报告书”进行说明。

（3）行政部门管理者在预算制定过程中要对预算的要求进行说明、答疑，召开“意见咨询会”对本部门的行政绩效和效率做出说明

（4）引入“支出季度分配额”（quarterly spending allotments）控制支出在授权支出的范围内。各行政部门制定、执行各自的分配计划必须经过市长的检查、修改、批准。预算局对其总额进行总体管理。

（5）监察官为了确保各行政部门的预算计划上节约且效率，要进行“绩效检查”（performance audits）。

问题 2：公款支出的责任制不够完善

解决方案：

（1）所有的资金在支出前都要编入预算，财政支出必须有授权。市长和监察官无论谁都不能在预算编制之外设置“专项基金”（special funds）进行支出。

（2）行政部门的资金支出不能超过授权额度。监察官要按照授权的财政支出维持好预算账户（budget accounts），对于行政部门发来的支出传票，要事前检查是否获得资金授权。

（3）监察官要负责检查各部门的支出是在获得支出权限的项目内进行的。要通过“规范性”检查杜绝在项目或部门间相互“借调”公务员（loaning and borrowing）从而逃避预算管制的陋习。

问题 3：为了解决资金不足，累积借债，掩盖了巨额财政赤字

解决方案：

（1）禁止将经常项目包含在资本预算中重新筹资。

（2）在 10 年内分阶段的消除过去为了筹措经常费用进行的融资。

（3）禁止用资本预算中的融资支付公务员工资。

（4）在健全的会计原则的基础上维持预算平衡。除了用于筹集公债费和退休基金外，其他全部经费要按照权责发生机制进行会计工作。接收额度可以明确计量的财政收入要按照权责发生机制处理，其他财政收入按照现金收付制处理。

（5）财政收入在用于其他目的之前，必须保留足够的债务偿还所需要的资金。禁止用 2 年以上的“可能收取”税收（receivable）作为抵押进行融资。

问题 4：立法机构对资本预算及经常预算的管理不够

解决方案：

（1）市议会和理事会要引入“预算草案听证会”（preliminary），在市长提交预算提案前，对部门预算要求及市长“管理报告书”召开“预算草案听证会”。

（2）市议会和理事会要像两院制议会一样对市长的预算提案进行审议，决定，并将批准的经常预算和资本预算（a single approved expense and capital budget document）送交市长。

（3）市长没有参与预算表决的权利。如果市长自己提交的预算提案被增加或削减额度，市长没有权利否决。

（4）预算通过后，财政支出单位间的资金转移需要市议会和理事会检查、批准，并且要防止市长违反预算。

（5）市议会和理事会对全部资金的支出进行授权。年度预算决定后，市长不能随意使用自己可能掌握的资金，和预算一样要经过授权。

（6）设立“立法办公室预算调查局”（Legislative Office of Budget Review）协助市议会和理事会的预算及财政工作。

问题5：资本预算是一种意愿表（wish list），包含各种以前从没建立过的项目

解决方案：

（1）市长所提案的资本预算中包含的项目，必须在市议会和理事会批准的“资本3年计划”中得到资金支持。每年进行资本预算的同时，要更新“资本3年计划”。“资本3年计划”的更新必须考虑到已经实施的资本预算中的项目成本，为今后的项目保留资金以及估计项目的维持运营费对将来的经常预算的影响等。

（2）批准资本预算中的项目，意味着要求与项目相关的部门对项目的实施制定详细的计划方案。部门要在90天内提出计划方案，请市长批准。社区自治委员会和区长有权向理事会提出异议。

（3）2年内未开始实施的项目要从资本预算中消除。

问题6：市预算过程缺乏普通市民的监督

解决方案：

（1）为了给市议会和理事会留出充分的预算审议时间，市长要在4月15日前提交“草案预算”。

（2）将地方自治委员会和区长扩充进入预算制定过程中，社区自治委员会（Community Boards）、区委员会（Borough Boards）要召开“听证会”，将预算表中优先事项送交市长。提供社区服务的部门在预算制定过程中必须对各社区的各种要求进行说明，听取意见。

（3）在团体交涉达成协议后的60天内，市长必须公布全部协议事项，并附带执行所需成本分析。

（4）行政部门必须公开预算要求和行政业绩，并进行说明。

（5）扩充市长预算咨文（budget message）的内容范围，要包括与市财政及经济有关的详细信息，各项目的费用及与收入有关的 3 年内的展望，每个地方服务地区（local service districts）的部门经费等。

问题 7：在管理和人事上对行政部门放权不够

解决方案：

（1）在预算管理和人事管理上放权给行政部门，在批准的“季度支出分配额”的范围内，赋予部门补充人员、修改支出的权限。这些人事和支出的变更只需要向预算局和监察官提交一份报告。这样可以缓和现行的预算局苛刻的管理，但是当财政危机及部门权限被滥用时，市长可以恢复预算局的严格管理制度。

（2）监察官要进行事前检查，确认必须拨款的支出是否被授权，除此之外的事前检查权限由监察官移交给行政部门。这样一来，监察官介入市长决策的能力减弱，但是通过事后集中检查，监察官可以更好地发挥监督行政活动效率及节约情况的职能。这种监察官的事后监察，涉及所有市公款支出活动，无论是公共还是民间活动。

（3）监察官要设置适用于自身部门及所有行政部门的统一的会计体系和报告体系。必须对各部门内部的支出管理及信息管理提供支援。该会计和报告体系要按照州监察官决定的体系，采取权责发生机制。

（4）行政部门要参与团体交涉协议的制定。

问题 8：市政府缺少周密的管理机制和人员

解决方案：

（1）要强化行政部门在预算、财政计划、会计、人事、管理、调配、法律等各方面的机能，要在各个领域设置负责人。

（2）管理行政部门行动和决策的上级部门（overhead agencies）要把管理重点从各个业务的细节转移到主要项目及财政支出的浪费上。

（3）重新划分提供警察、清洁、公园管理、街道管理、住宅门牌管理、社区安全等服务的社区服务区域，社区规范化，以便强化行政部门组织。

（4）在各个社区设置社区服务工作室（district service cabinet），配置各部门公务员，负责社区服务。引入地理支出报告（geographic reporting of expenditures），作为信息管理及社区管理的手段。

（5）各行政部门每年提交报告书，对社区服务目标完成情况、优先顺序、计划制定等进行说明。

（四）州和联邦政府发挥作用

危机来袭，市政府已无计可施，唯有州政府或联邦政府出面，这就无形中形成了美国地方政府体系上一定程度的制度性突破。在治理危机过程中，休凯里（Hugh Carey）州长起了很大作用。1975 年 4 月份，州议会就回应凯里的倡议，纽约市提供了 4 亿美元紧急贷款。5 月份，凯里又和比姆市长共同去见福特总统，寻求联邦政府的帮助，但总统的态度相当消极。恰在此时，5 月末，纽约市立大学被迫关门，教师没有开支，危机更加严重。为了避免带来社会动荡和骚乱，州政府紧急介入帮助纽约市缓解危机，包括前述谈到的组建市政援助公司和纽约紧急财政控制委员会。但援助措施并未立即奏效，再加上 MAC 发放的长期证券的认购情况并不理想，10 月 2 日穆迪投资服务所对纽约州和纽约市证券的信用评级降级，甚至动用了纽约市教师退休基金。上述举措显示了州政府的决心，为化解危机奠定了一个好的开端。

联邦政府态度的变化，也有助于这些举措产生实效。福特总统谈话发表后的问卷调查显示，美国绝大多数人都不同意他的做法，认为应该对纽约市施以援手。逐渐地，白宫软化了它的立场，1975 年 12 月 15 日，福特总统签署《纽约市季节性财政法》（New York City Seasonal Financing Act）。为配合该法，联邦政府于 1975 年 12 月 30 日与纽约市、纽约州和紧急财政控制委员会签署信用协议，据此联邦财政部长被授权给纽约市提供短期贷款，贷款总量不超过 23 亿美元。但州也要做出承诺，如纽约市居民的所得税要增加，并可以进一步使用纽约市雇员退休基金等。对于联邦政府的作用，有学者认为，危机当然是在 1975 年 12 月份联邦政府的财政资助下度过的。有联邦和州政府出面做信誉保证和直接的资金投入，纽约市避免了债券持有人抛售债券，当然也就避免了由此产生的连锁性危机。

但在参与地方事务的程度和性质上，联邦政府和州政府还是有差别的。美国实行联邦政府与各州政府二元分权的联邦体制，州以下、包括城市政府均属地方政府，归各州统辖，与联邦政府无涉。甚至在美国联邦宪法中，对于地方政府只字未提。但随着城市化的长足发展，城市问题日益凸显，成为全国普遍性的问题，有的大都市区横跨几个州，这些都超出了州所能掌控的范围。30 年代经济大萧条，很多城市濒临破产，于是出现了 29 个大城市市长组成联合请愿团到华盛顿寻求联邦政府帮助，以摆脱困境的景况。在这种特殊情况下，联邦政府实行新政，开始越过州政府，直接干预城市事务。当然，联邦政府的参与，只限于经济援助，还未深入到制度层面，要大幅度改变联邦政府与地方政府的关系，在美国并非易事。从此次危机的处理过程可以看出，联邦政府施以援手，乃为情势所迫。危机过后，联邦政府对城市问题态度出现反复。

与联邦政府相比，各州政府与城市政府的关系密切得多。但美国各州几乎都实行地方自治，城市作为经济法人单位，一旦从州获得章程后，便拥有独立法人的法律地位与权限，可实施高度自治，除极特殊情况外，州政府不得干预。至于城市经济命脉的财政，就更容不得他人染指。各城市对联邦和州政府一向怀有戒心，担心失去地方自治权。但通过这次危机的化解，财政自治这个长期以来关乎每一个大城市核心利益的权力，现在几乎毫无抱怨地让渡了。这场危机加速了州对地方政府的参与，而且是深度的制度化参与，应该说，正面的积极作用更大，这些举措为后来类似问题的解决提供了先例。总的来看，与联邦政府相比，州政府在解决城市问题方面确实发挥了更重要、更直接的作用。

（五）1975年危机化解

1975 年预算制度改革改变了导致纽约市财政危机的行政财政管理，加强了财政的计划性和公开性，引入了新的管理组织和运营方法，提高了政府服务的效果和效率。纽约市以财政危机为契机，开始在《财政紧急事态法》及1975年宪章所规定制度下运转。行政管理预算局（Office of Management and Budget）的副局长汤森（A.Townsend）指出，支撑新预算制度的2个体系可以更准确地把握财政收入和支出，以此为基础推进财政计划，为财政重建作出了贡献。

一是停止将经常项目编入资本预算，引入基于GAAP的“综合财务管理系统”，综合记录财政收入和支出。二是制定“财政计划”，根据纽约市的利息、股息、借贷收益的时滞较大的特征，精心设计了计量经济模型，并根据模型估计长期税收，采取了房产税、联邦·州补助金来缓和不确定性的影响。这两个体系是将注重行政部门微观岗位的微观预算管理和宏观预算管理紧密结合起来，维持财政收支均衡的一种机制。

1986年6月30日，紧急财政控制委员会确认，纽约市如期大幅提前的偿还了债务，并且财政紧急事态法规定的三个条件均完成。该委员会在所谓控制时期对纽约市预算的否决权结束。此后，该委员会的作用从监管改为监控，不过，如果纽约市预算赤字在财政年结束时超过1个亿，可以随时恢复其监管的作用。当然这样的情况后来没有发生。

市政府采用规范的财会体制，向财政责任制努力，银行对市政府重新产生信任感。州审计官艾兰赫维斯（Alan Hevesi）宣称：“今天的纽约市，在财务管理方面可能是最好的。我们的报告体制，我们的财务透明度，都可能是全国最好的。这完全是由于成立了紧急财政控制委员会的缘故。建立纽约紧急财政控制委员会的主要原意之一是迫使州长和市长在保证纽约市财务健康方面成为伙伴，因为州长坐镇该委员会，他就直接对城市的运营具有责任。纽约市的财务以往受人诟病，现在可信了，因为该委员会要求城市制定4年财务规划，市政官员必须也对他们行动的后果负责。良好的财务管理是城市DNA的有机组成部分。”

三、“邦联制国家”：希腊债务危机的救助方式[①]

希腊虽然是独立国家，但是在欧盟的体制之下，实际上属于准地方政府。

2009 年希腊新一届政府上台，执政党总理乔治·帕潘德里欧在上台后重新审查了 2009 年度财政收支状况，经过计算发现赤字率不是上届政府公布的 4% 而是高达 12.5%，正是这一事件迅速引发希腊政府债务危机（事后回看 2009 年赤字率为 15.5%）。

到目前为止从危机救助的角度看希腊准主权债务危机大致可分为四个时间段。

第一阶段（2009 年 10 月 ~ 2010 年 5 月），当希腊政府宣布其修正后的赤字率及债务率之后，当时的市场和国际组织并未给予过多关注，它们认为这场危机经过一段时间就会结束，而负责这一事件的国际组织在当时只有欧盟委员会。欧盟委员会仅仅是严令希腊必须遵守《马斯特里赫特条约》和《稳定与增长公约》，三年内将赤字率减小到 3%。但是由于欧盟委员会缺少处理危机的经验，同时市场对欧盟委员会并不认可，因此希腊债务危机不但没有结束反而愈演愈烈，国际评级机构在 2009 年底相继下调希腊主权债务信用等级，而欧元也创造了对美元汇率 10 天下跌 8% 的记录。

第二阶段（2010 年 5 月 ~ 2011 年 11 月），2010 年 2 月欧盟委员会宣布愿意为危机国家提供援助，此后在德国总理默克尔的推动下，IMF 和欧洲央行相继加入了债务危机的救助计划中。IMF 对于危机的救助有着丰富的经验，并且 IMF 有着严格的规则，不会受到国际政治的影响而放松标准。欧洲央行虽然不能直接救助希腊政府，但是欧洲央行可以挽救希腊的银行，稳定金融市场。欧洲央行是危机救助计划中最重要的一环，因为另外两家机构实际上均为财政资金，因此资金有限，真正能够救希腊的只能是欧洲央行（事后也证明了这一点）。

---

① 本节主要内容根据有关专家座谈记录整理而成。

“三驾马车”的第一个救助计划为1100亿欧元，其中IMF出资300亿欧元，欧盟委员会出资800亿欧元。此外为了救助希腊，“三驾马车”还发起和设立了临时性的总规模为7500亿欧元的欧洲金融稳定基金，通过市场融资，并且由各国财政担保，实质上是用各国财政资金救助希腊。在第一个救助计划中并未考虑债务重组计划，这是一个基本假设前提，IMF认为有债务重组的可能性，但是欧盟委员会不能接受，因此整个计划都是围绕着没有债务重组展开的。

第三阶段（2011年11月～2012年4月），2011年下半年，希腊债务危机已经持续了一年多，这场危机不但没有得到有效的控制反而继续恶化。而造成这一结果的原因主要是这一救助计划本身就存在缺陷，同时该计划严重低估了希腊国内的反对力量。在第一个救助计划公布伊始，希腊国内就有许多人反对这一计划，致使救助计划在希腊的实施举步维艰。在经历了一系列政治博弈之后，2011年夏天，欧盟峰会承认第一个救助计划已经失败，必须进行债务重组。随后希腊政府在2011年11月至2012年2月间同12家有代表性的金融机构就债务重组问题进行了正式的协商，并在2012年2月24日正式公布了债务重组方案。

第四阶段（2012年4月至今），在经历了希腊轰轰烈烈的全民公投“闹剧”以及主权债务重组之后，2012年4月新一届联合政府同“三驾马车”共同签署了第二个救助计划，第二个救助计划总金额为1727亿元，其中IMF出资280亿元，将以前的三年计划取消，重新设立了四年计划，从2012年至2016年。

2012年9月新的欧洲央行主席意大利人马里奥·德拉基上任，希腊危机迎来了转折点。因为欧洲央行推出了直接货币交易计划（Outright Monetary Transaction，简称OMT），OMT一改欧洲央行过去只能在市场上购买固定配额的欧洲国家政府债券的规定，欧洲央行可以无限制的购买一年至三年的国债，自此市场上国债收益率开始下降。但是欧洲央行推出OMT是有条件的，那就是任何一个需要欧洲央行支持的国家，必须接受一揽子救助计划，并且接受对财政的监管。欧洲央行的最终出面才是希腊债务危机的真正转折点。

从图 1 希腊政府长期债券收益率曲线图可以简单回顾一下与债务危机有关的重要事件。2009 年底希腊政府公布财政赤字，随后三大评级机构相继调低希腊主权信用评级，希腊国债收益率飙升，危机爆发。此后“三驾马车”共同开启第一个救助计划，收益率趋于稳定但仍然处于高位。此后随着市场逐渐发现第一个救助计划并不能使希腊摆脱债务危机的泥潭，以及国际组织公开承认第一个救助计划的失败，国债收益率再次飙升。随着债务重组计划逐渐浮出水面，希腊国债收益率达到顶峰。直至 2012 年初实施债务重组计划并且签署了第二个债务救助计划之后，国债收益率骤然下降，在经历了希腊政府选举之后，直至欧洲央行出面救助并推出 OMT，希腊国债收益率才重新恢复稳定。

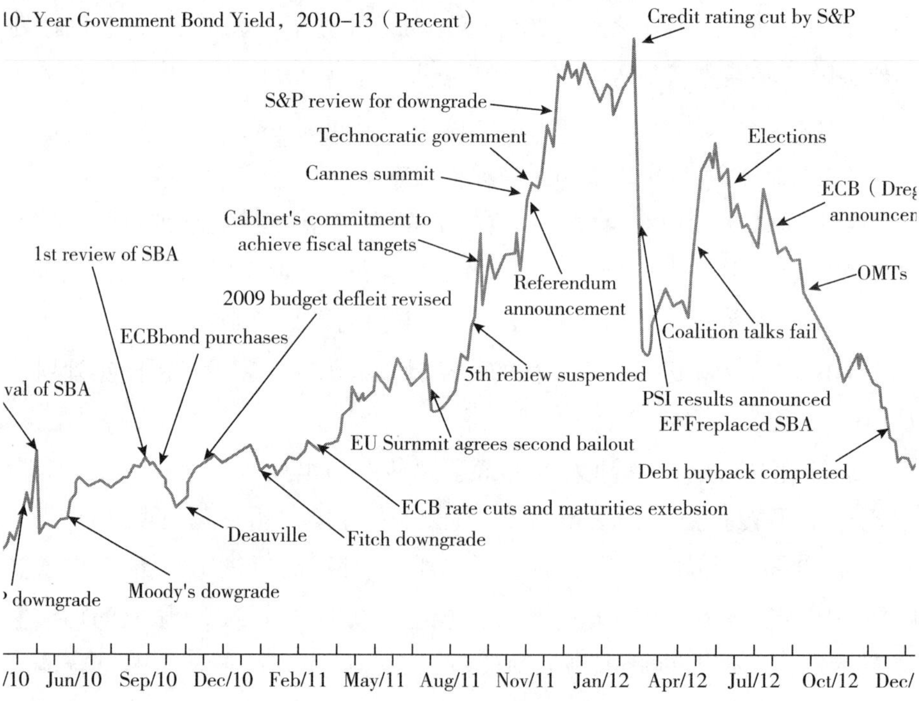

Bloomberg；and IMF staff calculations.

图 1　希腊政府长期债券收益率曲线

（一）第一个救助计划（Stand-By Arrangement，SBA）

（1）假设与目标。第一个救助计划的期限是三年，即 2011 年至 2013 年。按照原来的假设，在不进行准主权债务重组的前提下，如果该计划顺利实施，希腊政府可以在 2013 年重返主权债券市场，并且可以持续性的发行债券。此外该计划还有一个长期目标，即到 2020 年希腊债务占 GDP 的比重可以降到 120%。

（2）主要内容。第一个救助计划主要有三个方面的内容。第一，财政可持续。一方面要进行财政紧缩计划，另一方面要配合着进行财政制度改革，如建立现代财政制度等。第二，金融稳定。主要是保证国内银行系统的稳定。第三，提高经济竞争力和促进经济增长。主要是通过结构改革来促进增长，与我国简政放权，打破壁垒相似。

第一个救助计划的重点是实现“内部贬值”。所谓“内部贬值”是指提高欧元区核心国通货膨胀率，压低外围国通胀率，外围债务国对核心债权国实际有效汇率降低，从而实现希腊等国在不退出欧元区的前提下达到本国货币贬值的效果，进而通过提振出口增加国家储蓄，实现经济增长和缓解债务压力的目标。

（3）执行情况。财政紧缩基本实现。第一个救助计划要求希腊政府在四年之内将赤字率从 15% 降至 6%，这一要求要比欧盟委员会在危机之初设定的三年降至 3% 的目标宽松了许多，现在 6% 的目标已经基本实现了。此外该计划还涉及了若干财政改革计划，一方面是财政收入改革，另一方面是财政支出改革。从国际组织的角度来讲，希望多从财政收入方面进行改革，因为一方面税收的乘数比支出乘数小，对经济波动的影响小，另一方面财政收入的增加多为可持续的，有利于在更长的时间内化解债务。而财政支出则不然，财政支出可分为经常性支出和投资性支出，经常性支出相对比较固定，如公务员工资和政府机构一般开销等，削减起来困难较大，因此各国政府往往更倾向于削减投资性支出，但是削减投资性支出有两个不利的影响，其一投资性支出一般对经济增长有利，如基础设施建设等，一旦这些支出被削减将会对经济增长产生不利的影响，而经济增长恰恰是化解债务危机最好的办法；其二削减投资性支出往往是不可持续的，如某些国家为了达到救助计划中对赤字的要求，强行削减一些理应投资的项目，只为达到短期的赤字率目标，而当考核结束以后则继续进行该项投资，这样做对于化解债务没有任务作用。希腊政府的财政改革恰恰就是以财政支出改革为主，如削减公务员工资、削减养老金支出等。在财政收入方面，由于国内各方面阻力太大，极难增加税收，仅仅调整了增值税税率和引入房产税等措施。

金融稳定基本实现。希腊没有出现像雷曼兄弟那样的大规模金融机构破产，因为在第一个救助计划中有约 100 亿欧元的资金准备随时为银行注资，当前已使用约 20 亿欧元。值得一提的是，当初预计的 100 亿欧元是在没有进行债务重组的前提下计算出来的，即这 100 亿欧元是用来弥补因经济下行所造成的银行坏账，因此没有造成大范围银行业危机。

提高经济竞争力和促进经济增长的目标没有实现。在第一个救助计划中提出希腊应重点解决劳动力市场和产品市场的壁垒问题，但是进展缓慢。在劳动力市场中有两个严重的问题，第一是最低工资过高。希腊没有统一的最低工资标准，由于其强大的公会组织，每个行业的最低工资由本行业自行决定，经过复杂的计算其最低工资比葡萄牙高 50%，比西班牙高 20%，是周边其他东欧国家的约 5 ~ 7 倍。第二是行业间竞争不足，希腊的劳动合同是按行业来签署而不是按企业签署，并且一旦签署劳动合同在今后几年中该行业都会按照这个合同签署相同的合同，这样做极大地限制了行业间的竞争，由此可见劳动力市场的壁垒是相当严重的。最终，正是由于打破劳动力和产品市场壁垒的改革进展缓慢，再加上财政紧缩力度过大，从而造成了希腊在发生债务危机后连续出现经济负增长。

（4）总结。在第一个救助计划公布实施后的两年中，希腊经济持续负增长，债务水平已经增至 170%。就连 IMF 也不得不承认这是一个不成功的救助计划，IMF 认为该计划低估了经济结构改革的难度，同时财政紧缩速度相对过快，因此债务重组已经不可避免。此外，加入欧元区以后，希腊就成为准主权国家或准地方政府，在救助时，存在两难局面。不过，第一个救助计划仍有一点值得称赞，那就是无论如何希腊仍然留在了欧元区，同时它为其他国家建立“防火墙”和建立长久的救助机制争取了时间。

（二）债务重组计划（Private Sector Involvement，PSI）

（1）债务重组的规模。截至 2011 年底，希腊政府债务余额为 3510 亿欧元，此次希腊主权债务重组的私人债权人的债务规模约为 1970 亿欧元，约为 GDP 的 90%。而希腊债务总规模为 GDP 的 170%，即此次参与债务重组的债务约占债务总量的 50%，而另外占 GDP 80% 的债务，由于是各国政府和国际组织持有的债券、IMF 提供的贷款以及欧洲央行货币政策执行中抵押的希腊债券，因此这部分债券不参与到此次主权债务重组计划。

（2）债务合同的法律状况。希腊能够进行债务重组有一个得天独厚的有利条件，那就是参与债务重组的债务中有约 1773 亿欧元的债务受希腊本国法律管辖，只有少部分受英国伦敦法律管辖，这就为债务重组提供了便利条件。因为按照规定，债务重组必须本着债权人自愿的原则，如果债权人不同意，债务重组是无法进行的，这就涉及债券遵循的法律是否有集体行动条款（CAC），如伦敦和纽约的法律规定集体行动条款（CAC）为 75% 以上的债权人同意就可以进行债务重组，但在当时希腊本国法律没有集体行动条款（CAC），也就是说需要 100% 的债权人同意才可以进行债务重组，因此只需要希腊本国通过一部新的法律就可以解决这一问题。于是希腊于 2012 年 2 月修改了本国法律，加入了集体行动条款（CAC），希腊集体行动条款（CAC）也规定为 75%，最后同意进行债务重组的债权人比例为 85.8%，超过了 75% 的下限，债务重组才得以进行。

（3）债务重组的方法。希腊主权债务重组：将原面值 100 欧元的旧债券置换为两部分，其一是面值 31.5 欧元的新债券，新债券受英国伦敦法律管辖，期限为 30 年，10 年内不偿还本金，利息为 2% ~ 4.3%；其二是面值为 15 欧元的欧洲金融稳定工具，期限为 2 年，2 年后变为现金。此外，新债券比旧债券有更加优先的债券偿还权利。

（4）债务重组的结果。希腊主权债务重组使得债务的面值减小了53.5%，净现值 NPV 减小 74%，相当于希腊主权债务减计约 1062 亿欧元，是有史以来最大规模的主权债务重组。债务重组使得希腊本地银行资本金消耗殆尽，需要重新注资。于是政府在第二个救助计划中增加了 500 亿欧元用于注资银行，因此希腊本地银行相当于部分变为国有银行，而希腊的债务并没有因为债务重组而减少 53.5%，实际净减债大约为 15%。

（三）第二个救助计划（Extended Financing Facility，EFF）

（1）假设与目标。第二个救助计划的期限是 4 年，即 2012 ~ 2016 年。长期目标没有变化，即到 2020 年希腊债务占 GDP 的比重可以降到 120%。

（2）主要内容。第二个救助计划仍然由三个主要部分组成，即财政改革、金融稳定和经济结构改革。

第一，财政改革。首先，计划要求希腊政府放缓财政紧缩的力度，在 2014 年除利息支出外达到财政平衡（实际上 2013 年就达成了）。其次，进行财政体制改革，重点是重建税务系统，主要包括以下几项措施。①重建税务机构。希腊的税务系统非常混乱，地方税务机构有非常大的权力，不仅可以收税还可以进行财政支出，而中央税务机构非常弱小，因此计划要求税收功能完全上收至中央税务机构，同时税收和支出完全分开，支出功能完全划归财政部。②提高财政透明度，特别是广义政府部门（公共养老金、公立医院、国企、地方政府）的财政透明度。③通过了新的税收法律。新所得税法，重新规定了个人和企业所得税，取消了许多税收优惠政策；新的税收征管法，赋予税务机构更多的权力，如拍卖资产偿还税款，同时简化了税收征收程序，并且税收责任由政府转移到了个人（和美国相似）；新房地产税法，希腊原有一套房产税征收系统，是和电力系统捆绑的，即房产在交电费的同时缴纳房地产税，从征收效率来讲是很高的，因为不交税就断电，但是许多人认为这样做是违反宪法的，于是需要新的房地产税法，而房地产税有一个重要原则，就是以个人为计税单位，还是以房地产为计税单位，前者类似于我国，需要一整套房屋登记制度，清楚地知道每个人有多少房产，然后根据规定征收税款，而后者以美国为代表按照房产交税，希腊选择了前者，即以个人为计税单位，虽然通过了该项法律，但是执行方面仍有许多问题。④出售政府资产。希腊政府出售了部分国有企业和政府房地产，而这些国企是在被清理了历史债务之后才被出售的，如希腊最大的港口有一半就出售给中国人，为此希腊政府还特别成立了一个独立委员会，专门负责规范并操作国有企业的出售工作。

第二，金融稳定。为保证国内金融稳定，希腊政府做了如下措施：①邀请黑石集团（The Blackstone Group）对银行资产进行压力测试，测试在经济不断下行时银行系统会增加多少坏账，从而国家需要多少资金用于救助银行。②由于债务重组致使希腊本国银行资本金损失殆尽，因此希腊政府出资 500 亿欧元救助本国银行，致使大部分银行被国有化，在银行国有化之后希腊政府又进行了银行私有化的尝试，通过放弃对国有银行的日常管理权限仅保留重大事件的决策权来吸引私人投资，即私人可以通过购买少量银行股份而获得对银行的日常管理权；对于投资者的资格，欧盟内的投资者是不受投资限制的，欧盟以外的投资者是有限制的。

第三，经济结构改革。当前劳动力市场壁垒已经基本打破，希腊最低工资降低了 22%，但是产品市场壁垒仍然没有打破，如在产品市场上，希腊对商品的监管过于严格，例如鲜牛奶在货架上的摆放时间，欧洲国家一般是 10 天，美国是 10 ~ 14 天，而希腊只有 5 天，因此希腊牛奶价格比欧洲其他国家高很多，这项改革在经历了讨价还价、修改法律和政治阻挠之后最终仅仅延长到了 7 天，类似的改革多达几百项，打破产品市场壁垒的改革举步维艰。因此在 2014 年援助贷款发放的条件中，最主要的就是打破产品市场壁垒。

（四）对未来的展望

尽管希腊危机已经不再继续恶化，但是未来仍然存在许多未知数。

（1）市场风险仍然存在。尽管希腊在 2014 年重新发行了 30 亿欧元国债，收益率为4.95%。但是这些国债均是5年期的，而不是希腊政府想要发行的10年期国债，因为市场知道欧盟委员会给希腊政府的贷款在2020年之前是不需要偿还本金的，所以在2020年前希腊政府是不会发生债务违约的，但是在2020年之后存在着极高的不确定性，市场对此仍存有疑虑。

（2）资金缺口仍然巨大。尽管希腊已经重返主权债券市场并成功发行了30亿欧元债券，从某种意义上可以证明市场危机已经结束了。但是根据IMF测算希腊未来资金缺口仍然有100亿～200亿欧元，希腊政府在市场上能够举债的规模远远无法填补其未来的资金缺口。

（3）国内政治风险仍然存在。现任希腊政府总理安东尼斯·萨马拉斯领导的政府在议会中仅有微弱优势，反对党众多，救助计划的顺利实施面临着极高的政治风险。

（4）"三驾马车"的形式仍然继续。IMF的救助计划将在2016年到期，而欧盟委员会的救助计划在2014年就会到期，但是"三驾马车"的形式很有可能得到延续，因为希腊债务危机远未结束。"三驾马车"能否达成协议，仍然是希腊危机最为重要的风向标，只有"三驾马车"认可希腊的改革进程，市场才会认可。

（5）可能会开启"重债富国计划"。"重债富国计划"是相对于重债穷国计划而提出的减债计划。所谓重债穷国计划（The Heavily Indebted Countries，简称HIPC）是由IMF和世界银行于1996年共同发起的以希望通过减免世界上最穷的国家债务而使这些国家政府得以正常施政，进而减少贫困。当前希腊债务占GDP的比重仍然在170%以上，并且其中80%以上的债券是由主权国家和国际组织所持有，由私人持有的债券已不足20%，这就为减债计划创造了条件。但是该计划能否实施关键还要看两方面因素，第一是国际政治难题，即欧元区国家是否愿意为希腊减免债务，如许多国家认为本金是绝对不能减免的，不过还本付息的期限可以适当延长；第二国际组织贷款如何减免，通常来讲IMF的援助贷款是不能减免的，IMF也从未给任何国家减免过债务，因此减债计划能否实施仍然有很大的不确定性。

附件3-3　推进PPP既要积极又要稳妥[①]

一、总体判断：冷热不均

最近一个时期，PPP（Public Private Partnership）忽然间热了起来，但就全国而言，存在着明显的冷热不均现象。大体上是，上热下冷；发改财政热，行业主管冷；国有企业热，民营企业冷；国开行热，其他行冷；律师咨询机构热，其他中介机构冷；中东部热，西北部冷；基础设施热，公共服务冷；大项目热，小项目冷；前期建设热，后期运营冷；融资方式热，治理改革冷。

（一）从政府层级来看，基本上是上热下冷

PPP工作原本主要是市级政府和企业之间的事情，但现在是上级政府比下级政府要着急得多，并且越往上越热，越往下越冷。中央政府又是派督查组，又是搞第三方评估，恨不得立竿见影，马上就看到成效。然而基层政府却由于种种原因想热热不起来，一是政府层级过多，中央精神至少要经过三层解读之后才能够到达基层政府；二是中央部门之间政策不协调，作为执行者的地方政府往往不知所措；三是地方政府缺乏相关人才和运作经验，难以支撑PPP工作的全面展开，因此热情程度大打折扣。

（二）从中央部门来看，基本上是发改财政部门热，行业主管部门冷

在中央政府明确表示大力推广PPP模式之后，国家发改委和财政部积极响应，先后以“指导意见”“实施意见”和“通知”等形式，或单独或

---

① 本文是在2015年国务院发展研究中心受国务院委托对PPP进行第3方评估后由笔者写作的一篇文章。

联合下发了多项政策文件。此外，国家发改委和财政部还各自建立了项目库或推出示范项目，其中，国家发改委首批公布的PPP项目库涉及1043个项目，投资规模达1.97万亿元；财政部推出的首批示范项目30个，投资规模约1800亿元。

然而，与此相对照的是，各行业主管部门对PPP的反应则较为冷淡。目前只有人民银行等少数部门与发改委或财政部联合发布了鼓励引导社会资本进入相关行业的政策文件，但基本上只是些原则性意见，至今尚未有其他部委单独下发过针对PPP的具有改革意义或操作性质的指导性文件。

一些主管部门对PPP相对冷淡，根本原因还在于部门利益，其中较为突出的一项是人事制度。如果在自己主管的领域引入了社会资本以后，主管部门就会丧失对这些下属企事业单位主要负责人的人事任命权，进而使得主管部门无法再继续向下属单位派遣“空降干部”，从而堵了系统内人事升迁、流动的渠道。

（三）从企业来看，基本上是国企热，民企冷

目前，在各地推出的PPP项目中，作为“社会资本”参与PPP项目的代表方基本上还是中央国企、地方国企和融资平台，真正的纯民营资本实际上寥寥无几。可以说，在中国PPP模式中的第二个P基本上都是假民营、真国企。

形成这一局面的原因十分复杂。首先，从地方政府角度来看，一方面地方政府与民营企业合作最担心的是政治风险，在项目价值难以确定的情况下，极易遭受“国有资产流失”的谴责和批评，同时还要承担被审计、反腐部门追查的风险，因此目前地方政府更愿意与国有企业合作，至少用不着担心所谓“国有资产流失”等问题；另一方面，地方政府对民营企业缺乏必要的信任，也缺乏一定的手段对民营企业进行有效控制。

其次，从国有企业角度来看，一方面，就地位而言，目前只有国有企业，尤其是央企才能够与地方政府平起平坐，实现对等谈判；另一方面，

在大力反腐的背景下，与地方政府合作不存在政治风险，如能与地方政府签订兜底协议或回购协议的话也不会存在经营风险。

最后，从民营企业角度来看，一是担心地方政府信用问题。以往民营企业在参与类似的 PPP 项目时，地方政府不讲信用，单方面撕毁或修改合同以及拖欠资金等问题比比皆是，地方政府的失信行为导致政府信用早已严重透支，失去了民营企业的信赖。二是国企与民企存在着严重的不平等现象，民营企业的融资成本显著高于国有企业；同时在土地政策方面，对民企的限制和审批环节也显著多于国企；三是在国有企业仍然大量分布在竞争性领域"挣大钱"、与民争利的情况下，要想让民营企业进入到薄利、微利甚至是无利可图的准公益性公共服务领域里来"做贡献"，显然是政府的一厢情愿、自作聪明。

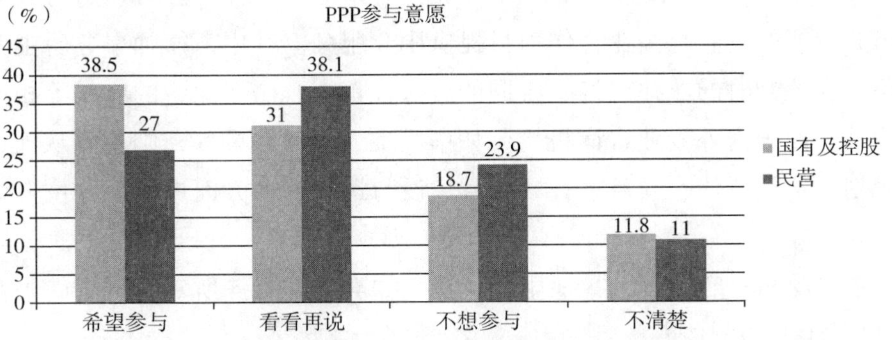

图 1　国企和民企对 PPP 参与意愿的调查

（四）从金融机构来看，基本上是国开行热，其他行冷

一方面，国开行热，主要是由于相关文件出台以后，国开行也面临着转型问题，过去主要依靠对地方融资平台贷款的模式已经难以为继，有消息称，根据住建部、国家开发银行部署[①]，2016 年将停止"三个统一"（统一评级、统一授信、统借统还）的贷款[②]，因此国开行必须加快找到新的

① 《长沙明年将加大棚改服务资金支持力度》，载于《潇湘晨报》，2015年11月6日。

② 但由于经济下行，后未能落实。

放贷方向和经营模式。于是，国开行各地分行为了找到新的出路，纷纷与地方政府展开合作，或签署 PPP 项目授信协议，或提供资本金直接入股，或帮助地方政府建立 PPP 引导基金或专项投资基金。

然而与国开行的积极参与形成鲜明对照的是，其他金融机构尤其是商业银行对 PPP 的热情并不高。一些商业银行仅对存量项目进行续贷，而对新建项目基本上不予提供融资支持。其原因之一在于银行监管部门至今尚未出台任何支持 PPP 的相关政策，导致商业银行面临较大的政策性风险，因而不敢轻举妄动。

（五）从中介机构来看，基本上是律师、咨询机构热，其他中介机构冷

自 2003 年左右起，中国就有一批律师事务所和咨询公司开始为具有 PPP 特征的政府与企业合作项目提供中介服务。其中，律师事务所主要集中在谈判时的法律咨询、合同的合法性审查、法律纠纷的应对等相关领域；而国内外专业咨询机构，如毕马威、大岳咨询等，则主要从项目规划、项目评估、项目审查、项目建设与运营等各方面提供全方位咨询服务。

与此相对照的是，其他中介机构，如会计师事务所等，至今尚未在 PPP 项目中发挥应有作用。

（六）从地区来看，大体上是中东部地区热，西北部地区冷

当前，就 PPP 而言，地区分布极不均衡，明显存在着中东部热，西北部冷的格局。一方面，从政策法规出台的情况来看，大多数中东部省份的地方政府已经出台“指导意见”或“实施意见”等政策措施，同时各行业主管部门也积极参与 PPP 相关的政策法规的制定，不少部门已经公布本省的 PPP 实施意见；反观西北部地区，多数省份对 PPP 的理解尚处于初级阶段，政策法规大多仍处于研究阶段。

另一方面，从项目库建设和示范项目的推广来看，财政部首批 30 个

项目中，仅有贵州、重庆和陕西三个西部省份的3个项目被纳入示范项目中，而发改委1043个项目中绝大多数项目都在中东部。

导致这一结果的主要原因有：一方面，中东部地区经济规模、政府财政状况、市场化程度等方面相对较好，社会资本的实力比较强；与之相比，西北部地区地方政府财力不足，更多依靠中央政府转移支付；市场化程度较低，社会资本的实力不足。另一方面，PPP模式本身和发行地方债一样，存在明显的“马太效应”，即强者愈强、弱者愈弱，因此不利于缩小地区差距。由此可见，西北部地区的基础设施建设可能需要更多地依靠政策性银行的资金扶持和中央政府的转移支付。

（七）从项目领域来看，大体上是基础设施热，公共服务冷

无论是中央还是地方政府，在已推介的PPP项目中，绝大多数仍然是基础设施建设项目，而公共服务领域的项目比例相对较低。从国家发改委PPP项目库领域分布来看，在1043个项目中，公共服务领域的项目仅有266个，约占全部项目总量的26%。从财政部推广的首批30个PPP示范项目来看，涉及医疗、教育、养老、环保四大需求的PPP项目仅有3个（环境综合治理2个、医疗1个），占比仅为10%。

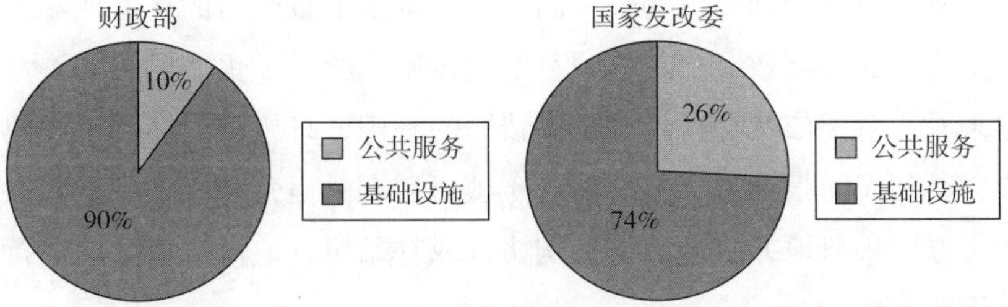

图2 发改委和财政部PPP项目构成

（八）从项目规模来看，大体上是大项目热，小项目冷

各级政府在筛选PPP项目时，存在重大型项目、轻小型项目的倾向。举例而言，在广东省PPP项目库中，158个项目的平均投资规模为21.4

亿元，其中低于1亿元投资规模的项目有40个，占全部投资项目总数的25.32%；低于5000万元投资规模的项目有19个，占全部投资项目总数的12.03%。在四川省，705个项目的平均投资规模为5.56亿元，其中低于1亿元投资规模的项目有273个，占全部投资项目总数的38.72%；低于5000万元投资规模的项目有166个，占全部投资项目总数的23.55%。

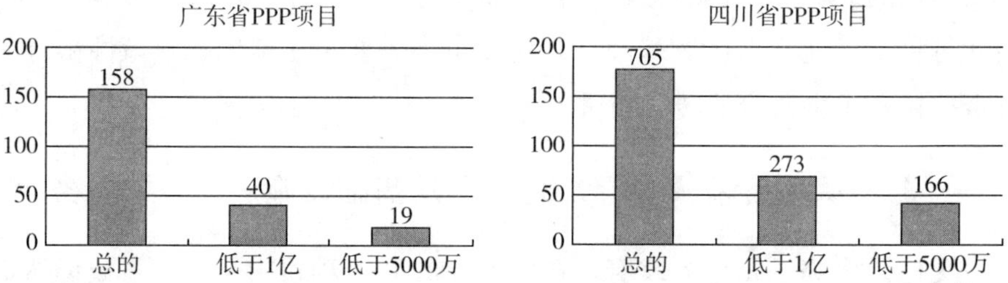

图3　广东省和四川省PPP项目规模

（九）从项目性质来看，大体上是前期建设热，后期运营冷

无论是地方政府还是社会资本，在参与PPP项目时仍然将重心放在项目的前期建设上，而对于PPP项目的后期运营则缺乏足够的兴趣。从地方政府来看，由于受到“稳增长”的压力，以及上级政府的任务摊派，因此只注重当前的短期效应，对于项目的建设施工给予了更多的关注。从社会资本来看，由于依然存在着“赚快钱”的心理，只想从前期的工程建设中尽快获得利润回报和现金流，而对于项目后期的运营和维护则不感兴趣，因此想方设法与地方政府签署回购协议或补贴协议，设法将后期运营风险转移给地方政府。

（十）从追求目标来看，融资方式热，治理改革冷

PPP的本质在于通过地方政府和社会资本的合作，增加公共产品和公共服务的供给，提高公共产品和公共服务的质量与效率，因此需要各级政府从各个方面来全方位推进治理体系改革和提高治理能力。

但是从目前情况看，大部分地方政府却仅仅把 PPP 视为一种新的融资模式，作为对地方融资平台的替代融资工具，而对于 PPP 在推动政府职能转变、改革政府治理体系、提高政府治理能力等方面的积极作用和重要意义缺乏足够的认识，只想“穿新鞋，走老路”，无心推进政府自身改革。

二、PPP冷热不均的深层次原因

当前中国在 PPP 领域存在着的“该热的不热，该冷的不冷”的冷热不均现象，从实地调研来看，至少与以下原因有关。

（一）组织结构扭曲

由于中央政府缺乏一套统一、高效的 PPP 组织管理架构，国家发改委和财政部都在试图主导 PPP 的推进工作，两部委频繁下达各自的红头文件，建立各自的 PPP 项目库，致使地方政府无所适从。

在省级政府，有的地方由发改部门主导，有的地方由财政部门主导，还有的地方尚不知所措，但从调研来看，多数省份是由财政系统主导。然而到了市级政府，PPP 的领导工作又大多回到了发改系统。

上下主管部门的不一致，造成了部门之间政策不一致，协调工作难度加大。

（二）追求目标错位

当前在推进 PPP 过程中，地方政府和社会资本在追求目标上存在着严重错位。

一方面，就地方政府财政状况而言，从地方政府来看，那些财政状况比较好的地方政府，对推进 PPP 项目的积极性不高；从企业方面来看则正好相反，只有财政状况较好的地方政府，企业才敢与之进行合作搞 PPP，否则就会敬而远之。

另一方面，就项目投资回报而言，从地方政府来看，对于那些投资回报快、回报率高的项目，地方政府大多不想放手，只想自己来做；而只有那些投资回报慢、回报率低的项目，地方政府才想采用PPP方式来吸引社会资本投资；而企业方面的想法则恰好相反，只有那些投资回报快、回报率高的项目，企业才会有积极性，否则就会敬而远之。

（三）基本理念缺失

导致PPP冷热不均的更深层次原因还在于PPP基本理念的严重缺失。PPP的基本理念强调“三大意识”，即平等意识、法治意识和契约意识。

首先，从平等意识来看，PPP的基本理念是公共部门的“第一个P”和私人部门的“第二个P”要能够平起平坐，平等参与；但现实情况是，目前只有行政等级更高的国有企业（主要是央企）才有可能与地方政府进行较为平等的谈判和合作，而地方国企以及其他社会资本在同地方政府谈判中处于相对弱势地位。

这里，特别需要指出的是，PPP与特许经营之间最大的不同点在于，PPP强调的是政府与企业的平等参与，而特许经营的基本理念依然是政府居高临下，我允许你干什么，你就只能干什么，因此处于不平等的地位。

其次，从法治意识来看，一方面，民营企业的领导多为终身制，要对项目长期负责；而地方政府的主要领导则存在着换届现象，因此民营企业大多担心地方政府换届以后“人走茶凉”，后任否定前任的决定。所以，推进PPP需要的是法治保障，而不是领导人的许诺。

另一方面，PPP究竟是适用于行政诉讼法，还是适用于一般商法或民事诉讼法，也是平等意识能否在法治领域得到体现的基本要求。

再次，从契约意识来看，在中国，由于长期实行计划经济，红头文件往往高于法律文件和契约合同。因此，地方政府常常以上级政府政策有变为理由而单方面终止合同或随意修改合同条款。

事实上，早在2008年国际金融危机以前，一些地方政府曾因资金不足而尝试采取PPP的模式开展基础设施建设，但在国际金融危机爆发以后，在“4万亿”的推动下，许多地方政府纷纷撕毁已经与社会资本达成的协议，转而采取地方融资平台方式直接从商业银行贷款建设这些项目，从而极大地损害了地方政府的信誉，成为今日民间资本对PPP项目态度冷淡的一个重要原因。

（四）投资回报错配

首先，在国有企业仍然大量存在于竞争性领域，继续与民争利、谋取暴利的情况下，试图让民间资本进入到薄利、微利甚至是无利可图的准公益性领域，纯属资本属性的严重错配，这恐怕是当前PPP推进效果不佳的根本原因之一。

其次，随着中国经济增速不断下行，投资回报率也已经由高回报转向低回报，前期盈利性较好且现金流充沛的项目已经基本完成，但由于社会资本对于高回报的期待仍然停留在高速增长时期，故而对盈利空间不大、回收周期较长、经济效益较低的准公益性项目积极性不高。

再次，当前中国的社会资本投资实际上大多依靠银行借贷，所谓“PPP”其实是“PPFP”，而目前企业在计算投资回报时，通常是在银行借贷利息之上进行“加点”，然而在融资价格“双轨制”的情况下，民营企业融资的成本要明显高于国有企业，因此，把以往的政府投资转变为PPP项目由民间资本进行融资时，融资成本就会出现不降反升的局面，导致民间资本积极性不高。

（五）风险分布错位

首先，按理说，政府投资使用的是纳税人的钱，因此必须严格审批；而民间投资则属于投资者自主决策，风险自担，因此在审批上应当予以放宽。但是在实际工作中，政府投资项目转为PPP项目之后，审批手续非但没有减少反而更加复杂，能否获得批准的不确定性非但没有降低反而更加增大。因此，审批风险的增大严重影响了社会资本参与PPP项目的积极性。

其次，PPP 的核心原则是风险共担，但在中国推进 PPP 的实际工作中，“风险共担”变成了“风险共推”。无论是政府还是企业，双方都想在推进 PPP 的过程中将风险转嫁给对方，政府方面推进 PPP 的基本想法是减轻政府债务风险；而企业方面则谋求通过政府回购、财政补贴等方式让政府对风险进行兜底。由于合作双方都不想承担风险，致使双方很难谈到一起。

再次，上下风险错位。由于中央与地方事权划分不合理，一些 PPP 项目往往是由地方政府与社会资本进行合作，但是定价权却掌握在中央政府主管部门手中，于是，中央政府的职能越位导致基层双方决策风险增大。例如，上届中央政府突然宣布节假日期间高速公路停止收费，就大大增加了基层的投资决策风险。

三、推行PPP的国际经验

首先，新加坡在推行 PPP 方面有四点经验值得我们借鉴。

第一，新加坡是先推行企业化，后推行 PPP。新加坡推行企业化大约是在 20 世纪 90 年代，而推行 PPP 是从 21 世纪初才开始启动的。20 世纪 90 年代，新加坡的公共部门经历了一场由 1987 年“公共部门投资撤出委员会”报告引发的企业化浪潮。当时，新加坡政府认为，无须公共部门参与的商业活动，政府都应当从中退出，以使私营部门能够成为增长动力，并希望通过私有化来拓宽与深化股票市场。在这场企业化浪潮中，新加坡的电信局、港务局、公共工程局等一大批政府法定机构实行了企业化。

第二，新加坡推行 PPP，引进私营部门的目的，不是因为财政拮据，而是希望提高效率。建国以后，由于实行严格的财政制度安排和一贯的审慎财政政策，新加坡的财政状况一直比较好。在推进 PPP 时，新加坡政府的目的并非为了减轻政府的财政负担，而是希望借助私营部门的专业知识、创新活力以及竞争优势来降低建设和运营成本，提高质量和效益。

第三，新加坡在推进 PPP 的过程中，政府部门与私营部门不是互相推诿风险、推卸责任，而是风险共担。私营部门承担的是项目的设计、建设、融资以及运营的风险，而政府部门则承担政治风险、政策风险以及监管风险。

第四，新加坡在推进 PPP 的同时，其发展重心逐渐从经济基础设施转向社会基础设施。目前，新加坡的经济发展支出占政府预算的比重仅为 12%，而社会发展支出则为 40% 以上；而在社会发展支出中，教育和医疗的占比高达 70%。

此外，日本在推行 PPP 方面也有值得我们借鉴的地方。日本推行 PPP 的目的，一是为了提高效率，二是为了防范风险，三是为了提高公众对于公共服务的满意度。日本政府利用 PPP 方式吸引民间企业参与公共服务设施的建设和运营，看重的不是民间企业的资金，而是民间企业的知识、技能和经验。相比之下，中国有关部门在推 PPP 时，发改委是为了稳增长、财政部是为了防风险，动机似乎不是十分正确。

四、部分政策建议

（一）宏观上，要处理好三大关系

一是处理好稳增长与促改革的关系。对 PPP 稳增长的作用不能期望过大，但是其对促改革的作用十分巨大，是全面深化改革的重要突破口。

二是处理好短期增长与长期发展的关系。对 PPP 的短期作用不能期望过大，但是 PPP 的长期影响将十分巨大，可以为中国经济的长期可持续发展打下良好基础。

三是处理好融资功能和政府治理的关系。对 PPP 的融资作用不能期望过大，但是 PPP 对于推进政府治理现代化的作用十分巨大。

因此，推进 PPP，既不能急于求成，也不能停滞不前，更不能知难而退。

（二）微观上，要把握好三个平衡

首先，中央政府要把握好“稳增长”与“防风险”之间的平衡。目前，发改部门着急推 PPP 为的是“稳增长”，财政部门着急推 PPP 为的是“防风险”。一个优先考虑的是分母，是 GDP；一个优先考虑的是分子，是债务。

推进 PPP，一方面可以在减轻地方政府债务风险的同时，在一定程度上促进经济的长期发展；但是另一方面，如果在推进过程中操之过急，不顾实际情况去“逼婚”，尤其是如果政府依然控制着服务对象（比如说国有企业）和服务价格的话，就有可能形成新的隐性债务风险，对长期发展不利。

其次，地方政府要把握好投资者与老百姓之间的平衡，既要给投资者提供合理的盈利空间，又不能将成本过度转嫁给老百姓，在二者之间要达到合理的利益平衡，实现互利共赢。

再次，社会资本要把握好收益性和公益性之间的平衡，既要保证合理的投资回报，又不能试图谋取暴利从而影响到项目的公益性。

最后，金融机构要把握好传统模式与金融创新之间的平衡。金融机构既不能在原有的融资模式上故步自封，也不能盲目去搞所谓的“金融创新”而加大未来的风险；金融机构要积极稳妥地为各类 PPP 项目提供更加优质、更加便捷和更加安全的融资服务。

（三）观念上，要强调三大意识

推进 PPP 首先必须建立平等意识，要求政府与企业建立平等关系，平起平坐。政府方面不得居高临下，更不能过分强调政府的“特许权”而无视企业的“经营权”。政府在 PPP 项目的全过程中要做到公平、公正、公开，要建立透明的项目信息平台以及规范的竞争机制。

其次，推进 PPP 必须加强法治意识，要通过加快立法、坚定执法来规范政府与企业双方的行为，明确双方的权利义务，保障双方的合理诉求。

最后，推进 PPP 必须强化契约意识，政府与企业在签约前可以认真商议，反复修改，不必急于求成；但是一旦合同签署，无论是政府方面还是企业方面，都必须严格遵守，不得随意撕毁和单方面修改合同。

（四）组织上，要明确牵头单位

为了解决好发改部门与财政部门在 PPP 问题上的部门之争，至少有三种方案可供领导选择。

第一种方案，考虑到推进PPP不是一项简单的融资模式问题，而是全面的政府治理改革，因此，理应由国务院总理或主管副总理牵头，成立一个跨部门并有独立学者参与的PPP委员会，实行科学决策，排除部门利益。

第二种方案，考虑到PPP的主要实施者是地方政府，中央政府的主要责任就是推动统一立法，因此，最理想的方案是在全国人大设立一个PPP立法委员会，加快推进PPP立法进程，其余具体工作交由地方政府自主决策。

第三种方案，如果改革实在困难重重，前两个方案都做不到，必须由某一个现有部门（国家发改委或财政部）单独牵头的话，那么至少也要实行部门领导交叉换位（这是新加坡的经验），以此来克服部门利益的干扰。

（五）环境上，要加快国企改革

为了更好地推进PPP，吸引更多的民间资本，一个必要条件就是所有国有企业都必须尽快退出竞争性领域。如果国有企业仍然在竞争性领域与民争利的话，那么，让民间资本进入薄利、微利甚至是无利的准公益性领域和PPP项目，就只能是不切实际的幻想，只能是政府一厢情愿，就不会取得实质性进展。

附件3-4　财税改革的基本思路："小四位一体"方案与"大四位一体"方案①

一、"小四位一体"财税改革方案建议

当前，随着"营改增"的推进，由于中央政府拿走一部分，给企业减税减掉一部分，又因经济增速放缓再减少一部分，因此地方政府的自主财源将大幅减少，在地方政府债务已经不堪重负的情况下，地方政府的自主财源如果进一步减少，势必将严重影响地方财政的可持续性和地方政府的财政基础以及基层社会的稳定。因此，我国财税体制改革已经到了刻不容缓的地步，必须想方设法尽快增加地方政府自主财源，健全地方税制体系。

但是，从地方财政收入的角度看，仅仅进行财税体制改革还不够，还必须改革现有的转移支付制度，以便使地方政府能够公平、透明地得到来自上级政府的纵向转移支付，以及来自其他地方政府的横向转移支付，尤其是要让地方政府能够更多地获得拥有更大自主决策权的一般性转移支付。

然而，即使是解决了地方政府的自主财源以及转移支付收入问题，地方财政仍然有可能入不敷出，再加上推进城市化往往需要基础设施建设先行，因而迫使地方政府不得不进行举债融资。为此，规范地方政府举债融资机制、全面推开地方政府自主发债也已势在必行。

除了发行地方债等直接融资手段之外，还必须考虑银行贷款等间接融资方式，因此，如何强化地方政府融资平台的自我约束机制也必须加以统筹考虑。

由此可见，从地方财源的角度来看，财税改革不能单打一，而必须将上述四个方面统筹规划，实行"地方税制健全化、转移支付透明化、地方发债

---

① 本文为2012年十八届三中全会前提交给金融40人论坛的一份政策建议。

市场化、地方平台规范化”这样一种“小四位一体”的财税配套改革措施。

二、“大四位一体”财税改革方案建议

之所以将上述措施称之为“小四位一体”改革，是因为仅有这四项改革措施还不够。因为如果按照财税改革的一般规律，应当是先分事权，再分财权。1994年分税制改革取得了巨大成就，但美中不足的是，在划分财权之前，由于时间紧迫、认识不足等原因，没有来得及调整事权，结果导致实行分税制以后，事权层层下放，财权层层上收，地方财政不堪重负。所以，在实行财税改革之前，还必须尽快重新划分事权，分清各级政府之间支出责任。

但是，要重新划分事权就会面临一个十分棘手的现实问题：究竟是按照我国现行五级政府的组织架构来划分，还是按照国际上通行的三级政府组织架构去划分？如果按照现行五级政府架构划分，一则会困难重重，二则会交叉重叠，三则将来迟早还得进行再改革，弄得不好就会形成反复折腾的被动局面。因此，与其如此，不如此次改革一步到位，直接按照三级政府的组织架构划清政府间事权与支出责任。

如果是这样的话，那又必须首先压缩政府层级。一方面，应加快推进省直管县进程，实现财政、行政、人事三重体制并轨；另一方面，要将乡镇政府尽快转变为县政府的派出机构，以减少基层政府层级。

但是，如果实现了政府层级的“扁平化”之后，又会出现省级政府权力过度集中、管理幅度过宽的问题，为避免这种现象就必须重新调整行政区划，将省级政府的管辖范围适当缩小，办法之一是设立直辖市。

由此可见，要想真正解决好中央与地方关系，就必须实行“压缩政府层级，调整行政区划，划分政府事权，健全财税体制”，这样一种“大四位一体”改革，否则的话，财税改革将有可能顾此失彼、半途而废。

第四章

金融改革：三大基础性改革

第一节　中国金融改革的回顾与反思

一、问题的提出

客观地讲，相比较而言，上届政府时期（2003 ~ 2012 年），中国金融领域的发展是最快的，无论是从金融机构数量上看（见图 4–1），还是从金融业从业人员数量上看（见图 4–2），或是从金融机构资产规模上看（见图 4–3），中国金融业都实现了快速发展。

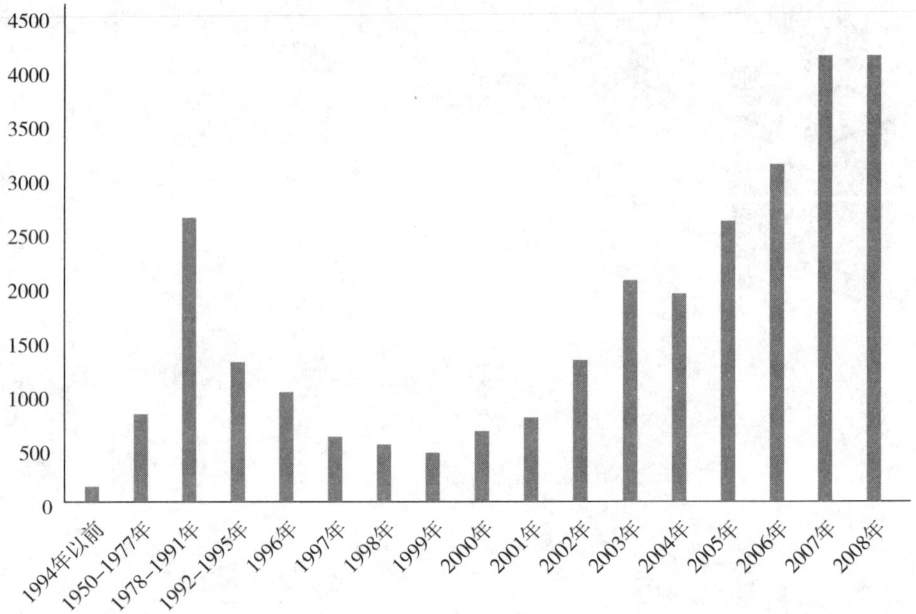

图 4-1　金融机构数量

资料来源：《中国经济普查年鉴 2008》，作者制图。

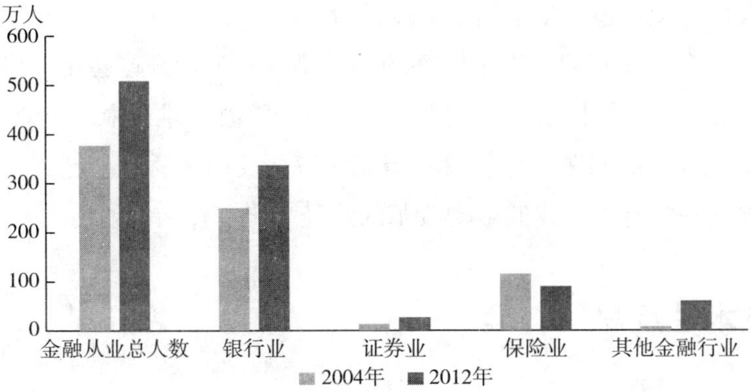

图 4-2　金融从业人数

数据来源：《中国经济普查年鉴 2004》、中国统计年鉴、Wind 数据库，作者制图。

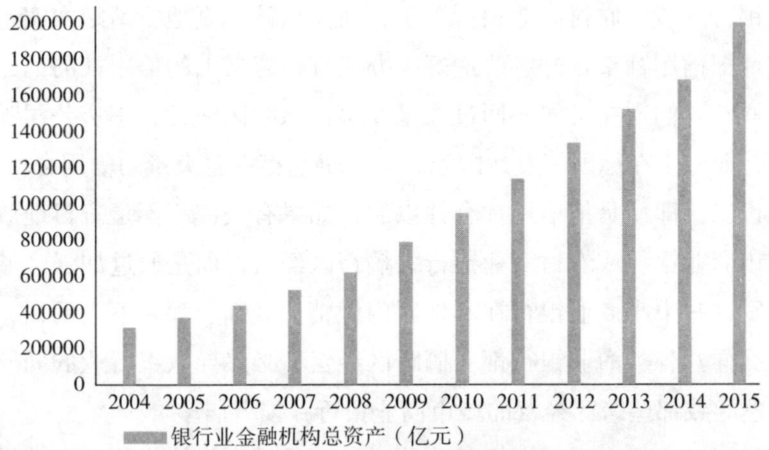

图 4-3　银行业金融机构总资产

数据来源：银监会。

究其原因，主要是相对于其他领域改革放缓或停滞而言，这十年间，中国金融领域的改革还是做事最多、步伐最快的，包括银行业监督管理委员会的成立使得中国银行业监管水平得到了飞跃式提高，国有银行的改制上市使得中国银行业的经营管理水平得到了飞跃式发展。尤其值得一提的是，无论是金融业还是监管部门，都吸引了一大批优秀的海内外金融人才，对此，我们必须实事求是地给予高度评价。

但是，有一个我们不得不回答的问题是——为什么这些年，尽管中国金融业发展很快，规模也越来越大，可实体经济融资难、中小企业融资难、科技创新融资难的问题，非但没有得到缓解，反而矛盾越来越突出，呼声越来越强烈——是不是我们金融改革的路径上出了什么问题？

二、技术性反思

作为对金融改革的技术性反思，我们不妨先做几个假设。

假设一：如果当初我们不是大规模地将信用合作社统统合并（合并之初还叫作“城市合作银行”或“农村合作银行”，后来干脆直接改名为“城市商业银行”或“农村商业银行”），而是认认真真地、踏踏实实地、一家一家地把信用社整顿好、改造好，办成真正意义上的信用社的话，情况又会怎样？我们现在又何必回过头来要搞什么社区银行、小贷公司呢？众所周知，即使是在德国等发达国家，至今仍然存在着大量的信用合作社。

假设二：即使是把信用社合并以后，如果有关部门不是盲目地放任和鼓励城市商业银行或农村商业银行去搞跨区经营，而是通过加强区域内竞争，鼓励这些中小商业银行在本地区内做精、做细、深入下去的话，情况又会怎么样？各类商业银行都去搞跨区经营，必然导致银行业的同质化竞争，必然导致那些跨区经营的城市商业银行亏损者居多。

假设三：如果大型国有银行改革时，不是采取整体改革上市、做大做强的方案，而是选择另外一种方案——对国有银行进行分拆改制的话，情况又会怎样？整体改制上市的结果，必然导致这些商业银行为了防范风险而上收贷款审批权，上收以后只能搞大额授信，只好贷款给国有企业、贷款给政府平台、贷款给大型房地产商，从而在客观上为“国进民退”和房地产泡沫提供融资支持。

假设四：如果当初在化解金融风险的时候，不是依靠各级政府对各类金融机构进行注资，解决不良资产问题，而是对民间资本放开市场准入，鼓励民间资本进入银行业，用特许权换不良资产的话，情况又会怎么样？民间资本进入银行业，自然会增加对民营中小企业的贷款。而各级政府资本进入商业银行，必然会通过控股金融机构，控制金融机构高管任免，进而指示这些金融机构贷款给政府指定的项目，使国有银行变成国有企业和各级政府的“提款机”，从而形成国有资本的“关联交易”，导致不良资产再度上升。

假设五：如果当初不是把政府的资金用来救助一家一家的金融机构，而是拿来建立起存款保险制度，为商业银行提供平等的竞争环境和金融安全网的话，情况又会怎样？如果有了存款保险制度，金融监管部门还有必要花那么大的精力去“防范金融风险”吗？金融监管部门还能够以“防范金融风险”为借口，对金融机构的微观经营行为进行大量的行政干预吗？

需要强调的是，我们并不是要鞭打快牛，而只是想在充分肯定金融改革大方向的基础上，进行一些技术性反思，提出一些建设性意见。我们认为，出现上述问题，并不是因为我们的金融改革方向不对，而恰恰是由于我们在推进这些金融改革时，思想还不够解放，胆子还不够大，步伐还不够快，还需要进一步解放思想。

有一些专家指责称，在这一轮金融改革时，在国有商业银行改制上市过程中，有多少外国资本趁机而入，作为战略投资者或财务投资人“以极低的价格”参与股改过程，然后通过股市变现套利，造成中国金融领域损失超万亿元（郎咸平，张宏良，2008[①]；吴念鲁，2005[②]），并就此指责中国金融当局的“卖国行为”。

笔者想指出的是，这些人所阐述的现象的确客观存在，但是原因恐怕正好相反。为了说明这一点，我们有必要认真回顾一下，这些外资究竟是如何进来参与中国国有商业银行股份制改革的？

首先，国有商业银行改制是在什么样的条件下展开的？众所周知，那是在国有商业银行已经到了“技术性破产”的地步不得不进行的。在这种条件

① 张宏良：《中国银行已成为外资超级提款机》，2008年。

② “有专家对国有银行吸引外资模式表示担忧”，载于《中国证券报》，2005年09月23日。http://finance.sina.com.cn/bank/plyj/20050923/08111993020.shtml。

下，这些国有商业银行即使想改制上市，会有人购买你的股票吗？会有人向你注资吗？显然不会。正是由于有了这些世界上著名的外资金融机构带头以战略投资者或财务投资人的身份积极参与中国国有商业银行的改制上市过程，起到了增信的作用，这些国有商业银行的改制上市才得以顺利进行，股票价格才得以不断升值，也才有了其后这些外资"变现套利"的可能。

其次，这些以逐利为目的的外资机构为什么会愿意注资进来帮助中国的国有商业银行改制上市呢？原因在于当时我们的金融当局一再跟人家讲：我们的商业银行要从此"脱胎换骨"，不再有行政级别，不再搞行政任命，而是要按照国际惯例，从经理人市场聘请银行高管，聘请独立董事等等，……于是外资进来了，我们的国有商业银行改制上市取得了巨大成功。

再次，可为什么这些外资机构后来又纷纷撤资了呢？为什么又都去"变现套利"了呢？而且是在国际金融危机期间，是在中国经济"一枝独秀"的时候，是在中国银行业被批评为"牟取暴利""赚钱都赚得不好意思公布"[①]的时候？作为"贪婪的资本家"，这么做似乎不合情理呀？！所以说，原因恐怕不在外资方面，而是我们自己出了问题、有了变化——是我们的国有金融机构又相继恢复了行政级别；是我们的国有金融机构的高管非但不是从经理人市场去聘请，而且变成了组织部门任命；是我们的"独立董事"实际上成了"花瓶"摆设；是我们的国有商业银行的贷款又大量流向了国有企业、地方平台、房地产商……那些游走世界、身经百战、经历过无数次金融危机的外资机构们能不提前撤出吗？难道还要再等到国有金融机构的不良资产再次暴露之后才走人？！

最后，从近年来中国国有商业银行不良资产（余额和比重）"双降"变"双升"的趋势逆转来看，我们不得不佩服这些外资机构，真的是"先知先觉"，实在是太聪明了！如果当初他们不"见好就收"的话，今天再走恐怕就赚不了那么大的"暴利"了，"郎咸平们"也就无法指责他们了。

众所周知，即使是整体改制上市的方案，在当时也是顶着巨大的压力才

---

① 民生银行行长洪崎在2011环球企业家高峰论坛发言称"企业利润那么低，银行利润那么高，所以我们有时候利润太高了，有时候自己都不好意思公布"。

得以推动的，所以我们不能苛求当时推动此项改革的领导者，更不能违反客观事实去指责为中国金融改革做出过巨大贡献的中国领导人和外国投资者。

如果在反思中我们能够得到什么启示的话，那就是我们的金融机构改革之所以不能够胆子再大一些、步伐再快一些，恐怕与我们国家的金融安全网还不够健全有着一定的关系，这也是接下来要分析的主要内容。

第二节　金融危机与金融安全网

回顾历史不难发现，金融理论的演变似乎与金融危机之间存在着某种联系。梳理这些联系有助于更好地认识金融危机的成因和找出防范措施。而金融安全网理论的提出，对于防范金融危机至关重要。金融安全网存在漏洞是 2008 年国际金融危机的重要原因之一。建立健全金融安全网是我国十三五时期金融改革的主要任务之一，而建立健全国际金融安全网将是未来国际金融体系改革的主要议程。

一、金融危机与金融理论变迁

（一）金融压制与强化政府作用

20 世纪 60 年代，美国学者肖（E.S.Shaw）和麦金农（R.I.Mckinnon）经研究发现，导致发展中国家经济落后的主要原因是这些国家在经济发展过程中普遍存在着“金融压制”现象。

所谓“金融压制”，简而言之就是过分强调政府作用，过度左倾。其主要特点：一个是严格限制市场准入，实际上是由国有大型金融机构实行垄断经营，不允许民间资本进入金融领域；另一个是将实际利率压低为负值，即名义利率低于通货膨胀率。通过这两项措施，将资金以负利率的形式贷款给政府指定的项目。

“金融压制”的主要弊病是，政府对于金融市场的价格和数量进行严格管制，其结果妨碍了金融市场的资源配置效率，金融资源被以优惠价格（即负利率）配置到了低效率的部门，导致低效率部门的投资冲动和高效率部门的资金匮乏，从而阻碍了整个经济的发展；并且负利率还会加剧通货膨胀，从而带来宏观经济的不稳定。

（二）金融深化与强化市场作用

于是，肖和麦金农提出了“金融深化”“金融自由化”的主张，实际上是向右转，强调市场的作用。其核心思想：一个是放开市场准入，鼓励金融机构充分竞争；再一个就是放开利率管制，使得金融资源能够根据利率水平的高低更多地配置到高效率的部门。

“金融深化”理论提出以后，一些发展中国家纷纷推行金融自由化，放开市场准入和利率管制。但其后不久，一些实行了金融自由化的发展中国家开始接连爆发金融危机。于是，人们对金融自由化的理论提出了质疑和挑战，甚至有人将金融危机的原因归罪于金融自由化。对此，麦金农的答复是，发展中国家爆发金融危机并不是金融自由化本身造成的，而是由于金融自由化的顺序有误。

（三）金融约束论与回归政府作用

与此同时，赫尔曼（T.Hellman）、穆尔多克（K.Murdock）、斯蒂格利茨（J.E.Stiglitz）以及青木昌彦（Masahi ko Aoki）等人于20世纪90年代中期提出了一个新的理论——“金融约束论”，实际上是向左转，重新强调政府的作用，但并不是完全回到严格的“金融压制”上去。

“金融约束论”的提出，一方面源于对发展中国家金融自由化后爆发金融危机的反思和质疑；另一方面则是对“东亚奇迹”的经验总结。斯蒂格利茨等人认为，只要条件具备，政府进行适当的“金融压制”就会自动转换为“金融约束”。

"金融约束论"有两个前提条件：一个是稳定的宏观经济环境，再一个就是水平较低且可以预测的通货膨胀率。"金融约束论"的核心思想：一个是"适当地"限制市场准入，使得金融机构拥有"特许权价值"；另一个是"适度地"限制利率水平，但仍保持在正利率的水平。总之，"金融约束"的本质就是政府通过一系列金融政策，在民间部门创造租金，并且由银行和企业来分享这些租金。

青木昌彦认为，亚洲新兴工业化国家和地区持续的经济高速增长来自于政府对市场的有效干预，通过适度的价格控制和行业准入限制，政府就可以把有限资源配置到最有效率的地方去。

但是，"金融约束论"提出以后，有专家曾提出质疑，认为"金融约束论"实际上隐含了几个假设条件。第一个假设条件是：政府是无私的、有效率的，只追求社会福利的最大化，因此总可以把社会资源配置到最急需、效率最高的地方；第二个假设条件是：银行是公正的，在收到租金之后，会主动与企业分享租金；第三个假设条件是：能够与银行分享租金的企业一定是最有效率的企业。但经过观察发现，事实正好相反。首先，政府是由一个个公务员、理性人所组成，政府部门也有自己的部门利益，也存在着"政府失灵"；其次，银行是自私的，总是希望最大限度地独享这部分租金；最后，即使是银行能够和企业分享租金，但是由政府指定的企业未必是效率最高的企业。

（四）有效市场说与金融创新潮

"金融约束论"的提出主要是依据东亚国家和地区的经验。但是，"金融约束论"提出后不久就爆发了 1997 年亚洲金融危机。经过一段时间的讨论，主流观点认为，亚洲金融危机的根本原因是东亚国家和地区的政府作用过强，政府对金融市场的干预过度。其实，在危机前克鲁格曼（P.R.Krugman）就曾经指出，东亚国家主要是依靠高投入而非提高效率来实现高速增长的，因此是不可持续的。

后来，有效市场假说开始广泛流行，尤其是在发达国家，理论思潮又开始向右转，再次强调市场作用，反对政府对金融创新和金融衍生产品进行监管，还有一个特点就是用数学公式和“金融工程”替代金融风险控制。

但是，2008年国际金融危机的爆发，再次对市场作用提出了怀疑，主流观点认为，正是“市场失灵”导致了2008年的国际金融危机，一些人指责金融创新过度、金融监管缺位以及金融机构高管高薪等问题诱发了此次危机，因而主张向左转的思潮似乎占了上风，重新强调政府作用，要求加强政府监管。

（五）新的假说——金融安全网理论

纵观历史，横看现实，我们认为，导致上述各类金融危机的一个共同原因就是金融安全网的不健全。

首先，发展中国家在金融自由化的过程中，由于没有能够建立起金融安全网，比如金融监管体系不健全、中央银行缺乏应有的独立性以及缺乏存款保险制度等，从而导致金融危机的爆发。

其次，1997年亚洲金融危机的爆发主要是东亚新兴经济体的政府职能错位造成的。东亚新兴经济体的政府更多地替代市场进行资源配置，而没有把金融安全网建设好。比如说，东亚国家和地区的中央银行普遍缺乏独立性，过度依附于政府；金融监管体制不健全，监管不到位；存款保险制度建设相对滞后。

最后，发达国家爆发此次2008年国际金融危机，其重要原因之一也是由于在金融创新过程中没有能够及时调整、健全金融安全网，金融安全网存在诸多漏洞。比如说，美国的分业监管体制存在着明显的监管漏洞。

总之，一个基本结论就是：无论是发展中国家还是发达国家，无论是西方国家还是东亚国家，都必须加强金融安全网的建设，强化金融安全网的功能。只有这样，金融机构的市场准入才可以放宽，才能有更多的金融机构进来，提供更多的金融服务。也就是说，政府要做政府的事，市场要做市场的事。政府把金融安全网建设好，金融市场就可以自由运行。这就好像杂技表演一样，只有有了安全网以后，运动员们才可以放手表演。

二、金融安全网的定义

狭义的金融安全网就是指存款保险制度。广义的金融安全网则包括了金融机构的内控制度、外部的审慎监管，甚至还包括了政府的危机救助。而金融安全网的核心内容是三大支柱，或曰三大防线。

首先，第一支柱是外部的审慎监管功能。其目的是维护信用秩序；其主要任务是制订游戏规则，然后监管金融机构是否违规；其手段是现场检查和非现场检查等。从趋势来看，银行、证券、保险等金融监管的一体化似乎势在必行。

其次，第二支柱是中央银行的最后贷款人功能。其目的是防范系统性风险，维护金融市场稳定；其主要任务是解决金融机构的流动性问题；其政策手段主要是再贷款等货币政策；其大趋势一个是加强中央银行的独立性；另一个是使宏观的货币政策与微观的银行监管相分离。

最后，第三支柱是存款保险制度。其目的是保护中小存款人的利益；其主要任务有“付款箱”功能、金融机构重组功能等；其手段是“限额保险”。从发展趋势来看，其覆盖面正在日益扩大，除了存款保险以外，还有证券投资者保护基金、保险保障基金等。

三、从金融安全网角度看2008年国际金融危机

观察此次2008年国际金融危机可以有多种角度，从而得出不同的结论。这里，仅从金融安全网的角度来分析，似乎可以看到以下情况。

（一）关于美国次贷危机

此次危机从美国次贷危机升级到国际金融危机，究其原因，从金融安全网的角度来看，可以发现美国的金融安全网存在明显漏洞。

1. 关于第一支柱

首先，与各国相比，由于不断地“打补丁”，以致于美国的金融监管

体系可能是世界上最为复杂的模式之一，实行所谓“双层多元”模式，即在联邦一级有联邦储备体系、货币监理署、联邦存款保险机构、证券交易委员会等；但却没有全国性的保险监管机构。而在州一级，又有州银行监管委员会、保险监管委员会等。体制错综复杂，既存在重复监管，又存在监管漏洞。其次，美联储身兼二职，既掌管宏观货币政策又负责部分银行的微观监管职责，容易导致二者的同步震荡。最后，近年来，尽管美国混业经营的趋势日益明显，但是其金融监管体制并未及时做出相应调整，导致金融监管出现漏洞。

2. 关于第二支柱

进入21世纪以来，美联储的独立性被明显削弱，2000年IT泡沫破裂以后，美联储实行过度宽松的货币政策，成为美国政府实现“居者有其屋”社会政策的一个工具，结果制造了巨大的房地产泡沫。美国次贷危机爆发以来，美联储的独立性非但没有加强，反而更加弱化，其失衡的货币政策所潜伏的隐患将在今后逐步显现。

3. 关于第三支柱

应当承认，如果没有美国联邦存款保险制度的存在，美国的这场金融危机还不知道会演变成什么样子。但是也应当看到，美国的存款保险制度保护的只是银行存款，没有覆盖到证券、保险等非银行金融机构，导致一些投资银行、保险公司等金融机构出现了“交易对手挤提”“退保”等现象，并因此而出现集中倒闭事件，引起金融市场震荡。

（二）关于国际金融危机

此次金融危机，从美国次贷危机迅速演变成国际金融危机，从金融安全网的角度来看，可以说，主要是由于国际金融安全网几乎不存在。

1. 在第一支柱上，明显缺乏一个强有力的国际金融监管机构

目前，虽有国际清算银行（Bank for International Settlements，BIS）及

巴塞尔银行监管委员会（Basel Committee on Banking Supervision，BCBS）、国际证券事务监察委员会（International Organization of Securities Commission，IOSCO）、国际保险监管协会（International Association of Insurance Supervisors，IAIS）及联合论坛（The Joint Forum）[①]等，但大都为协会性质或论坛性质的机构，而非实质性的跨国综合监管机构。

2. 在第二支柱上，最后贷款人功能不健全，国际货币体系存在明显缺陷

第二次世界大战后初期实行的布雷顿森林体系，虽然由美元主导，但是有35美元兑换一盎司黄金作为约束条件，美元尚不能任意发行。20世纪70年代，布雷顿森林体系瓦解，对美元的约束条件消失，但是美元的主导地位依然存在，于是就出现了美元作为主要储备货币，可以任意发行却不受任何约束的奇怪局面。因此国际金融市场上缺少一个能够对国际储备货币进行有效约束的世界中央银行。

3. 在第三支柱上，此次国际金融危机以来，各国纷纷调整各自的存款保险限额，美国将其调高至25万美元，而有的国家干脆实行临时全额保险

各国各行其是，明显缺乏国际协调。甚至在一些国家，如美国，由于银行倒闭规模迅速扩大，导致存款保险机构资金捉襟见肘。此外，存款保险不能覆盖至所有证券、保险等其他投资者，这也是此次金融危机迅速蔓延的一个重要原因。

四、从金融安全网角度看未来国际金融体系改革方向

目前，围绕着国际金融体系改革的话题，众说纷纭。但如以金融安全

① 1993年初，巴塞尔银行监管委员会、国际证监会组织和国际保险监督官协会成立了一个三方小组，主要研究对大型多元化金融集团的监管问题。1996年，3家国际监管组织建立了联合论坛（The Joint Forum），就金融集团的监管提出意见。

网（三大支柱）的理论框架作为分析工具，我们就不难找出正确的方向。

（一）关于第一支柱：成立国际性综合监管机构

从国际金融监管体系的角度来看，应当推动金融审慎监管的国际协调，早日成立一个能够肩负起跨国、跨金融业态的国际性综合监管机构。最近的一个趋势是，国际社会在努力强化金融稳定理事会（Financial Stability Board，FSB）[①]的作用，但能否最终发展成为跨国、跨金融业态的国际性金融综合监管机构还需世界各国达成共识并付出艰辛努力。而我个人认为，国际清算银行（BIS）可能更适合于做国际金融监管协调者。

（二）关于第二支柱：成立世界性中央银行

从国际最后贷款人的角度来看，最理想的方案是成立世界性中央银行，发行统一的世界货币。但是从目前来看，这一方案尚路途遥远。作为过渡方案，可考虑以20国集团（G20）为中心，成立一个"国际中央银行"，在一定范围内对超主权货币进行超主权约束。但此种方案的功效有一定局限，只能在20国集团的范围内发挥主要作用。

作为现实可行的替代方案，可以将现有的国际货币基金组织（International Monetary Fund，IMF）改造成未来的"世界中央银行"，但条件是要增强中国等发展中国家的发言权和投票权。

（三）关于第三支柱：做实国际存款保险协会

从存款保险角度来看，应当将现有的国际存款保险协会做实，使之成为一个具有较强协调能力并具有一定资金实力的国际存款保险再保险机构。此外，还应当逐步督促各国将存款保险的保障范围拓展至证券、保险

---

① 1999年4月7大工业国（G7）在瑞士巴塞尔会议上决议成立金融稳定论坛（Financial Stability Forum），以加强金融监管方面讯息交流与合作，进而促进全球金融体系稳定。2009年4月，由于金融风暴重创全球经济，20国集团（G20）于伦敦高峰会上通过，将原金融稳定论坛改为金融稳定理事会（Financial Stability Board），其权责包括评估全球金融系统优缺、监督各国金融体系进行改革、促进各国政府交换相关讯息、建议并加强合作及为跨境风险管理制订解决方案等。

等非银行金融机构，形成一个全面覆盖各类投资者的投资者保障机制。

总而言之，只有将国际金融安全网尽快建立健全起来，才有可能有效防范各种金融危机，防范金融危机由一国的金融危机演变成国际性金融危机。

第三节 “十三五”时期金融改革重点：三大基础性改革

一、关于金融改革顺序之争

围绕着金融领域改革与开放之间的顺序究竟应当是先改革后开放，还是先开放后改革的问题，国内外学术界一直存在争议。麦金农的《金融自由化的顺序》一书，虽然明确阐述了作者自己的观点，但并未能平息这场争论。

如果从世界经济形势来看，当前发达国家经济普遍走弱，国际金融市场动荡不定，各国汇率此起彼伏，因此对中国来说正是推进人民币国际化的大好时机。但是，如果从国内金融体系状况来看，在金融机构改革尚未真正完成，利率汇率市场化随时存在逆转的可能，金融安全网存在诸多漏洞的条件下，过快推进人民币国际化，就必然要冒巨大的外部风险，也很难经得起国际金融市场动荡的冲击，搞得不好还会出现倒退局面，重新实行外汇管制或冻结利率汇率。

因此，从稳妥的角度来看，还是应当首先加快推进国内的金融改革，尤其是利率市场化、金融机构民营化以及金融安全网建设这三大基础性改革。这三项基本改革做不好或者不到位，其他方面的改革就无从谈起，即使勉强异军突起也会带来较大的风险，一旦发生危机，然后还会出现倒退，最后回到原点。

二、进一步完善和巩固利率市场化

实行利率市场化的理由有很多，其中最主要的有以下几点。

第一，实行利率市场化，有助于发挥金融市场配置资源的作用。因为利率管制会形成金融商品价格的扭曲，从而导致资本投入结构以及经济产业结构的扭曲，并造成不同经济成分之间经济关系的扭曲。

第二，实行利率市场化，实际上就是归还商业银行的自主定价权、归还银行客户的自主选择权，从而防止商业银行通过负利率来对存款人进行剥削和掠夺。

第三，实行利率市场化，有助于充分反映金融产品和金融服务的多样性、差异性，反映各自供求关系的变化，反映金融机构对风险的判断和定价，以便金融机构能够采取有效的风险控制措施。

第四，市场化的利率，作为货币政策的传导机制，有助于准确反映宏观调控的需求，完善货币政策的间接调控机制。

第五，实行利率市场化，还有助于促进商业银行之间的公平竞争，有助于中资商业银行在开放条件下提高自身的竞争力。

第六，实行利率市场化，也有助于解决中小企业融资难的问题。因为在利率管制条件下，贷款的名义利率虽低，但实际上根本到不了中小企业手里，受益者往往是国有企业或大型垄断企业，而后者往往通过影子银行的方式转贷给中小民营企业，从中赚取利差。

此外，实行利率市场化的紧迫性还在于，它可以减轻民间借贷的风险，防范资金的体外循环。因为当前民间借贷风险形成的原因之一就在于前一阶段货币紧缩的过程中，一方面不断提高存款准备金率，而另一方面又一直保持着负利率水平不变，价格扭曲的结果导致大量的资金从正规金融体系中流出，存款不断下降，流向民间借贷，从而形成民间借贷风险。

三、尽早推进商业银行民营化

（一）商业银行必须走民营化道路

然而实行利率市场化是有条件的，其必要条件之一就是要有一个公平的市场竞争环境，并且作为市场参与者的各个金融机构其财务约束要足够“硬”。否则，如果放开贷款利率，国有商业银行就会抵御不了来自各级政府和国有企业要求下调利率的压力；如果放开存款利率，就会出现银行“高息揽存”现象，先把利润赚了，奖金发了，等出了风险以后再交给国家兜底。

因此，必须深化银行业改革，改善治理结构，强化财务约束。为此，应当从两个方向入手，一是“民进”，推进民营化；二是“国退”，实行“去国有化”。

所谓“民进”，就是尽快降低市场准入门槛，允许民间资本进入到正规的金融体系中来。这样既可以促进正规金融体系的发展，又可以适当压缩非正规金融体系的活动空间，化解正规金融与非正规金融两方面所面临的风险，并克服正规金融机构依靠市场垄断和利率管制获取超额利润的现象。

而所谓“国退”，就是在允许民间资本进入正规金融体系、经办民营金融机构的同时，国有资本包括各级地方政府的资本，都应当逐步退出各类商业银行，实现“去国有化”。一方面，商业金融属于竞争性领域，政府没有理由在这一领域与民争利；另一方面，国有资本（包括各级地方政府资本）退出商业银行，有利于强化商业银行的财务约束，有利于促进商业银行之间的公平竞争，有利于提高商业银行的经营效率，有助于解决干部选任的老问题。此外，国有资本退出商业金融领域还有助于彻底切断国有资本之间的“关联交易”，从而减轻各级政府处置金融风险时的直接压力。

有的人对商业银行民营化表示不理解。其实道理十分简单：我们的国有商业银行，从来都是赚钱的时候是自己的，亏损的时候由国家兜底。有谁计算过，过去多年，我们一共往国有银行注入了多少资金？ 1998 年的 2700 亿国债，1999 年的 1.4 万亿不良资产剥离，2005 年四大国有银行改制上市前的500亿美元外汇注资等等，实际上用的都是老百姓的钱——如果是用财政注资，那就是纳税人的钱；如果是通过发行货币，那就是人民币持有者的钱。

（二）政策性银行要多样化

政府资金从商业银行退出以后去干什么呢？我认为，在市场经济条件下，政府并非无事可做。政府资金退出商业银行以后，应当用来集中力量办好政策性银行。

首先，国家开发银行应当回归政策性，成为专门给地方政府融资平台提供贷款的政策性银行，类似于日本的“地方公共团体金融机构”。

其次，应当设立专门为中小企业融资提供服务的政策性银行。由于在中小企业融资问题上存在着市场失灵，因此最需要政府发挥应有作用。时至今日，日本尚有两家专门为中小企业融资提供服务的“专门金融公库”，我们中国这么大的国家，为什么不能多设立几家专门为中小企业服务的政策性银行？

再次，设立国际合作银行，为“走出去”提供政策性金融服务。目前，这部分业务实际上是放在了国家开发银行,但国开行同时还承担着国内业务，因此极易出现国内风险与国外风险交叉现象，不利于内外风险的隔离和管控，显然需要将此项业务分离出来，成立单独办理国际业务的政策性银行。

最后，还应当设立一家专门为发展绿色经济服务的政策性银行——“绿色银行”。

为什么要多办几家政策性银行呢？因为如果没有政策性银行，所有的商业银行就都成了政策性银行，都不得不承担政府的政策性任务。因此，政府只需办好政策性银行，而将商业银行统统留给民间资本去做。

由于民间资本的属性是追求经济利益（利润）的最大化，而国有资本的属性是追求社会效益的最大化，因此，以民间资本支撑的商业银行为基础，由国有资本支撑的政策性银行作为补充，这样的银行业组合，既能够发挥市场的决定性作用，又能够更好地发挥政府作用。

四、加快完善金融安全网建设

（一）第一支柱：理顺金融监管体制

在审慎监管者（也就是第一支柱）方面，中国目前面临着两大关系需要加以理顺。

1.经营方式与监管方式存在错位，金融监管面临巨大的结构性风险

从经营方式与监管方式的关系来看，要么是分业经营——分业监管，要么是混业经营——混业监管，但是，正如我们在2004年呈交给中财办的报告中所指出的那样（见附件4–1），中国金融监管领域目前面临的最大的结构性风险就是：一方面在力推混业经营，而另一方面又坚持分业监管体制不变。这种监管体制与经营体制的扭曲和错配，必然会导致监管真空，形成金融隐患。2006年爆发的美国次贷危机就已经证明了这一点：次级抵押贷款原本是一个银行业产品，将其证券化以后就跨到了资本市场，然后又给它上了各种保险之后又跨到了保险市场，因此在次贷产品层面上三个市场已经被打通，但是美国实行的是分业监管体制，以至于从每一个监管者的角度来看，自己所管辖的领域似乎都平安无事，然而整个金融市场却不断积累着巨大的系统性风险。

中国2015年的股灾也再次证明了分业监管已经越来越不适应金融市场的发展，尤其是混业经营快速推进的态势。因此，必须加快推进金融监管体制改革，最好能够将“三会”合并，即使暂时还合并不了，至少也要在“三会”之上尽快建立起有效的监管协调决策机制，以应对日益深化的混业经营趋势和相互贯通的系统性风险。

2.中央与地方之间的关系不顺，地方政府有发展动力而无监管职能

长期以来，中国一直强调要维护全国统一的金融市场，因此，迟迟不肯赋予地方政府一定的金融监管权限。但是，一方面，从理论上讲，金融市场实际上是分层次的，并非所有金融机构都一定要跨区经营，更非所有金融风险都一定会跨区冲击。如果所有金融机构，不分大小、不分经营范围，

都一律由中央政府统一监管，都要拿到北京来集中决策的话，那么就有可能因信息链条过长而出现信息时滞、信息失真和决策时滞。

另一方面，从现实来看，近年来全国各地各级政府大都设立了形式各异、职能不同的“金融办”。这些金融办有一个共同特点，就是大都只关心发展本地区各种类型的金融产业，但对于随之而来的金融风险却不闻不问或者视而不见，于是就在地方层面形成了金融发展有动力、金融风险无人管的收益、风险与责任不对称的畸形局面。

因此，我们早在2006年的《金融领域中央与地方关系》课题研究报告中就明确提出应当实行中央与地方分级监管，主张赋予地方金融办一定的金融监管权限。后来又进一步提出三级监管的主张，以便与财税体制改革和行政体制改革中五级政府压缩为三级政府的改革目标相一致。

所谓三级监管就是，首先，凡全国性金融机构，全国性金融交易市场，包括外资金融机构，均应由中央政府统一监管；其次，凡地方性金融机构，地方性金融交易场所，包括城市商业银行、农村商业银行、信用社、地方性金融交易所等，应交由省级政府负责监管；最后，对于那些小贷公司、典当行等准金融机构的准金融活动，应交由市级政府负责监管。为此，应当尽快赋予地方政府（金融办）与其职责相适应的金融监管权限，以使其能够对基层的（准）金融机构和（准）金融活动进行有效监管，并承担相应的救助职责。只有各级政府的责任与收益、风险相对称，才不至出现监管真空。

（二）第二支柱：加强中央银行独立性

在最后贷款人（也就是第二支柱）——中央银行方面，主要存在四大问题。第一，中央银行缺乏应有的独立性。第二，货币政策决策机制不规范、不透明。第三，国家外汇管理局定位不准确。第四，大区行改革不到位。

首先，关于中央银行独立性的问题。应当承认，在实行了大区分行改革之后，地方政府对于中央银行货币政策的直接干预已经大大减轻，但是迄今为止，中央部门以及党政领导机关对货币政策的干预依然严重存在，中央银行在货币政策方面的决定权仍然十分脆弱，表面上看是人民银行在决定货币政策，但是实际上并非如此，甚至还多次出现过人民银行领导刚刚在公开场合表态声称“当前的利率水平是合适的”，结果第二天或第三天就发生利率调整的尴尬局面，导致中央银行的权威性被大打折扣。

之所以要强调中央银行的独立性，一方面，从理论上讲，国外学者早有大量研究，并且已经成为教科书中的基本常识（参见专栏 4–1）。另一方面，从实践上讲，最近的一个案例就是日本泡沫经济的深刻教训（参见专栏 4–2）。

专栏4-1　国外有关中央银行独立性的研究

所谓“中央银行独立性”（Central Bank Independence，CBI）包含多个方面的内容：（1）制度独立，即中央银行的独立性能够在法律和规章制度中得到白纸黑字的确认；（2）人事独立，即中央银行主要官员的任免不受到其他政府部门的干涉；（3）财务独立，即政府的财政赤字无法强行通过中央银行来直接或者间接地消化；（4）政策独立，即中央银行能够自由选择自己认为合适的政策工具和政策组合来应对不同的情况。

在理论研究领域，国外的经济学家们主要从三个大的角度来论证为什么中央银行的独立性如此重要。

一个是公共选择理论。研究人员认为中央银行会不断地受到来自政府的压力，因为从偏好和目标函数的角度看，政府和中央银行是完全不同的。政府总是倾向于更宽松的货币环境，因为这会提高铸币税收入、降低政府的债务成本；而紧缩的货币环境则会削弱政府的税收收入。如果屈从于政府压力，那么中央银行的货币政策就会变得过于宽松。此外，由于选举周期的存在，在大选前夕政府总是希望能够用尽一切办法提振短期的就业和经济增长——即使这么做会造成未来的通胀压力也在所不惜。因此，只有独立的中央银行，才能保证通货膨胀保持在稳定的水平。

另一类理论是从财政赤字的角度来分析。其逻辑是如果中央银行具有很高的独立性，那么政府就难以通过向中央银行借款来弥补其财政赤字，这又反过来迫使中央政府在财政开支方面不要铺张浪费。如果中央银行独立性不够，那么政府总是能够通过“印钞票”的方式来解决财政赤字问题，长此以往将使货币增长失控。

还有一类研究是从“时间不连贯”的角度来分析的。政府一般都会偏好较高的就业水平以及某个温和且平稳的通胀水平，并以此作为明确的政策目标。但是问题在于，一旦通胀目标被确定之后，政府总是会有这样或那样的动机去超越它，以争取达到更高的就业水平。即政府总会愿意以较高通胀为代价来降低失业率，从而赢得短期政治筹码。换句话说，如果此时的央行没有独立性，那么它们所设立的任何政策目标，无论最初多么完美，都是“时间不连贯”的，并且最终不得不放弃的。如果进一步考虑到理性预期的因素，那么经济中的参与者们预期到了政府的行为，则会将通胀预期完全纳入到自己的经济决策中去，这样的结果就是通胀率变高而经济增长率没有上升。如果中央银行有独立性，就能阻断“时间不连贯”的政府对货币政策的影响。

此外，还有一些其他的理论也用来支持中央银行的独立性。例如，货币政策是一项非常复杂而高深的事情，要求有很强的对经济的预测能力，必须由专业的、资深的人士去处理，而不应当受到种种外界干涉等。

国外学者对中央银行独立性、通货膨胀水平、经济增长率之间的关系进行了诸多分析，研究发现，中央银行的独立性与通货膨胀之间存在着明显的负相关关系，即中央银行的独立性越高，通货膨胀率越低。

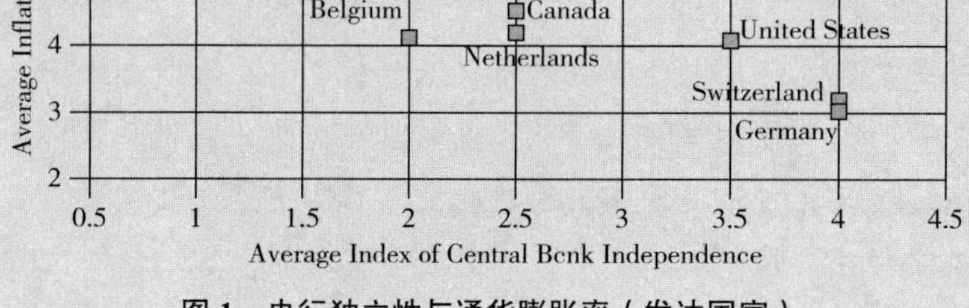

图 1　央行独立性与通货膨胀率（发达国家）

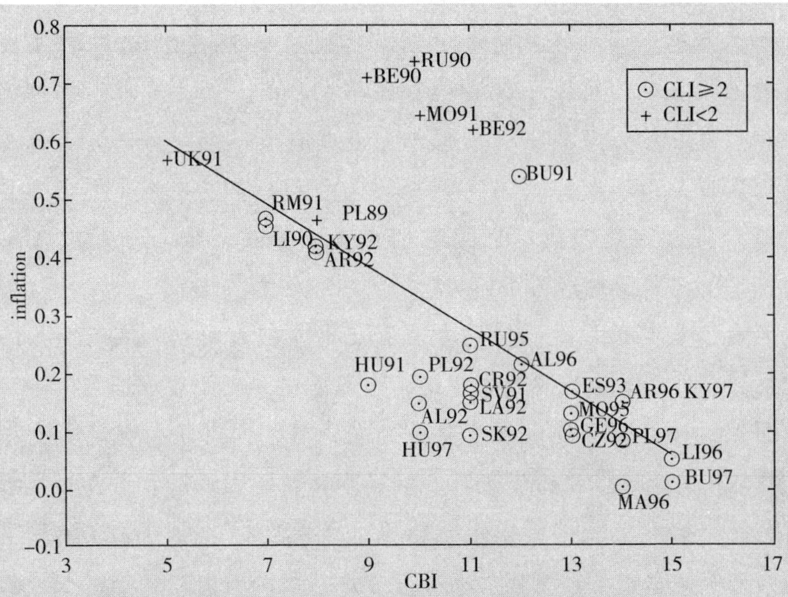

图 2　央行独立性与通货膨胀率（中、东欧国家）

AL–Albania，AR–Armenia，BE–Belarus，BU–Bulgaria，CR–Croatia，CZ–CzechRep，ES–Estonia，GE–Georgia，Hu–Humgary，KY–Kyrgystan，LA–Latvia，LI–Lithuania，M0–Moldova，PL–Poland，RM–Romania，RU–Russia，SK–Slovak Rep，SV–Slovenia，UK–Ukraine

注：CLI 是经济体的市场化指数。

——节选自马骏：《货币的轨迹：通胀、央行独立性和人民币国际化》，中国经济出版社 2011 年版。

专栏4-2　日本中央银行丧失独立性的深刻教训

1985年广场协议以后，日本形成了巨大的泡沫经济，并于1990年泡沫破灭之后，出现了经济的长期停滞，甚至爆发了金融危机。有人将日本泡沫经济的原因简单归罪于广场协议后的日元大幅度升值。但令人怀疑的是，当时广场协议是要求5个主要发达国家的货币都对美元升值，尤其是西德马克当时也曾经大幅度升值，但是为什么唯独日本出现了泡沫经济，而西德就没有出现泡沫经济呢？经对比研究发现，一个重要区别就是德国在1987年以后及时上调了利率，而日本却将央行的官方贴现率下调至2.5%这一前所未有的历史最低水平。那么，为什么西德能够上调利率，而日本正好相反呢？进一步对比研究发现，当时美国人施压西德，不仅要让西德马克升值，而且要求西德扩大内需，实行宽松的货币政策，其中包括下调利率。但是当时的西德政府对美国人说，对不起，我的货币政策是由货币政策委员会决定的，政府无权干涉，而这套体制还是你们美国人教我们的。于是就用一个“软钉子”把美国人给顶了回去。

但是，当美国人用同样的办法压日本人扩大内需、实行宽松的货币政策时，由于日本当时的体制是，大藏省作为一个超级部委，不仅负责着国家财政，而且还负责着整个金融监管，同时还控制着中央银行（即日本银行），以至于当美国人给日本首相施压时，日本首相就给大藏省施压，大藏省就给日本银行施压，于是就将央行的官方贴现率下调到历史最低点，最终酿成泡沫经济。泡沫经济破裂以后不仅经济长期停滞，而且还爆发了金融危机。所以日本在后来的金融大爆炸改革时，一个重要内容就是将日本银行的独立性大幅度提高，原因不言自明。

其次，更重要的是，目前中国的货币政策决策机制十分不规范、不透明。到底都有谁参与了决策过程，出现意见分歧时究竟谁说了算？一旦做出错误决策时应当由谁来承担责任？等等。这些问题不解决，就谈不上问责，而没有问责机制，就很难保证决策质量。

如果说，在过去，在中国的金融开放度还不高、人民币还没有国际化、中国经济的影响力也十分有限的情况下，货币政策问责与否还属于一国之“内政”，国人不问，外国人也不便“干涉”的话，那么，在今天，当中国的金融市场已经实现双向开放，当人民币已经加入“SDR[①] 货币篮子”成为国际储备货币，中国经济已经成为第二大经济体，中国的货币政策已经具备巨大的外溢效应的情况下，即使中国人自己对货币政策结果不闻不问，那么全世界的投资者也一定会来问责的。更何况，正如习总书记所说，“打

① SDR，特别提款权（Special Drawing Right），亦称“纸黄金”（Paper Gold），是国际货币基金组织根据会员国认缴的份额分配的，可用于偿还国际货币基金组织债务、弥补会员国政府之间国际收支逆差的一种账面资产。

铁还需自身硬”，中国要想参与全球治理，就必须首先实现自己国家治理的现代化，而中央银行的独立性和货币政策决策的规范性，正是市场经济条件下，国家治理现代化的基本内容之一。

在加强中央银行独立性、规范货币政策决策方面，当务之急主要有以下两个方面。

一是将中央银行脱离政府序列，转而对全国人大负责。同时，为了不降低中央银行的权威性，建议将人民银行行长纳入“三副两高”体制。并且为了确保中央银行的独立性，中央银行应脱离财政预算管理体系，实行独立核算，直接对人大负责。

二是将货币政策委员会做实，从目前的咨询机构提升为决策机构，实行投票表决，发言记录在案，并延后予以公布（美联储是5年以后，日本央行是10年以后对社会公开），以供专家学者事后研究参考，实现社会监督和历史问责。只有这样，才能够确保那些参与货币政策决策的人能够对社会负责、对人民负责、对历史负责。

其实，规范货币政策决策机制，将如此责任重大、专业性强的任务交由专业人士去处理，也是对国家领导人的一种爱护。因为，金融市场瞬息万变，决策时所需要的专业知识越来越多，所承担的责任也越来越大，政策的影响力也越来越广，决策风险也越来越大，而国家领导人通常要日理万机，有许多比货币政策更重要的事情在时刻等待着高层领导人去处理，如果有一套责任清晰、决策高效、具有专业水准的决策机制，就可以把高层领导从纷繁、琐碎的货币政策事务中解脱出来。并且，政治因素被排除以后，也有利于减少不确定性，有利于稳定市场预期。这也是现代金融市场、现代市场经济对于现代国家治理的必然要求。

再次，关于国家外汇管理局如何定位的问题。

如果外管局是负责宏观的汇率稳定，那么该项职能就应当转移至财政部。一个国家在必要的时候稳定汇率是可以理解的，但是，稳定汇率就要有人付费，要有人承担这个成本。在日本等国家，稳定汇率的职能是在财政部，如果国家需要稳定汇率时，就会由财政部负责筹资或借款来购买过剩的外汇。在中国，由于稳定汇率的职能在外管局，在中央银行下面，所以，当需要稳定汇率时，就只好要么通过发行货币，以外汇占款的形式来稳定汇率；要么收缩货币，动用外汇储备来稳定汇率，由中央银行——实际上是全体人民币持有人来承担这一成本，故而不利于货币政策的稳定，不利于宏观经济的稳定。这就是2003年至2008年中国宏观经济过热的一个重要原因。因此，建议把国家外汇管理局职能转移至财政部下面。当然，如果外管局只是负责外汇管理的微观审批（目前主要是人民银行基层分支机构负责），那么该项职能就应当转移至金融监管部门，也不应放在人民银行下面。

最后，关于大区行改革是进还是退的问题。

最近一个时期，一些人士在呼吁废除大区分行，主张回到省分行体制。这里首先需要搞清楚的是，当初我们为什么要搞大区分行？一个重要原因就是为了排除地方政府对货币政策的各种干预。应当承认，自设立大区行以来，地方政府的直接干预已经大大减弱，这是不争的事实。如果贸然倒退，必然会重蹈历史覆辙。

至于说大区行体制不像原先设想的那么成功，其实一个很重要的原因就是，总行该下放的权力没有下放到大区行，而下面该收上来的权力没有上收至大区行，致使大区行被实质性架空。更重要的是，在实行大区行改革时，由于当时的中央领导未能将大区行定位为副部级，大区行的行政级别被人为压低，以至于在官本位的制度环境下，大区行无法正常运转。但令人啼笑皆非的是，当时却把大量的副部级行政资源给了大学，导致大学的行政化、官僚化。因此，建议在大学“去行政化”的同时，将这些行政资源转移给大区行，将大区行提升为副部级，以加强大区行的作用。

强化大区行作用还有一个更重要的经济理由，也就是货币政策的差异化问题。众所周知，中国幅员辽阔，地区差异巨大，根据以往经验，每当经济升温时，大都是东部沿海地区先行升温，然后是中部地区，最后是西部地区，但每一次宏观调控都是“一刀切”，于是中西部地区就常常抱怨：这一刀切下来，在东部只是切到“腿”，在中部就会切到“腰”，而在西部则会切到“脑袋”——西部地区往往刚刚开始启动，刚刚开始抬头就被一刀切下来，久而久之，随着一次又一次“一刀切”式的宏观调控，地区间差距越拉越大。于是就有一个货币政策要不要保留一定的地区差异性的问题。在美国，各大区储备局之间是可以存在一定的政策差异的。那么，中国同样是一个国土辽阔的大国，货币政策是不是也可以拥有一定的地区间差异呢？

（三）第三支柱：完善金融投资者保护机制

在投资者保护机制（即第三支柱）方面，中国早已有了证券投资者保护基金和保险保障基金，经过二十多年的努力，存款保险制度也终于于2015年5月正式建立起来。

但目前遗留的问题：一是应当尽快将存款保险基金独立出来，成为与金融监管部门、中央银行三足鼎立的一个法定机构；二是逐步将证券投资者保护基金和保险保障基金与存款保险基金整合起来，成为一个统一的、全覆盖的金融投资者保障机制；三是加快资金筹集、人员储备、技术培训等准备工作，以应对正在快速暴露的金融风险——因为金融风险的暴露速度很可能比我们原先预想的要快。

五、规范金融决策机制

为了加强金融领域的信息共享与政策协调，规范决策机制，建立决策负责制，建议设立或做实以下三个政策委员会，并实行交叉任职。

（一）设立金融监管政策委员会

为了加强金融监管的信息共享和政策协调，规范金融监管政策决策机制，如果暂时无法将银监会、证监会、保监会加以合并，至少应当在三会之上，成立一个金融监管政策委员会。

首先，委员会主席可以由国务院分管副总理兼任，也可以由国务院分管秘书长兼任，或者由三会主席轮流坐庄（关于这一点，可参见附件4–1）。问题的关键是要做到：谁牵头、谁拍板、谁负责！

其次，金融监管政策委员会的成员应当由三个监管部门的主席以及人民银行副行长和存款保险机构副主席，再加上金融监管领域的专家学者及业界代表共同组成。

再次，为了防止议而不决，必须实行投票表决，以提高决策效率。

最后，为了便于社会监督，应当将委员会的发言记录等档案定期向社会公布，以促使参加决策的人能够对人民负责、对社会负责、对历史负责，也便于专家学者事后总结经验教训，以防止重蹈覆辙。

（二）做实货币政策委员会

为了加强宏观政策相关信息的共享和政策协调，规范货币政策决策机制，应当尽快将货币政策委员会做实，从目前的咨询机构提升为决策机构。

首先，货币政策委员会主席应由人民银行行长担任。

其次，货币政策委员会成员应当由人民银行、金融监管部门以及存款保险机构的负责人共同组成，再加上宏观经济和货币政策领域的专家学者以及部分实体经济和金融行业的代表参与。

再次，为了防止议而不决，必须实行投票表决，以提高决策效率。

最后，为了便于社会监督，应当将委员会的发言记录等档案定期向社会公布，以促使参加决策的人能够对人民负责、对社会负责、对历史负责，也便于专家学者事后总结经验教训，以防止重蹈覆辙。目前，国外央行的做法是，美联储是 5 年以后予以公布，日本银行是 10 年以后予以公布。

此外，需要强调的是，人民银行理事会并不能取代货币政策委员会职能，因为人民银行理事会只负责人民银行自身的事务性工作，而货币政策委员会则需要关注整个宏观经济运行，需要对整个货币政策负责，而货币政策不是人民银行一家说了算，在制定货币政策时需要听取方方面面的意见，尤其是专家学者的意见，因此货币政策委员会应具有更广泛的代表性。

（三）成立存款保险政策委员会

为了加强存款保险相关信息的共享和政策协调，规范存款保险政策决策机制，应当尽快成立存款保险政策委员会。

首先，委员会主席应由存款保险机构负责人担任。

其次，委员会的成员应当由存款保险机构、金融监管部门以及人民银行领导参加，再加上存款保险领域的专家学者及业界代表共同组成。

再次，为了防止议而不决，必须实行投票表决，以提高决策效率。

最后，为了便于社会监督，应当将委员会的发言记录等档案定期向社会公布，以促使参加决策的人能够对人民负责、对社会负责、对历史负责，也便于专家学者事后总结经验教训，以防止重蹈覆辙。

（四）关于宏观审慎监管（政策）

2008 年国际金融危机以后，宏观审慎监管（政策）被国内外炒得沸沸扬扬。尤其是在中国国内，似乎演变成为人民银行与银监会之间的监管权之争。

应当承认，三会合并有一定的道理，如前所述，即使暂时合并不了，也应当尽快先把决策机制统一起来，成立一个金融监管政策委员会，以解决监管分割问题。但是，对于由央行牵头来负责金融监管的主张，笔者持谨慎态度，主要原因有四点。

首先，从国际经验来看，美国次贷危机的重要原因之一就在于美联储集货币政策和银行监管两项职能于一身，于是美联储在实行宽松货币政策的同时，也反对对金融衍生产品进行监管，从而导致货币政策与金融监管同步震荡。按理说，危机爆发以后，首先应当问责的是美联储，就像当年日本的大藏省（见专栏 4–3），但是事实恰好相反，美联储的职能非但没有被削弱和分拆，反而得到进一步强化。笔者曾经就此事请教过美国朋友，美国朋友答复说，其实原因很简单，因为现在大家都有求于美联储增发货币、刺激经济，所以没有人敢去问责，更不会有人提出分拆建议。并且，尽管美国等一些欧美发达国家在强化央行作用，牵头实施所谓的“宏观审慎监管（政策）”，但是，在日本、韩国等东亚国家，并未效仿这种做法，而是实行审慎监管者、最后贷款人和存款保险者三足鼎立的“金融安全网”模式，这一模式显然经受住了此次 2008 年国际金融危机的考验。

专栏4-3

20世纪90年代末日本金融危机爆发时，人们很快发现，导致危机的原因之一就在于原日本大藏省权力过大，既负责国家财政，还负责金融监管，同时还控制着日本（中央）银行，于是，在大爆炸式的金融改革中，首先便是将大藏省分拆成财务省（专门分管国家财政，但是不负责地方财政）和金融厅（专门负责所有金融监管，相当于我们的银监会、证监会、保监会），同时大力度加强了日本中央银行的独立性。

其次，从国内实践来看，银监会独立之前，由于人民银行集货币政策、金融监管于一身，于是就会在放松银根时，把金融监管也同时放松，正如1992年经济升温时人民银行在金融监管方面的放任自流。而当紧缩银根时，也会把金融监管同时收紧，正如1993年加强宏观调控之后我们所经历过的金融监管全面收紧。自2003年人民银行与银监会分家以来，双方实际上都一直没有找准自己的位置。一方面，人民银行的同志对于失去了监管权一直耿耿于怀，总感觉商业银行对待自己不像以前那样“热情”了，因此总是在想方设法以种种借口试图重新拿回监管权。另一方面，银监会的同志又总想掺和宏观调控，先是在经济过热时下令商业银行紧急停贷，后又在国际金融危机爆发后对商业银行进行催贷、逼贷，搞得商业银行经营者们无所适从。

再次，从理论层面来看，我们之所以主张货币政策与银行监管适度分离，一个重要理由就是要防止二者同步震荡。不难想象，如果货币政策和银行监管放在同一个部门里，就很容易出现这种情形：当经济形势需要放松货币政策时，那么银行监管也会随之放松；而当经济形势需要紧缩货币政策时，那么银行监管也会随之收紧。如此一来，一方面，由于货币政策松紧影响基础货币的多少，而银行监管力度影响货币乘数的大小，二者同时发生变化，就很容易导致货币供给超调，导致经济大起大落；另一方面，银行监管力度如果经常处于变动状态，也会使商业银行的经营者们无所适从，昨天在放松银根时还可以做的事情，今天一紧缩银根就不能做了，就全都错了，那么商业银行如何进行稳健经营呢？并且，从人物性格来看，负责货币政策的人和负责银行监管的人完全是两种截然不同的性格，前者要求灵活多变，与时俱进；后者要求依法依规，坚定固直。

最后，从问责机制来看，货币政策与银行监管如果能够相对分离并保持一定的距离，还有一个重要作用就是有助于监管问责。当商业银行出现不良资产，甚至需要中央银行出手相助时，至少监管当局要向中央银行说清楚，这些不良资产是怎么形成的？有没有监管失误的责任？而这两项职能如果放在同一个部门之内，中央银行就很容易通过过量发行货币来悄悄地掩盖监管失误的责任。就像过去人民银行集货币政策与银行监管于一身时，我们超发了多少货币是用于消化农信社等金融机构的不良资产的？有人披露过吗？有人问过责吗？今天，不良资产再次上升时，人民银行就可以对银行监管部门问问责，至少可以问一下原因吧？！

此外，从现实可能性来看，如果把一行三会都合并在一起，那将是一个多么庞大的“巨无霸”部门？众所周知，机构越庞大，行政效率越低下，一个近二十万人规模[①]的行政机构如何确保运行效率，也是一个大难题。

至于说信息共享问题，政策协调问题，部门利益问题，笔者认为，这些都是可以通过规范决策机制、明确法律责任、增加透明度、强化问责制等办法来加以解决。部门利益见光死。只要我们能够把决策过程拿到全国人大或常委会上及时进行质询，这些部门利益就可以迎刃而解了。

至于为什么每一个政策委员会都必须邀请专家学者参加，一个重要的理由就是，专家学者与政府官员之间最大的区别至少有三点：一是政府官员是有部门的，有部门就有部门利益；而专家学者，只有学科领域，没有部门利益。二是政府官员是有任期的，所以只考虑任期内的事情，行为短期化现象十分严重；而专家学者是没有任期的，所以考虑的往往更长远。三是政府官员是有“乌纱帽”的，所以往往“帽子”是优先考虑事项；而专家学者是没有“乌纱帽”的，只考虑学术声誉，必须坚持真理。

---

① 据统计，目前中国人民银行约有职工15万人（含造币系统）；银监会约有职工2.6万人；证监会约有职工3800人；保监会约有职工2700人，共计18.25万人。

附件4-1　关于“金融分业监管的协调机制和金融风险防范研究”调研报告[①]

自2004年7月5日接到中央财经领导小组办公室（简称“中财办”）关于“金融分业监管的协调机制和金融风险防范研究”的通知以后，我立即着手组织课题组收集相关资料（共整理文献综述9份，约65000字）。在此基础上，我们正式走访了人民银行、财政部、银监会、证监会、保监会等（5家）相关单位，并根据一些部门和专家的建议增加走访了中编办、国家发改委财金司、国家外汇管理局等（3家）单位；此外，还采取召开座谈会（2场）和单独约谈专家学者（8位）的方式；听取了各个方面政府官员和专家学者（共70余位）的意见。

此外，课题组还自7月15日起至7月31日，先后赴6个省市（东、中、西部各2个）进行实地调研，分别与各相关单位举行座谈（共25场），与相关机构官员和地方院校专家学者以及部分金融机构代表(共160人次)进行了面谈。

在有关部门的大力协助下，课题组经过较为广泛深入的调研（总共召开座谈会36场，听取各方官员和专家学者共约230人次的意见），掌握了大量的第一手材料(共整理谈话记录12份，约65000字；会谈纪要12份，约45000字；翻译资料1份）。从而比较全面地掌握了各个方面对金融监管协调机制问题的基本看法，也了解一些国外在应对金融危机时的具体做法。现将此次调研的初步结果整理如下。

一、关于现行监管体制存在的结构性风险与建立协调机制的必要性

目前，在中国金融业快速发展的进程中有两个大的趋势值得关注，一

---

① 本文是2004年提交给中财办的由本人主笔的一份调研报告，仅供参考。参加此次调研工作的有周轶海、王红波、刘洪波等。

方面，人们无论是在认识上还是在实践中，都正在朝着混业经营的方向快速前进；而另一方面，大多数人又都认为，现行的分业监管体制暂时还不能动，或想动也动不了。

（一）在认识上，“混业经营”似乎已形成某种共识

除极少数专家以外，绝大多数人（无论是监管官员还是专家学者）都认为目前混业经营是大势所趋，其理由主要有以下几个。

1. 在外部压力方面

首先是金融全球化、电子化、网络化进程不断加快；其次是以客户为导向的经营模式的出现正在促使金融服务日益多样化；再次是混业经营已成为不可阻挡的国际潮流；最后是我国加入 WTO 以后外资金融机构将全面进入我国金融市场，而外资金融机构其后台是相通的，因此有可能对国内金融机构形成不公平竞争。

2. 在内在动力方面

首先，激烈的市场竞争是混业经营的根本动力；其次，为提高金融机构自身的竞争力，各种形式的金融创新必然会不断涌现；最后，当然也不能排除某些利益集团以“外敌当前”为借口，试图趁机浑水摸鱼。

不过，有少数专家指出，即使在国外也不是说谁都能够混业经营的，要看规模和性质（美国现有金融控股公司 500 多家，而英国在其全国范围内也只允许 10 ~ 30 家金融控股集团存在）。也有专家指出，金融控股公司与传统意义上的混业经营实际上是有所不同的。还有专家指出，目前我国的混业经营尚属于表层的，而非实质性的。

更多的专家则建议采用“专业经营”与“综合经营”的概念，而不宜使用“分业经营”与“混业经营”的概念，因为后者容易给人以误解，以为分业经营就必须是分开经营，混业经营就必然会带来混乱。

（二）在实践上，“混业经营”的发展势头十分迅猛

近年来，我国金融业在多种原因的推动下，金融创新步伐不断加快，在不同程度上呈现出多层次的混业经营趋势，跨金融业态的交叉型金融风险不断积累，并主要通过资金渠道、产品渠道、代理渠道和资本渠道进行传导。

1. 跨业态的资金往来不断增加扩大了资金面的交叉型风险

银行、保险、证券三业之间均存在着密切的资金往来关系。保险资金和证券资金大多存入银行、银行资金进入股市、保险资金进入证券市场、各类金融企业进入金融市场进行融资，资金往来的密切加强了金融企业之间的联系。随着经济总量的增长和市场主体的业务发展，这种依存越来越密切。一旦资金环节出现风险，就很容易在整个金融领域内迅速传播。

银行和证券之间，银行资金通过各种渠道进入证券市场，如国债回购、委托理财、（债券、股票）质押贷款、证券公司向银行短期拆借等，一些企业也把自己的流动性资金用来炒股，然后再利用银行贷款来维持企业自身的流动性，这其实也是银行资金间接入市。证券公司客户保证金的存管也大都放在银行。证券公司挪用保证金现象十分普遍。商业银行基于其自身眼前的利益考虑，对保证金的监督缺乏积极性。然而一旦证券公司出现问题，商业银行又往往会抢先扣下账户中剩余的保证金，而不顾投资人的利益是否会受到损失。此外，所谓“第三方监管”（个人向银行股票抵押贷款，并和证券公司签订到一定价位时强行平仓的和约）形式也存在着较大的风险（第三方监管在政策上没有界定，大致是指银行融资给个人买股票。如果股价下跌到一定水平线，证券公司则平仓。但股市涨落很大，证券公司有时来不及平仓。等发现时，股价早就在平仓线以下了，银行要求证券公司来抵债，则证券公司可能用保证金来抵债，从而出现问题）。

银行和保险之间，保险资金的运用渠道过于狭窄，大量保险资金存在银行，银行存款利率偏低时（负利率）将给保险公司带来较大损失。保险资金由银行托管，托管银行有监管责任，要尽到托管的责任，托管人如有违规行为，托管人要及时上报，否则会面临法规政策方面的风险。

证券和保险之间，保险资金通过各种渠道进入股市，还有一部分保险资金通过券商进行委托理财的形式投向了证券市场。保险公司成立保险资产管理公司，将会使保险资金入市比例进一步提高。由此可能给保险公司带来一定的投资风险。

2. 金融产品功能的交叉形成产品上的交叉型风险

在金融产品创新的过程中，金融产品的功能不断扩大，彼此之间相互渗透，在追求专业化、差别化的同时，呈现出你中有我、我中有你的产品创新态势。产品的创新导致创新风险的增加，由于产品功能的交叉性又会因此向多个领域同时传导。例如，在银行和证券之间，证券公司的保证金账户同样具有储蓄功能； 在银行和保险之间，寿险产品在某种意义上具有部分定期存款的功能，保单质押贷款是保险公司对银行信贷业务的借鉴；在证券和保险之间，投连型保险产品向投资、理财的领域扩张，事实上，有些保险公司的投资连结产品已经引起过纠纷。

3. 各类金融机构的相互代理产生了代理风险

由于银行具备了先行一步的网点优势和人才优势，因而成为证券公司和保险公司委托销售产品、提供服务的首选机构。相互代理不仅形成业务上的交易，而且对计算机管理系统、财务管理均提出了相应的要求，加深了彼此的密切来往。当代理产品由于宣传、销售、服务等原因产生风险时，不仅会影响委托公司，而且会因此波及代理公司，并可能向其他金融机构蔓延。

在银行和证券之间，银行代销（甚至包销）证券、基金产品、信托凭证等，使得银行的信誉变相成为担保品而受到威胁。“银证通”的出现，使客户在银行网点更为便捷购买的同时，也使得监管的难度加大。

在银行和保险之间，在银行代理销售保险产品的过程中，误导投资者的问题较为突出。银行网点中的保险宣传和信息披露资料存在着一定程度的不真实情况。银行柜台人员缺乏系统的保险知识培训，在销售保险产品的过程中将保险与储蓄相比较，盲目套用银行“本金”“利息”“存入”的概念。一些保险销售人员混淆概念，使投资者和消费者误以为是在购买银行的产品。于是，当银行保险的客户对银行保险产品或服务产生不满时，就会将这种不满转嫁到银行身上，从而产生对银行的信任危机。

4. 资本渗透形成了复杂的资本风险

近年来各种形式的“金融控股公司”在缺乏任何法律法规或监管条例的情况下不断涌现，且日趋活跃，既有纯粹意义上的金融控股公司（如改制后的中信集团、平安集团），也有某一行业金融机构控股其他行业金融机构的金融集团（如光大集团、香港中银国际、中国国际金融有限公司等），甚至还出现了大量的实业企业（特别是上市公司）控股金融企业的控股集团（如德隆、首创集团、东方集团、海尔集团、宝钢集团、红塔集团、新希望集团、东方国际、山东电力集团、方正集团等）。这其中，虽有一些是国家正式批准成立的金融控股公司、金融集团或企业集团，但也有不少是近年来民营企业通过控股或参股以及“代持股”等方式暗中形成的。金融控股公司的不断涌现，使得不同类型的金融机构通过资本纽带联系在一起，但也为金融风险在不同类型的金融子公司之间的迅速传递创造了条件。

除此之外，在金融领域实际上还大量存在着跨所有制风险（即利用国有企业的特权和民营企业的自由度在所有制之间进行套利活动）以及跨地区风险（例如德隆事件就波及许多省份，而不同省份各金融监管部门之间的信息沟通很差，更缺乏监管协作，导致一些金融机构从中钻监管的空隙）。

（三）在体制上，分业监管体制刚刚确立

然而，就在“混业经营”趋势日益明显、交叉型风险日益凸显的情况下，除少数专家认为应当尽快将三大金融监管机构合并、实行综合监管[①]以外，绝大多数监管官员和专家学者却认为，目前实行的分业监管模式基本上符合我国的基本国情和发展阶段，是我国金融业发展的一个不可逾越的重要阶段，也有人认为即使需要加以改变也不可能马上就动，有人甚至认为根本就不能动。

首先，除极少数不同意见以外，大多数相关部门、监管官员和专家学者都承认，目前实行的分业监管体制有其积极方面，金融监管的专业化水平得到了明显的提高，监管理念与制度安排也基本上与国际接轨，从而促进了我国金融各业态的快速发展，尤其是那些过去相对比较弱小、监管重视程度不够的某些金融行业（如保险业）近年来得到了快速发展。

其次，一些监管官员认为，目前在我国，实行混业监管的基本条件尚未成熟。从微观主体来看，我国金融机构的治理结构还不健全，还没有真正走上依法经营、健康有序发展的轨道，金融机构的内部风险控制制度尚不完善，难以在金融机构内部及时发现风险、防范风险和处置风险，因此需要继续加强外部的专业化监管。从市场层面来看，我国金融市场的发育尚不成熟，交易品种、机构种类、市场规模、市场开放程度、中介机构以及社会信用体系等方面都与发达国家相距甚远，难以完全依靠市场进行有效的信息传递和风险规避，发生风险时也难以单纯依靠市场化的方法来加以解决。此外，法律制度不够完善，综合型技术监管人才十分匮乏，运用金融工具分散金融风险的经验也严重不足。

再次，一些监管官员和专家学者指出，我国金融业的当务之急是化解系统性风险，所以应当加强金融管制而不是放松管制。因此，维持分业经营——分业监管制度在中国具有较强的现实性。尽管国内已出现金融混业

---

① 少数专家认为，分业监管体制应当随着金融市场的变化而变化，既然被监管者已经打破了分业经营的界线，那么监管部门就不应当再各干各的，而应当尽可能地合并监管机构，将协调问题内部化。

经营的趋势，但仍属少数，现阶段仍以“分业监管”模式为宜，这不仅有利于监管部门在各自特定的领域进行专业化监管，更重要的是有利于金融稳定和风险控制。

最后，有专家指出，我国国土辽阔、人口众多、经济规模比较大，如实行混业监管有可能会产生规模不经济。虽然从成本收益的角度分析，综合性金融监管能够避免金融机构和网点的重复设置，避免专业监管人员的分散，有利于监管信息系统等基础设施的共享，从而带来规模经济。但是一些学者认为，这种观点对于一些小国，如北欧国家，或许能够成立，但对于金融体系和经济规模较为庞大的国家，成立综合性的监管机构，可能会导致规模不经济。有人认为这正是同样是混业经营，为何英国采取综合监管，而美国坚持分业监管的原因之一。

此外，也有学者根本就不赞成实行统一监管，认为实行统一监管不仅有可能造成不同监管目标的冲突，而且会由于统一监管机构过于庞大、权力过于集中而产生极端官僚主义，导致损失潜在的有价值的信息，以及对潜在问题的反应迟缓等等。而综合监管的机构处于垄断的地位，也不利于监管机构之间的竞争。

值得注意的是，许多专家指出，制度变迁是需要成本的，因此制度变迁时一定要谨慎，要“谋定而后动”。在没有确定变迁的收益大于成本之前，不要轻举妄动。现在分业监管体制的基本框架刚刚建起来，马上再做出新的改变成本会很高，并且不利于加强监管。

有单位则指出，分业监管是必然的，也是暂时的。这种分业监管架构是中央定下来的，只要五年内不出现大的问题，能够促进我们国家的经济发展，这个架构就存在它的合理性。

（四）制度安排上的结构性风险与建立监管协调机制的必要性

综上所述，一方面，“混业经营”在我国缺乏规范的状态下迅速蔓延，无论是学术界还是监管者都对“混业经营”趋势存在着相当程度的认同；而另一方面，现行分业监管体制又刚刚确立，多数人又认为，即使需要加以改变至少在短期内也是不可能的。这种矛盾现象表明，我国目前在金融监管中存在着巨大而明显的结构性风险。

如前所述，银行机构与证券机构及保险机构之间的业务合作表明，金融机构之间的交叉风险可以相互传递；而现实中大量存在的各种形态的金融控股公司，其跨业经营活动中所隐含的风险更不容忽视。此外，一方面，银行、证券及保险机构同时参与货币市场或同时参与资本市场，其中一家机构的风险很容易通过这个市场传递给其他参与者；另一方面，一个机构参与多个市场，也使得一个市场上的风险很容易传递到另一个市场。

除了跨行业、跨业态的交叉风险之外，金融创新还使得“交叉监管”和“监管真空”现象同时大量存在。例如，银行卡业务到底应当由谁来监管？银监会认为应当由银监会监管，但银监会的监管体制是按照机构监管模式设立的，因此只好放到了政策法规部；而人民银行则认为，银行卡属于支付系统，因此监管职责理应放在人民银行。更为严重的是，大量的“卡外卡”——银行卡以外的各种具有“代币购物券”功能的“储值卡”应当由谁来监管，却几乎无人关注。

此外还有典当、担保、租赁、彩票等也都没有明确的金融监管部门，而所有这些在国外都是属于金融监管范畴的。

这种结构性矛盾或风险导致各金融管理部门难以开展工作，据基层部门反映，这主要表现在以下几个方面。

一是法律条款难操作。首先，新修订的《中国人民银行法》第二条规定：“中国人民银行在国务院领导下，制定和执行货币政策，防范和化解金融风险，维护金融稳定”。国家从法律上赋予了人民银行维护金融稳定的法定职责，但缺乏行使维护金融稳定职责所必需的具体权力、办法和措施；其次，新出台的《商业银行法》《银行业监督管理法》对我国金融业“分业经营、分业监管”做了比较明确的规定，但对如“银证通”“保证通”“国债市场回购”“股票质押贷款”等交叉型金融产品、金融控股公司或实业资本控股金融机构现象的监管又缺乏明确的法律规定，责任不明，容易造成监管的真空和盲点。而这些交叉型业务和金融控股公司恰恰是金融风险产生的主要领域和对象。最近“德隆系问题”的出现就是一个很好的案例。再次，《银行业监管管理法》第二十八条规定，如发现可能引发系统性银行业风险、严重影响社会稳定的突发事件时，只有银监会认为有必要时，才告知人民银行。如果照此行事，必然会产生信息的滞后，当发生系统性金融风险时，致使人民银行无法及时了解金融风险发生的整个过程，降低金融系统性风险处置效率，加大央行风险处置的成本。

二是履行职责难到位。一方面，按照我国现行的金融分业监管格局，金融监管部门各自独立履行监管职能，虽然增强了专业化监管的水平，但难以避免对各自行业利益的保护行为。例如少数证券业机构采取证券回购、代客理财等名义抬高利率吸收资金，变相开展银行业务，这种违规行为应受到查处，但由于实行分业监管，造成了监管真空。随着问题的积累，极易形成新的金融风险；另一方面，由于目前保监会和证监会下设的分支机构势单力薄，难以对辖区内的保险机构、证券机构及保险市场进行全面、及时、有效的监管。虽然人民银行在基层设有分支机构，但许多人（据称有 7 万人之多）却无事可做。

三是部门之间难协调。虽然目前银证保三家初步建立了金融监管联席会议制度，并签订了《备忘录》，但据反映其主要还是停留在行业监管工作方面的协调，但从防范和化解金融风险和维护金融稳定的角度看，三家监管部门之间的联席会议可能是远远不够的；而且一些决议的执行效果也不是十分理想。据反映，关于央行的建议检察权在实际执行过程中也不理想，特别是在地方，相互扯皮的现象经常发生，很多其实只要加强协调就可以在地方层面上得以解决的问题，最终都要层层上报到中央层面才能够得到解决，结果是浪费了大量的人力物力，还耽误了解决问题的宝贵时机。

四是监管信息难共享。中央银行和各监管机构自成一体，各司其职，这从主观上增强了各自自我发展的意识，容易造成条条之间的信息封锁。从客观上看，央行和各金融监管部门会侧重自身信息资源的开发利用，横向联系较少，沟通不够及时，难以做到信息资源共享，从而造成信息资源的浪费和监管真空，加大各自的监管成本，无法形成监管合力。

面对这种矛盾现象所导致的结构性风险，也有专家指出，分业监管和混业经营并非水火不相容，在分业监管格局相对稳定的条件下，进行混业经营是可能的。例如美国现在尽管混业经营趋势很猛，但体制上仍然采用的是分业监管模式。所不同的是各相关部门之间需要加强协调和沟通。

需要指出的是，在此次调研中我们发现，无论是哪个部门的官员，也无论是持何种观点的专家学者，绝大多数人都在建立监管协调机制方面达到了高度共识（在我们所接触的数百名专家学者和监管官员当中，只有3人持不同意见，认为只要各部门职责分清就无须建立什么协调机制，或认为协调机制目前在国内外尚无经济理论的支撑）。共识程度之高可谓前所未有。并且，越是基层监管部门，其共识程度越高，紧迫感越强。许多基层官员指出："这些年，我们花了大量的精力防范和化解金融风险，费力不讨好，就是由于缺少必要的协调机制"，因此"强烈呼吁国务院尽快对金融监管协调机制做出从上至下的制度性安排"。有学者甚至认为，这种监管协调机制其实应当早在银监会成立之前就应当已经考虑好的。因为任何一种方案（无论是分还是合）都会有利有弊。在谋其利时就应当同时采取措施防其弊。而分业监管的弊病恰恰是需要通过建立协调机制来加以克服的。

二、有关金融分业监管协调机制的一些基本认识

（一）究竟什么是金融分业监管的协调机制？

有部门和官员在谈到建立金融监管协调机制时，主张不能光考虑监管，也要考虑发展，甚至主张把宏观调控部门（包括国家发改委、财政部等）也纳入协调机制之中，并以此作为平台，统筹货币政策与财政政策、金融监管与金融发展规划等诸多关系。

对此，有专家明确指出，我们这里所要探讨和研究的是金融监管的协

调机制，而不是谈有关宏观调控的协调机制，因此这里主要应着眼于防范和化解金融风险。宏观调控是另外一个协调机制，两个机制之间的参与单位可能互有交叉，但绝对不是一回事。

还有专家则特别强调指出，金融监管协调机制绝对不能够管总量，不能够参与宏观调控，更不能够实行微观干预。

（二）建立金融分业监管协调机制应当遵循哪些基本原则？

1. 必须有助于加强中央银行的独立性

国内外大量的实践经验表明，没有中央银行的相对独立性就没有宏观经济的稳定。因此，建立金融监管协调机制只能加强而绝不能削弱中央银行在货币政策方面的独立性。

2. 必须有助于建立金融监管部门的独立性和问责制

金融监管协调机制的建立要有助于金融监管部门的独立监管，既要防止出现对金融监管部门日常监管行为的干扰，又要防止出现金融监管部门的道德风险。

3. 必须有助于分清各相关部门以及各级政府的职责权限

不仅要理顺中央各部门（包括人民银行、财政部和 3 大监管部门）内部的体制关系和事权划分，而且还要理顺中央与地方的体制关系和事权划分。后者的难度可能更大。

4. 必须统筹和协调好化解眼前的金融风险与长期防范金融危机之间的关系

建立金融监管协调机制应当有助于金融机构（依照市场经济原则）的有进有出，而不是无条件地救助所有有问题的金融机构。特别要注意防止只顾容易地“化解”眼前一个个小的、单个的金融风险，最后导致出现更大的全局性金融危机。

5. 必须有助于监管目标的实现

建立监管协调机制的最终目的应当是保护投资者（包括存款人及消费者）的利益，而保持金融体系的稳定、维护金融市场秩序的最终目的也还是为了保护投资者的利益，尤其是中小投资者的利益。要切实防止将其他经济目标（如“保护金融机构利益”“追求金融发展”等）、社会目标（如“保持社会稳定”）乃至政治目标（如“加强党的领导”）作为金融监管协调机制所追求的实际目标。

6. 在加强信息共享的同时，必须加强信息保密和公开透明制度

要从制度上防止有关部门官员以信息共享为名牟取个人私利，这在与股市相关的重大信息方面尤为重要。

（三）必须澄清哪些认识上的误区？

目前社会上，在一些重大问题上存在着严重的认识误区，无论是各级政府官员还是老百姓，无论监管官员还是被监管金融机构的高管人员，无论是财政部门官员甚至某些中央银行官员，都在有意无意之中存在着这样或那样的错误认识。因此，在建立金融监管协调机制时需要特别加以警惕。

误区一：中央银行的“最后贷款人”职能等于由中央银行“兜底”

我们必须首先明确最后贷款人的目标到底是什么。有学者指出，最后贷款人的首要责任是防止恐慌造成的货币储备减少；最后贷款人的主要目标是支撑整个金融体系，而不是个体金融机构；最后贷款人的存在不是为了避免危机的发生，而是缓解金融冲击的影响；最后贷款人应为一切有良好资产抵押的银行提供贷款，而不应拯救不好的银行，其目的是防止恐慌蔓延到好的银行，而不是去拯救资产不好的银行。如果不加区别地去全面救助，必然引发巨大的道德风险。

其次，必须说明的是，当中央银行非出手相救不可的时候也必须满足一定的条件。不是谁都要救，否则会引发巨大的道德风险，使整个经济的效

率降低。日本银行规定，只有满足下面4个条件时，才能够向一家问题银行提供救助资金：①发生系统性风险的可能性很大；②没有其他替代方法，而且中央银行的援助是成功解决问题所不可缺少的；③所有有关责任方都应承担责任来避免发生道德风险；④中央银行的金融稳健性将不会受到破坏。

最后，中央银行专家认为，在中国利用最后贷款人职能来投放基础货币，实际是把部分金融机构的不良贷款“货币化”。因此，在实际运用中应进行数量控制，同时利率不能过低，应防范地方政府和中小金融机构的道德风险，“最后贷款人”职能的运用应及时公布以增强透明度。

误区二：中央银行的“维护金融稳”定职能等于由中央银行“兜底”

目前，国家已经通过立法将维护金融稳定的职能放在了人民银行。但是迄今为止，有关金融稳定的定义并不十分清楚，甚至不少人误以为就是要人民银行为了“保金融稳定”来进行“兜底”。

关于金融稳定的定义，人民银行副行长吴晓灵指出，金融稳定应当包括：①货币稳定：没有严重通货膨胀，汇率没有剧烈波动；②机构稳定：金融机构没有流动性风险引发的支付危机；③金融基础设施稳定：支付体系安全包括结算纪律正常、电子设施安全、现钞供应及时[①]。

中央银行之所以关注金融稳定并把其作为主要职责，最主要的原因在于，“最后贷款人”地位决定了只有中央银行才具有提供紧急流动性支持的能力，才有可能阻止金融不稳定的发生或降低金融不稳定的破坏性[②]。但是，这绝不意味着必须由中央银行来“兜底”。

有学者指出：央行可以是最后的责任承担者，但不一定是唯一的责任承担者。瑞典银行的经验绝不仅仅等同于央行无限度使用最后贷款人职能，恰恰相反，首先是金融机构承担风险，只有在其无法全部、独立承担损失，且该损失必然引起支付体系恐慌时，央行才能介入流动性支持。如果有一

---

① 吴晓灵：《加强金融法制建设 维护金融稳定基础》，2004年7月3日在北京大学光华管理学院“中日高级经济论坛”上的演讲稿。

② 人行金融稳定局副局长张健华，《中央银行与我国的金融稳定》。

天，央行不再通过替金融机构违规导致的风险买单，则我们就实现了健康的、低成本的金融稳定[①]。

并且，为了维护金融稳定而不得不对一些机构实施救助的时候，也不一定直接以央行再贷款的形式。因为中央银行直接的贷款与其稳定货币的职能往往存在冲突，所以最后贷款人手段还有很多其他方式。中央银行还可设立特别机构和专项基金向银行间接提供财务援助，或是组织大银行或债权人集资进行救援。除了直接提供信贷援助以外，中央银行还可采取以下措施。

第一，组织集资救援。一旦发生极为严重的危机，以致中央银行本身的资产负债表不允许它独自完成救助，还可以作为“触媒”或称“催化剂”，由中央银行牵头，组织多方来源筹集更多的款项，或推动采取各种形式对危机银行加以挽救，中央银行的这一作用在权威性和效果方面也是任何别的机构所无法替代的[②]。如英国 1973 ~ 1974 年银行危机期间，英格兰银行组织了由各大清算银行出资的救援行动，即“救生船基金”，成功地使 26 家问题银行走出困境[③]。又如美国联储救助长期资产管理公司，也是通过召集相关银团实施救助，而非自己直接出钱救助[④]。

第二，共同出资。1974 年由德意志联邦银行和银行部门共同出资成立了流动性联合银行（LCB），目的是通过为具有清偿力但面临暂时流动性困难的银行提供短期流动性来保证国内和对外支付顺利进行[⑤]。

第三，提供担保。中央银行或政府出面担保，帮助危机银行度过挤提和清偿的难关。如美国 1984 年伊利诺斯大陆银行危机爆发后，虽然芝加哥联邦储备银行提供了 40 亿美元贷款，联邦保险公司提供了 15 亿美元的注资，但这些措施并未能坚定存款人的信心。最后美国联邦储备系统公开向社会承诺它将负责赔偿所有在该行存款的客户的损失，并再次提供 75

---

① 陆磊：“寻求低成本的金融稳定”，载于《财经》，2004（16），第54 ~ 55页。

② 刘宇飞：《国际金融监管的新发展》，经济科学出版社1999年版，第55页。

③ 同上。

④ 陈志武：“谁来解救‘问题公司’？”，载于《财经》，2004年，第58 ~ 58页。

⑤ 周清杰：“问题银行救助的最后贷款人政策”，载于《金融理论与实践》，2003（2）第6 ~ 8页。

亿美元融资，才使其渡过难关[①]。

第四，组织并购。中央银行组织健全银行兼并或收购陷入危机的银行，承担其部分或全部负债，并购买它的部分或全部负债，并购买它的部分或全部资产[②]。

第五，设立过渡银行。由于危机银行在持续经营状态下的价值一般要大于立即破产清算时的价值，中央银行可以通过设立过渡银行全面承接危机银行的业务[③]。

第六，设立专门的危机银行处理机构。如美国为处理在20世纪80年代的全国性储贷机构危机，于1989年专门设立了RTC（Resolution Trust Corporation），负责接管和处置由联邦储贷保险公司承保而倒闭的储贷机构的资产。RTC从1989年成立起至1995年结束运作时止，共接管了747家储贷机构账面价值4560亿美元的资产，并将这些资产剥离、重组后出售，并收回82.62%的资产，与此同时，RTC还设法使1460家有问题的储贷机构恢复正常运营[④]。

误区三：金融监管协调机制谁"牵头"等于谁"兜底"

许多监管官员和专家学者认为，建立金融监管协调机制必须有人牵头，但是也有专家表示担心，如果让中央银行牵头，搞得不好会导致监管部门出现道德风险，"牵头"变成了"兜底"，救助有问题金融机构就变成了增发货币的主要渠道，从而影响到中央银行货币政策的独立性。

Goodhart和Schoenmaker（1995）的研究显示，央行所能支配的资源终究是有限的。为使无限制贷款原则更具操作性，中央银行在行使LOLR职能时，可以借助自己的权威地位要求若干个实力雄厚的稳健银行与之配合，

---

① 周清杰："问题银行救助的最后贷款人政策"，载于《金融理论与实践》，2003（2）第6~8页。

② 陈学彬：《当代金融危机的形成、扩散与防范机制研究》，上海财经大学出版社2001年版，第237~239页。

③ 同上。

④ 同上。

提供协同贷款。从20世纪80年代到90年代早期的104个银行危机中有25个案例采取的是协同贷款方式。这种方式改变了央行传统的“单打独斗”模式，有助于缓解资源约束。目前，协同贷款在某些国家已经演化为一种制度性的应对方案。如德国问题银行的短期流动支持就是由央行和各商业银行共同出资组建的专门机构——流动贷款合作银行（Liquidity Consortium Bank）来负责的。

Goodhart认为，中央银行自己实际上从来没有那么多的资金，也从来没有能力完全独立地资助任何大规模的救援行动。相反，它们是银行系统的信息收集者和协调人，鼓励并召集各个银行成为一个团体，为陷于困境的银行提供支持和援助。实际上几乎一直都大致是这种情况。英格兰银行就一直扮演着一个救援体系中的协调和中央运作的角色，而不是单独靠自己进行救援①。

误区四：监管部门等于主管部门

目前，各金融监管部门面临着一个主要矛盾就是如何解决监管与主管、规范与发展的矛盾。一些金融监管部门由于同时肩负着促进本行业发展的任务，因此很容易在追求行业发展的同时，忽略了行业规范，不知不觉地从监管部门变成了主管部门，最终被被监管者所“俘获”，成为被监管主体的利益代言人。

首先，发展本来是被监管者自己的事情，但由于监管部门要推动行业发展，因此就会有求于被监管者，甚至不惜邀请被监管者来为自己“托市”，从而在不知不觉中被被监管者所“俘获”。

其次，监管与创新历来是一对矛盾，按理说，业务创新本来也是被监管者自己的事情，而监管者在创新方面通常是比较保守的，但由于监管部门成了主管部门，成了被监管者的利益代言人，就会站在被监管一方去主动推动创新，最终被被监管者所“俘获”。一旦创新产品出现问题，就很难分清到底是监管者的责任还是被监管者的责任。

① 澳洲广播电台《金融世界》第十七讲《中央银行的角色变化》中Goodhart的讲话。

除此之外，监管者被被监管者所“俘获”的原因还有以下三点：一是我们行政部门的财务制度几十年如一日，目前仍然沿袭着计划经济时期的标准和水平，因此，上级主管部门和领导下去调研时不得不依靠基层监管部门，而基层监管部门又总要有一些需要来自上级主管部门的领导或其他要客需要应酬，因此常常不得不请被监管者负责招待，从而有求于被监管者；二是监管者与被监管者之间的工资反差过大，因而导致因监管者心理上的不平衡，从而出现“源于追求体面生活而导致的腐败”①；三是监管者与被监管者之间，即猫和老鼠之间的随意换位也容易诱导监管者被被监管者所俘获，从而使监管不能真正到位。

三、关于建立金融分业监管协调机制的各种不同看法

在调研中我们发现，关于如何建立金融分业监管的协调机制问题，主要在以下三个方面存在着较大的意见分歧。

（一）关于金融监管协调机制究竟应当有哪些部门参加？

尽管2004年中财办在给我们下达任务时曾明确指出，主要是要围绕着人民银行、财政部、银监会、证监会、保监会这5家单位建立监管协调机制，但是对于监管协调机制究竟应当有哪些部门参加，实际上还存在着各种不同的看法。

1. “3家说”

有部门指出，金融监管协调机制就是指银监会、证监会、保监会三大金融监管部门之间的协调合作。因为这三家机构的法定职责就是监管，执行一线监管任务。其他部门（指人民银行和财政部）都是在后台，只有当发生金融风险时才需要加入进来，不必过早介入。

① 学术上将腐败分为源于追求体面生活而导致的腐败和源于贪婪的腐败两种类型。

2. “3+1说”

许多人主张，人民银行必须进入协调机制，其理由主要有三：一是人民银行负有“最后贷款人”职责，因此需要提前把握信息；二是人民银行负有维护金融稳定的职责，因此需要全面把握金融机构的相关信息；三是中国人民银行法中明确规定“国务院建立金融监督管理协调机制，具体办法由国务院规定。”（见《中国人民银行法》第九条）。因此，人民银行只有进入协调机制才能够提前掌握信息，以便在救助濒危金融机构时能够作出准确判断和正确决策。

3. “3+2说”

有人主张，除人民银行以外，财政部也应当进入协调机制，其理由主要有三：一是财政部目前至少在名义上负担着国有金融资产出资人的职能；二是财政部负担着公共财政的职能，在应对金融危机或处置不良资产时有可能需要动用财政资金来“买单”或者支持重组金融机构；三是财政部负责着金融机构税收及财务会计制度标准的制定。

4. “3+2+2说”

在调研中有部门指出，“国家发改委的财金司事实上也在起着金融监管的协调作用”，并且目前公司债的审批工作是在发改委。在有关国家发改委财政金融司的“三定方案”中，也确有“负责汇总和分析财政、金融、保险等情况，研究和参与制定财政政策、货币政策及金融保险监管政策”等相关规定。

还有部门和专家指出，国家外汇管理局虽受人民银行管辖，但具有相对独立性，并且国家外汇管理局事实上已经在进行功能监管。因此，金融监管协调机制应当增加这两个部门。

但是，反对发改委参加监管协调机制的意见则认为，目前发改委审批企业债不是市场化的方法，而是传统计划经济时代的投资项目融资理念，因此应当将部分职能从发改委移交出去。而发改委应当参加的可能是宏观调控的协调机制（但也应以中央银行为主角），而绝不是金融监管协调机制。

反对外管局进入协调机制的意见则认为，目前外管局的职能应当分拆，其汇率管理职能应当并入财政部，监管职能应当并入银监会，而外管局本身则应当撤销。

5. “3+2+X说”

有部门和官员主张，金融监管协调机制还应当包括公检法和新闻管理部门，因为一旦发生金融危机或突发事件，这些部门都得介入。此外，还有地方政府研究部门建议，政策咨询研究机构也应当参加到金融监管协调机制里面来，以便及时掌握金融监管情况。

但是反对的意见则认为，参加监管协调机制的部门不宜过多，否则，部门利益错综复杂，相互扯皮，不易操作，参与的部门越多协调机制的工作效率就越低。协调机制如果搞得太泛就又会变成“小国务院”。因此，只应当允许那些非参加不可并且与金融监管直接相关的单位参加进来。

（二）关于金融监管协调机制应由谁来牵头？

关于金融监管协调机制应当由谁来牵头的问题，争论尤为激烈。共有五种主张。

1. 主张“轮流坐庄”，不要搞牵头单位

其理由是，“都是部级单位，谁牵头都不合适”以及“牵头容易导致垄断，将矛盾过度集中。如此次宏观调控就是国家发改委牵头，结果导致矛盾集中到发改委，而人民银行和财政部就都无法发挥作用了”。

但是，反对的意见则认为，协调机制如无人牵头、“轮流坐庄”，就等于没人负责，其结果必然是流于形式，只议不决，议也白议，无果而终。充其量只能是个神仙会、俱乐部，大家在一起开个茶话会，没有任何实际意义。

2. 主张“由人民银行牵头”

理由是：“谁出钱，谁牵头，谁负最后总责”。首先，人民银行负有最后贷款人和维护金融稳定的职能，并且人民银行是国务院组成部门，而其他监管机构则是部级事业单位。其次，银行监管职能分离以后，没有行业局限，更超脱、更宏观，应当可以在监管中起牵头的作用。再次，目前所有金融监管部门都是从人民银行中分离出来的，因此人民银行具有一定的权威性。

但是反对意见则担心，由人民银行来牵头，搞得不好就会出现监管部门的道德风险，“牵头”变成了“兜底”，从而影响货币政策的独立性。因此有专家主张，如果让人民银行牵头，就应赋予其对3家监管部门的“再监管权”，以防范监管部门可能出现的“道德风险”。对此，反对意见则担心，一则如此一来就会导致人民银行的工作重心重新放到监管工作上来，从而影响到其执行货币政策的主业；二是依靠政府部门对政府部门的“再监管”势必是低效率的，而应当依靠市场的力量和中介组织的约束作用。

3. 主张“由中立部门牵头”

理由是五个部门都是部级单位，谁也不服谁。只有五家之外的中立机构才适宜做牵头单位，甚至列举了中财办、国务院研究室和国务院发展研究中心等单位。

但是反对的意见则认为，“牵头者必须是有掌握监管资源的部门，如无监管资源，牵头也不会有人听”。

4. 主张还是应“由国务院牵头”

理由之一是，在我国，所有政府部门都是在国务院的领导之下，金融监管工作还得政府说了算，如果政府（包括中央政府和地方政府两个层面）不出面协调机制就运作不起来；理由之二是，上面由国务院牵头，下面由地方政府牵头，这种体制比较顺，上下统一。

但是，反对的意见则认为，国务院所要负责的工作面广、事多，如果事事都要由国务院出面，势必会影响协调机制的工作效率，也会过多地牵扯国务院领导同志的主要精力。

5. 主张成立一个“金融监管协调委员会（或协调小组）”

由国务院分管副总理挂帅，由国务院分管副秘书长直接负责。持这种观点的部门官员比较多。

但是反对的意见则认为，如果这样就等于对现有分业监管体制做出了重大调整，而另一部门人则担心又会增加机构和官员数量，违背中央有关精简机构的基本精神。

（三）关于金融监管协调机制应当采取何种形式？

在调研中我们发现，关于金融监管协调机制的具体形式问题上实际上也存在着多种不同看法。

1. 一种观点主张采取“联席会议”的形式，并且说明三家金融监管部门已经有了这种机制

目前在一些省市，这种联席会议也已经开始定期或不定期运作。但是许多部门和官员均反映，目前的“联席会议”虽然定期或不定期召开，并签订有备忘录，但是往往流于形式，不过是个俱乐部或茶话会，充其量只能起到互通情况的作用，既形成不了决议，也无法贯彻执行。

2. 另一种观点主张，比联席会议更重要的应当建立一个“信息交流的平台”，各单位随时发现问题随时可以拿到这个平台上，互相沟通信息

但是不同意见则认为，这种机制充其量只能起到信息共享的作用，仍然无法解决监管工作中的协调问题，无法形成共同决议和实现协同监管。

3. 再一种观点则主张还是应当将监管协调机制“做实”

形成一个“工作实体”，既有牵头单位或牵头人，又有秘书处或办公室。

4. 还有专家建议，协调机制应当采取类似“货币政策委员会”的模式

要像英国的英格兰银行与金融服务局那样，不仅要签订监管协作备忘录，而且各机构之间的高层领导应当交叉任职。

有专家指出，监管协调机制实际上是个“两难”的问题。如果是虚的，不建立经常性的机制，那么这个协调机制就无法真正发挥作用，设立与否结果都是一样；如果遇到重大风险的话，还得由国务院直接抓。如果是实的，则会变成监管部门之上的监管部门，一个部委下面管三个监管委员会或者是三个局，那么就等于是对现有的监管架构进行重大调整，就不是现行的分业监管格局了，而是一种全新的监管构架。因而强调，监管协调机制即要做实，又不能回到老路上去。

大多数部门、官员和专家学者则主张，无论采取什么样的协调机制，都一定要自上而下将其规范化、程序化、制度化、法制化，要分工明确，职责清楚，奖惩分明，要制定有关金融监管协调机制的法律法规，或以国务院暂行条例的形式尽快颁布实施。

四、关于金融监管协调机制的初步设想

关于上述几个问题，一些专家学者指出，金融分业监管协调机制应当是立体的、多层次的。所谓“多层次”本身又包含有三个层面。

第一个层面是指，金融监管协调机制本身实际上应当包含三个层次：①金融风险防范机制（日常监管协调）；②金融风险预警机制（金融风险评估）；③金融危机处置机制（金融危机管理）。

第二个层面是指，金融监管协调机制应当是自上而下的，不仅中央部

门之间应当建立，而且在地方（尤其是省级）层次上更应当建立，因为大量的金融风险防范、化解和处置工作都是在地方（省级）层次上展开的，协调工作也主要是在地方（省级）层次上进行的。

第三个层面是指，金融监管协调机制不仅应当有各单位领导决策层次上的，而且还应当有实际工作人员操作层次上的。

这里，我们综合参照以上各种意见，分别就如何在中央层面和地方层面建立金融监管协调机制的问题进行初步探讨。

（一）关于中央层面的金融监管协调机制

根据中国国情和国际经验，我们认为，中央一级的金融监管协调机制可以有三种选择（小中大三种方案），更确切地说，广义的金融监管协调机制应当分三个层次分别设立，同时并存，并根据金融风险的严重程度，依照事前规定好的程序和预案，依次递进、逐步升级。

第一个层次是关于金融风险防范协调机制，也就是日常的金融监管工作层面上的协调机制。应当正式成立跨部门的“金融监管协调委员会”（或称小方案），其成员应当包括人民银行、财政部、银监会、证监会、保监会5家部门的负责人，该层次协调机制似应由人民银行负责牵头（人民银行行长为牵头人）。

第二个层次是关于金融风险预警协调机制，也就是能够对金融风险进行独立评估和及时预警的机制。应当在“金融监管协调委员会”的基础上，扩展成立“金融风险评估（或预警）委员会”（或称中方案）。其成员应当包括人民银行、财政部、银监会、证监会、保监会等5家单位的负责人，（以及今后应当成立的金融风险评估机构、存款保险机构以及证券和保险业的风险补偿基金等机构的负责人）。该层次协调机制似应由国务院分管金融的副总理（或国务委员）负责牵头，由国务院分管金融的副秘书长负责落实。

第三个层次是关于金融危机处置协调机制，也就是当金融危机或重大金融突发事件发生时，对金融危机或金融突发事件实施必要的“危机管理”。

应当在“金融风险评估预警委员会”的基础上进一步扩展成为“金融危机管理委员会”（或称大方案）。该委员会的参加成员应当包括：国务院总理、分管金融的副总理（或国务委员）、分管政法的副总理（或国务委员），人民银行、财政部、银监会、证监会、保监会等5家单位负责人，（金融风险评估机构、存款保险机构、证券和保险业的风险补偿基金等机构负责人），政策研究部门，公、检、法以及新闻宣传部门的负责人。根据国外经验，该层次协调机制的牵头人应当是国务院总理。

这三个层次的协调机制应当在相关的法律法规或管理条例中有明确的程序性规定，即：在金融风险达到什么样的情况下升级到上一个层次，由上一层次协调机制的牵头人负责出面协调（如同消防队灭火时的基本规程）。

表1　　　　中央层次的金融监管协调机制

	牵头人	参与成员
日常监管协调	人民银行行长	人民银行、财政部、银监会、证监会、保监会
金融风险预警	分管金融的副总理（或国务委员）	分管金融的副总理（或国务委员）； 人民银行、财政部、银监会、证监会、保监会； （金融风险评估机构、存款保险机构及风险补偿基金）
金融危机管理	国务院总理	国务院总理、分管金融的副总理（或国务委员）、分管政法的副总理（或国务委员）； 人民银行、财政部、银监会、证监会、保监会； （金融风险评估机构、存款保险机构及风险补偿基金）； 公、检、法等部门及宣传部门

（二）有关地方（省级）金融监管协调机制的“初步设想”

除了混业经营与分业监管之间的矛盾以外，实际上还存在着金融监管体制的垂直监管（条条）与处置金融风险时主要依靠地方政府作用（块块）之间的矛盾（即条块之间的矛盾）。

因此，在地方层次上（尤其是省一级），也应当（甚至是更应当）建立起相应的协调机制。其具体原因，一是由于大量的金融监管协调工作实际上是在地方（主要是省一级）层次上进行的；二是任何金融风险的爆发都是首先从基层开始，从某个具体的地区开始的；三是多年来金融风险的处置工作也往往是在地方（主要是省级）一级展开的。

但是，地方（省级）的协调机制与中央的协调机制既要有所衔接，又必须有所不同。

这主要是由于涉及中央与地方的关系。首先，我国现行财政体制是中央财政与地方财政“分税制”；其次，人民银行必须保持相对的独立性，防止地方政府通过化解金融风险来干预或“倒逼”货币政策。

1. 关于地方（省级）金融监管协调机制的参加单位

目前，在一些省市已经建立了联席会议制度。参加单位通常有：人民银行分行、银监局、证监局、保监局和地方政府金融办（有关金融办的具体情况介绍见后）。在有些省份，参加协调机制的中央单位甚至还包括了审计署和财政部专员办（如湖南省）。

基于与中央层次的金融监管协调机制相互呼应又相对简化的考虑，我们认为，在地方（主要是省一级）层次上建立金融监管协调机制，可将三个层次的协调机制合而为一，建立一个统一的“地方（省级）金融监管协调小组（或委员会）”。

该委员会（或小组）组成，一方面是4个垂直领导的中央部门——人民银行分支机构、银监局、证监局、保监局；另一方面是地方金融办作为地方政府一方的代表，负责地方政府内部的协调工作（必要时包括协调地方财政、工商、税务、公安部门、司法部门以及宣传主管部门等）。

2. 关于地方（省级）金融监管协调机制的牵头单位

有地方政府官员指出，地方性金融机构，包括信用社、城市商业银行、证券公司等都与地方政府有着很密切的联系，因此在地方层次上建立金融监管协调机制，应当注意发挥地方政府相关部门（如金融办）的作用。在有的地方，甚至有人主张地方上的金融监管协调机制应由地方政府（金融办）来牵头。

对于后种建议我们深表担心，担心地方政府会通过借口处置金融风险来“倒逼”中央银行，借口保社会稳定来“要挟”中央政府。

因此，为了在高效、快速处置金融风险的同时，确保中央银行的独立性，防止金融监管部门的道德风险和防范地方政府通过处置金融风险倒逼货币政策，我们认为，似应由人民银行的上一级机构——大区分行来负责牵头辖区内各省市自治区的金融监管协调委员会，并召集相关会议。但是由人民银行牵头，地方政府有可能不积极配合。故需由国务院委托（授权）给人民银行牵头。

为此，人民银行及各金融监管部门自身的体制也应做出相应调整和改革（有关人民银行和金融监管部门的体制问题见后）。

（三）建立监管协调机制需要进一步明确的具体内容

目前，各方监管官员和专家学者都普遍认为，金融监管协调机制要正常运作并发挥应有作用，不能仅依靠某位领导或某个部门，而必须将其程序化、制度化、法制化，并注意从技术层面上加以具体规范。

1. 金融监管协调机制无论是在那个层次上，似乎都最好采取“货币政策委员会”模式，使之成为金融监管重大政策的主要决策场所，并规范决策方式

今后，凡各金融监管部门及相关部门（人民银行、财政部等）拟出台的与金融监管有关的重大决策都必须拿到该协调机制上（委员会）进行审议和表决。

2. 金融监管协调机制中不仅要明确规定具体的牵头单位，而且应当设立常设联络机构（办公室或秘书处），作为金融监管协调机制的指挥中枢

关于这个常设机构放在哪里，各方监管官员和专家学者中存在着不同意见。有的主张放在人民银行下面，也有的主张放在国务院办公厅下面，

还有的主张单独成立一个“金融风险防范（或风险预警或危机管理）领导小组办公室”。我们认为，该常设机构放在哪里应视金融监管协调机制的总体框架而定。但是协调机制下面的确需要有这样一个明确的、专业化的常设办事机构，具体承担日常协调事务。根据前面提出的三层次协调机制逐步递进的设想，我们认为将该常设机构放在人民银行可能更为妥当，能够与人民银行的日常工作结合起来。

3. 建立“联席会议制度”，并明确规定多长时间召开一次以及在什么情况下临时召开紧急会议

金融监管协调机制如果采取上述三层次递进的模式，则第一层次的协调机制，即由人民银行牵头的“金融监管协调委员会”，至少应当每季度召开一次定期联席会议。在必要时还可召开临时会议，并讨论是否应当升级到上一个层次研究决策。

第二个层次的协调机制，即由分管副总理牵头的“金融风险评估委员会”，每年应当至少召开一次金融风险评估会议，必要是可临时召开紧急会议，并决定是否升级到上一个层次研究决策。

第三个层次的协调机制，即由国务院总理牵头的“金融危机管理委员会”，当金融突发事件爆发时，或前一个层次的“金融风险评估预警委员会”认为有必要时，报请“金融危机管理委员会”的牵头人（也就是国务院总理）临时召开紧急会议。此外，每届政府至少应当在上任时召开一次全体会议，全面评估该协调机制的运作情况。

4. 详细规定各相关部门之间信息共享的具体内容和相应的保密制度，明确协调监管的具体内容，规定决议形成或决策表决机制，建立会议备忘录制度，并酌情向社会公布

《巴塞尔核心原则》中明确提出：在一个有效的银行监管体系下，“还应建立监管者之间分享信息及为信息保密的各项安排”。因此，一方面，在协调机制框架内，各方应明确提出希望其他部门提供的信息（包括指标

范围、时间要求）等，并对未能提供相应信息的部门和个人规定具体的处罚办法；另一方面，还必须采取适当的措施，确保本部门向其他部门提供的任何需要保密的信息都只能被用于监管目的，对于滥用监管信息的行为也应有具体的处罚办法（尤其是将监管信息用于炒股的行为显然属于内幕交易，应当给予严惩）。

5. 建立国家级专门机构（有关内容见后），研究制定金融风险等级标准

对于各种风险指标要量化、细化，要制定金融风险等级标准，同时制定金融风险的防范—预警—处置的一整套程序，并将其“手册化”，细化落实到各个环节和每一个岗位。

6. 进一步明确和细化各相关部门的职责，理顺各部门的内部关系

尤其应当注意区分监管部门与主管部门的职能不同。一般来说，监管部门侧重于合规性审慎监管，主要着眼于规范金融机构的行为和市场秩序，而主管部门主要考虑的是如何促进该行业的发展，因此二者之间存在着目标冲突，如果将两种职能放在同一个部门里，必然会导致监管部门在规范与发展的双重目标之间顾此失彼。

7. 建立对监管协调机制的检查监督和奖惩制度

应当明确规定在什么样的情况下如何组织实施联合检查，包括由哪一部门牵头，其他部门如何配合，以及检查的具体方式等，各个部门在联合检查中应进行分工，明确责任。

8. 根据英国等国经验，可以探讨和试行在金融相关管理部门之间建立交叉任职制度，以有利于相关部门之间的信息沟通和监管协调

总之，目前关于建立金融监管协调机制的呼声十分强烈，而且越是基层监管部门和地方政府呼声越强烈。各个方面都迫切希望国务院尽快拿出

具体方案，早日启动。

但也有个别专家指出，金融监管协调机制的建立需要逐步推进，不能一蹴而就，首先尽快将协调机制的基本框架搭建起来，然后再逐步加以细化和完善。为此，只要有人牵头，就会逐步推进，具体落实。

为此，建议尽快以国务院名义就金融监管协调机制问题制定《暂时条例》，并公布实行；同时，全国人大也应着手起草相关法律法规，争取早日出台。

五、关于完善金融监管体制的若干思考

为了使金融监管协调机制能够较好地发挥作用，有必要进一步改革和完善金融监管体制，理顺各部门内部的行政关系，分清各部门之间的权责关系，处理好中央与地方的关系。根据实地调研，我们认为应当尽快解决好以下几个比较突出的难点问题。

（一）关于理顺人民银行内部以及各金融监管部门内部行政体系的建议

最近一个时期，一些实际部门和理论界纷纷提出人民银行大区行制度存在的各种问题，认为当初人民银行设立大区行的改革是失败的，因而主张走回头路，恢复过去的省级分行体制。我们认为，大区行体制改革的初衷还是正确的，为的是排除地方政府对中央银行货币政策的直接干预。目前大区行体制所存在的问题主要是由于以下原因造成的。

首先，最初在设立人民银行大区分行时，给大区分行规定的行政级别过低，随之，省市中心支行的行政级别也被相应压低，因而使得人民银行的权威性非但没有得到提高，反而有所降低。人民银行分支机构不得不以较低的行政级别与地方政府相关部门打交道。

其次，上面(人民银行总行)应当下放给大区分行的权力没有及时下放，而下面的分支机构又未能及时撤销，导致该上收到大区分行的权力没能及

时上收，其结果必然是大区分行被架空在中间。

再次，政府职能转换一直未能到位，尤其是地方政府仍然肩负着繁重的发展经济重任，因而对中央银行有着较为强烈的特殊需求。

最后，当时银行监管与货币政策职能尚未分离，导致对大区分行的正面评价（如“地方政府对货币政策的干预明显减少”）和负面评价（如“跨省监管成本过高，缺乏地方政府配合”等）同时并存。

我们认为，如果不能够正确总结大区分行不成功的真正原因，盲目取消大区分行制度，走回头路的话，就必然会重蹈过去地方政府干预货币信贷政策的覆辙，因此相当危险。更何况，现在人民银行的银行监管职能已经分离出去，更没有必要走回头路。

与此相关联，3 家金融监管部门分支机构的设计最初也与大区行模式有关，其结果，目前有的省市的“监管局”为正厅级，而大多数省市则为副厅级，这显然不符合中国国情和行政系列的传统习惯，还人为造成了省际间的行政差别，从而削弱了监管部门的权威性和公平性，以至于在基层常常出现被监管的金融机构负责人反有资格出席相关会议，而监管部门负责人却因行政级别低半格而参加不了会议的奇怪现象；甚至闹出“被监管机构负责人给监管部门负责人传达文件、通报情况”的大笑话。这一现象如果得不到及时纠正，金融监管协调机制就很难建立起来，即使建立起来也无法正常运作。

为此我们建议：尽快研究和加快人民银行自身的体制改革，理顺行政关系。

首先，为使人民银行在日常监管协调机制中更好地发挥“牵头人”的作用，提高中央银行的权威性，我们认为有必要适当提升人民银行行长的行政级别。在调研中有地方同志指出：“如果人民银行行长的行政级别至少是个国务委员，人民银行出面协调就会方便多了”。但是反对的意见则认为，“这样做恐怕有悖于中央银行改革的大方向，会影响中央银行的独立性”。因此，我们建议可否将人民银行行长的行政待遇在名誉上加以提高（如提升至“四副两高”行列），但不宜冠以国务院副总理或国务委员职衔。

其次，为了便于地方层次（省级）的监管协调，建议将大区分行升格为副部级，并系统研究省以下分支机构和人员的职能和出路问题。而3家监管部门的省级分支机构似乎也应当相应地统一为正厅级，以便基层监管部门更好地开展监管工作。

再次，建议将金融控股公司的母公司监管职能明确放在人民银行（为此，人民银行可能还需要设立专门的监管司局），并对金融控股公司的母公司经营具体业务进行限制（即只允许搞纯粹型金融控股公司，并禁止母公司经营具体业务），而从事分业经营的子公司仍由各金融监管部门实行分业监管。为此，国务院似应尽快责成有关部门对金融控股公司进行专门立法或制定监管条例，明确监管职责。

（二）关于成立“国有金融资产管理委员会”的讨论

1. 关于是否有必要成立国有金融资产管理机构问题

针对近年来关于成立“国有金融资产管理委员会”的建议，反对的意见认为，首先，世界上没有金融国资委的先例，无法从实践中证明这种机构一定会有积极效果；第二，金融国有资产只有整个国有资产的十分之一，单设不符合机构精简的原则；第三，国资委并没有能完全解决管人的权利，仍然有53家国有企业的负责人由中组部任命，金融机构资产一般都比较大，其主要负责人的任命权不大可能旁落给金融国资委；第四，金融国资委有可能成为金融企业的新婆婆，加上银监会，对金融机构的监管部门比一般国有企业还多，因此金融企业的活力会被卡死；第五，如此又会多出一家涉及金融风险协调机制的部门，协调的难度会进一步加大，最终只可能增加国务院的工作量；第六，独立的金融国资委如果统一职权，那么会出现权力过大、过于集中的现象，导致金融资产实际上的部门所有，强化国家对金融的垄断，出现新的利益集团。经验表明，国资委已有这样的趋势，在照顾国有企业利益的同时而损害了社会公众利益。此外，在中东欧转轨国家也出现过国有资产管理公司阻碍企业重组的情况。

但是另一方面，赞成成立“国有金融资产管理委员会”的意见则指出：首先，国有金融机构之所以搞不好，最主要的原因就是由于缺少国有金融资产的所有者代表。因此一些专家学者建议：应当尽快成立“国有金融资产管理委员会”，专门行使国有金融机构出资人的权利和职能。有专家甚至指出，“有了金融国资委也未必没有损失，但至少在机制上是完善的”，而“金融国资委晚成立一天国家就会损失很多钱”。

其次，现行做法（即国有金融资产的所有者代表名义上放在财政部）有所不妥。这是由于，一是政府部门的所有者职能和公共管理职能必须分开，金融资产保值、增值的目标和公共财政的目标是有冲突的，财政部作为国有金融资产的出资人不利于中国公共财政体制的建立。二是财政部作为股东代表，容易和国家权力结合起来，把国家权力和股东权利混淆起来，这样，所有者最终还是没有人格化。三是1998年成立的归口财政部管理的国有资产管理模式的失败也是前车之鉴。

再者，认为国资委也不适合作为国有金融资产的所有者代表。当前社会信用秩序破坏得十分严重，企业拖欠银行的重要原因之一就是国企和国有商业银行是同一个所有者，国有企业把国有银行当成第二财政。如果把金融资产纳到国资委，就会软化企业的债券债务约束，引发关联交易和指令性贷款。

此外，监管机构也不适合作为国有金融资产的所有者代表。由监管部门负责所辖国有金融机构的改革，不仅会造成监管部门（监管与改革之间）的目标冲突，而且还会导致被监管机构（自己的儿子、干儿子与别人的儿子）之间的监管不公。

最后，人民银行更不适合作为国有金融资产的所有者代表。因为一旦央行负责国有金融资产，就有走回头路的可能，并且会影响到货币政策的独立性。

目前国有商业银行的改革是由人民银行在负责。但是，由人民银行来负责推动国有商业银行的改革，就会出现当人民银行协调不了财政部等其他单位时，就只好“从自己兜里掏钱买单”，其实，动用外汇储备向国有商业银行注资背后的机理就是如此。但是，如果只图当前处置金融风险和不良资产的一时痛快，最终则有可能酝酿和积累出更大的道德风险和货币危机。

当前的国有商业银行改革，不仅出资人不在位（汇金公司如果不能做实的话），而且是内部人在设计改革方案（内部人首先想到的是自己的位置和如何拿到高薪），再加上人民银行牵头“买单”（所谓“花钱买机制”），而改革又不能“到位”（银行高管人员仍由党组织决定）的话，则这场“输不起的改革”很可能已经输了一半了。

2. 关于国有金融资产管理机构的模式选择

有部门和专家提出，“金融国资委职能”实际上共有三种模式可以选择。

一是作为行政部门，将现在的财政部金融司更名为“国有金融资产管理司”，仍隶属财政部领导。其优点是改革动作小、成本低，易于实行；缺点是作为行政机关，容易会因官僚主义等原因导致出资人仍然不能真正到位。还有专家认为，由于国有金融资产管理不属于公共事务，因此没有必要作为行政部门设立。

二是成立“国有金融资产管理委员会”，作为“第三部门”保持相对独立，可继续放在财政部下面代管（如同外管局模式）。这种模式的优点是国有金融资产的出资人比较明确，责任清楚；而反对意见则担心又会多出一个新的机构，不符合机构精简原则。也有专家主张“金融国资委应当从财政部分离出来，因为财政部门只应负责公共财政职能”。

三是作为公司实体，以“国有金融资产管理（或控股）公司”的形式代表国家行使出资人职能（汇金公司模式）。有多个部门和部分专家认为，作为公司实体，公司化运行比行政化管理更符合市场规律，更具效率优势。由于公司的财务报表要及时对外公布，因此存在着一定的经营压力，从而使得其财务约束力更强。同时，公司运行的费用需要从公司盈利中提取，使得公司有分红的压力，导致出资人有动力去监督企业的经营状况。因此，公司化模式对于解决国有出资人缺位问题更行之有效，国有出资人代表的公司化运作，对于有效解决出资人自身的激励约束问题，减少委托代理风险，具有积极的作用。总之，控股公司模式使得“出资人”比较容易到位，监管力度会更强；但也有专家指出，其缺点可能是管理成本比较高，因为公司高管人员是要拿高薪的。还有人担心，一旦金融资产管理（控股）公司有其自身利益和经营目标，就有可能偏离国有金融资产出资人的应有目标。其次，由于金融控股公司没有行政级别，因此比较难以协调与其他政府部门之间的关系；再者，国资委的实践证明，金融资产管理公司对于庞大的国有商业银行来说可能会出现权威性不足的现象；此外，国有金融资产（控股）公司的高管人员如果是以政府官员和经营者的双重身份出现，也有可能导致其高管人员自身的角色冲突。最后，再者党管干部原则和公司化出资人选择经营者的原则相矛盾，如果不能实现管人、管资产和管事的统一，所谓有效的公司治理结构就是一句空话。

我们认为，无论是采取“金融国资委”，还是“汇金公司”都要比行政部门的模式更有效率，国有金融机构出资人职能更容易到位。

有专家认为，即使成立“金融国资委”或扩大“汇金公司”，也没有必要让其加入到金融监管协调机制中来，而只应起到出资人的作用，从出资人的角度关注经营效果和人事任免等。但是我们认为，鉴于我国目前国有金融资产的比重较大，国有金融机构的问题较多，因此至少在初期应当让其参加到协调机制中来；以后，随着国有金融资产比重的逐步下降再逐渐“淡出”。

（三）关于设立“金融风险评估机构”的设想

1. 关于成立“金融风险评估机构”的必要性

一些亚洲国家自亚洲金融危机爆发以后，立即成立了金融风险评估机构，专门用于24小时全天候追踪研究国际金融市场动向。该机构相对独立，直属总统办公室，并每天至少一次直接向总统提交追踪研究报告。

有鉴于此有专家指出，为了加强“金融风险的发现——预警机制”，在我国也很有必要成立一个与之类似的相对独立的国家级“金融风险评估机构”（类似“国家疾病监控中心”），以确保金融风险能够被早期发现和及时预警。

该“金融风险评估机构”应制定金融风险的等级标准，拥有一整套分析指标和科学的评估方法，并规定有严格的预警程序（类似气象预报和恐怖活动预警）。如果该机构不承担任何监管责任，因而可以比较超脱，有助于金融风险尤其是对跨行业、跨部门、跨地区的交叉风险的早期发现和及时预警。

该“金融风险评估机构”不论采取什么样的模式，都应当独立存在和独立运作，并拥有直接向金融监管协调机制最高负责人提出预警的快速通道和特殊权利。

该机构只有能够参与金融监管的协调机制，才有可能及时获取应得的相关信息。但由于其不负责监管职能，因此只需列席相关会议、获取相关信息，而无须拥有表决权或参与决策。

2. 关于如何组建“金融风险评估机构”

一种办法是组建全新的“金融风险评估机构”。这种方案的优点是，可以从一开始就采用全新的设计理念，易于引进高素质人才，不易受一些传统习惯的干扰；其缺点是，所需时间较长，成本较高。

另一种办法就是利用现有机构，并加以改造。

方案 A：将人民银行金融稳定局的职能加以扩展，增加其风险评估和预警功能。该方案的优点是，有现成的机构可以利用，改革成本较低，并且与目前金融稳定局的职能有一定关联；但缺点是，机构不够独立，容易受人民银行和金融稳定局现行职能的局限，容易因忙于处理眼前的金融风险而忽略了对长期风险的评估和预警。

方案 B：将现有的“国家信息中心”改造而成。其优点是，成本较低，也解决了国家信息中心的出路问题；但缺点是，现有人员可能缺乏相关专业知识，组织机构也需要一定的调整期和适应期。

方案C：将国务院发展研究中心的金融所改组、提升而成，其优点是，该研究所已有较强的专业人才储备，并且有助于解决该金融所的行政经费来源问题；但缺点是，有可能难以协调与发展中心的关系。

（四）关于成立存款保险机构及各种风险补偿基金的作用

存款保险制度是为了保护存款人利益和维护银行体系安全而建立的一种风险补充制度。目前，尽管在学术界尚有争论，但在实际部门，对于建立存款保险制度已经形成了越来越多的共识。人们意识到，显现的存款保险制度尽管会有新的问题出现，但是总比现行的隐性存款保险制度要好。而且，不仅银行应建立存款保险制度，而且证券、保险等方面也应建立相应的风险补偿制度。

其实，目前人民银行与银监会之间的一些争执以及各级政府在金融风险应急处置方面的大量工作均与此有关。如果有了存款保险制度和风险补偿制度，当金融风险发生时，无论是中央银行还是金融监管部门，也无论是中央政府还是地方政府都可以轻松许多，至少不必为老百姓上街闹事而发愁，而且还可以有效地防止某些金融机构的经营者“挟持”广大投资者和老百姓做“人质”，“要挟”中央银行和中央政府的现象。

此外，建立存款保险制度还可以将现有的4家资产管理公司整合进存款保险体系中来（如日本、韩国模式），将目前的金融风险“个案应急处置方式”转化为程序化、公平化的“规范处置方式”，防止因个案处置方式所导致的各级政府、各部门领导精力牵扯过多、处置方式不规范、处置成本过高、处置结果不公平以及个案处置的“便捷”导致总体风险的积累等诸多弊端。

然而，要建立存款保险制度和风险补偿制度，就必然要成立相应的存款保险机构或基金。而这类机构或基金，为其自身利益，也会承担起一部分微观监管的职能。因此，也会主动要求加入到金融监管协调机制中来。

我们认为，为了有效地发挥存款保险机构或风险补偿基金的微观监管作用，也应允许其加入到金融监管协调机制中来。只是由于其不具有宏观监管职能，且非行政授权单位，因此可以列席联席会议，但无权参与决策。

（五）关于统一规范地方政府“金融办”的建议

近年来，一些地方相继建立起专门负责处理金融相关工作的“金融办”组织。在此次调研中据地方同志称，目前大部分省市已自主建立了“金融办”（据称已有 2/3，具体数字正在统计中），并将其设定为常设机构。尽管名称各异（有的叫作“金融证券工作领导小组办公室”，有的叫作“金融服务办公室”等），职能也不尽相同（有的主要负责处置金融风险的工作，有的还负责本地公司的上市推荐工作），但总体来看，凡是设有金融办的省市（如上海、广东、湖南），至少地方政府内部的协调工作（如财政、公安、司法、宣传等部门）可以由金融办负责统一协调；而在没有金融办的省市（如四川、江西等），地方政府一侧的协调工作通常就比较复杂，由分管副省长负总责，由对口的副秘书长负责具体的协调工作，省办公厅或财贸办承办具体事务，或临时组成有各相关部门参加的“金融风险处置小组”。

总之，一方面，从地方政府方面来看，凡设有金融办的省份，其内部协调工作比较容易；而没有金融办的省份，地方政府内部的协调工作就比较复杂。

另一方面，据各基层监管部门反映，每当金融风险发生时，在设有金融办的省份，监管部门与地方政府的协调工作通常比较容易一些；而没有设立金融办的省份通常就比较麻烦，基层监管部门负责人要去一个一个地找地方政府相关部门和相关领导，有时甚至还要靠私人关系才能够解决问题。

同时，也有地方官员反映，设立金融办缺乏法律依据，而且容易把风险集中在地方政府。

有鉴于此，我们建议，中央有关部门似应对各地的金融办机构做出统一的制度安排，统一规范其名称和职能定位，以利于地方（省级）金融监管协调机制的建立和运作。

（六）关于中央政府与地方政府的金融事权划分

长期以来，我国不仅在政策研究部门，就是在学术界，对于“金融事权”的划分也研究甚少。到底在维护金融稳定方面，中央银行应当做什么？金融监管部门应当做什么？中央政府应当做什么？地方政府应当做什么？所有这些问题，至少在理论上或法律上应当将有关权限和界限说清楚。

目前，对于金融监管和金融风险处置问题，各地各级地方政府意见很大，他们认为，地方政府对于金融机构（无论是全国性金融机构还是地方性金融机构）平时无任何监管权，也不掌握任何信息，而一旦出了问题却要求地方政府出面“兜底”，出钱保稳定，这样很不公平。有地方官员指出：目前金融监管上存在的一个重大问题是，监管责任不明确，而监管责任是金融协调机制有效运行的基础。尤其是在对城市信用社、城市商业银行、农村信用社的监管方面，目前的监管职责在垂直的金融监管部门，但出了问题则归地方负责，因为地方要保社会稳定。

特别值得一提的是，近年来，各地各级地方政府在处置金融风险方面做了大量的工作，然而无论是地方政府动用财政提供担保，还是动用公安司法部门，都缺乏相应的法律依据，有些地方政府官员认为甚至是违反现有法律的（如，地方政府财政为获得人行再贷款担保的做法就违反了《担保法》中的有关规定①）。所有这些，均导致在处置具体的金融风险时，在地方（尤其是省级）层次上需要进行大量的协调工作。

如果这些根本问题不能够得到有效解决，即使（地方层次上的）金融监管协调机制建立起来也可能不堪重负。

---

① 《中华人民共和国担保法》第八条规定：“国家机关不得为保证人，但经国务院批准为使用外国政府或者国际经济组织贷款进行转贷的除外”。

鉴于经济是多层次的，财政是多层次的，金融机构是多层次的，因此金融监管也应当是多层次的。基于这种认识，我们建议对于地方性金融机构（如城市商业银行、城乡信用社等）的监管权力应当适当下放，至少可以借鉴日本的做法，将地方金融机构“委托”给地方政府（金融办或财政部门）代为监管，并签订代管协议。如此，既可以实现地方政府的权责利统一，也可以减少道德风险的产生，当这些地方性金融机构出问题时，由于影响面有限，责任也比较清楚，因此中央银行和监管部门都可以有较大的回旋余地。

但对于此前形成的历史遗留问题必须加以妥善解决，以免影响今后金融监管体制和监管协调机制的正常运作。

总之，建立地方金融监管协调机制要注意发挥地方政府的作用，保证信息共享。同时，地方财政部门也应根据地方金融的实际情况建立地方性的“金融风险准备金”，以备化解地方性金融风险时的应急之需。

国务院发展研究中心
宏观经济研究部
金融监管协调机制课题组
课题负责人：魏加宁
报告主笔人：魏加宁

附件4-2　转轨国家如何防范金融监管中的腐败行为①

转轨国家普遍存在着两种现象：一是腐败行为蔓延，二是金融秩序混乱。两种现象之间的连接点则是金融监管中存在的腐败现象。中国作为转轨国家，在金融监管中也同样存在着腐败现象。

一、金融监管中存在的腐败现象

根据“主权在民”的原理，金融监管是社会公众通过一定的法律程序，赋予金融监管部门的特定权力。金融监管部门在依法获得金融监管职权之后，便拥有了对金融市场秩序、金融机构行为以及金融机构的偿付能力进行监管的“垄断”权力，但往往同时也拥有了对金融机构的活动进行干预的可能。对于这样一种垄断性权力，如果其内部缺乏严格的内控机制、外部缺乏必要的社会监督，那么腐败就不可避免地随之产生并泛滥。在转轨国家，金融监管中存在的腐败现象主要有以下几种形式：

（一）利用审批特权寻求“腐败租金”

在转轨国家，由于计划经济体制惯性，金融监管部门往往对金融市场的准入和金融机构的业务范围依旧实行十分严格的控制和限制，拥有市场准入审批特权的金融监管官员就有可能通过拒绝批准、提高准入门槛或增加不合理要求以及故意拖延审批时间等方式对申请者进行刁难和“设租”，从而收取“腐败租金”。实行严格的市场准入限制必然使得金融机构的“特许权价值”大幅升值，相应地，金融监管部门专项审批权的“市场价格”也会随之大幅升值。一般地，政府对金融市场准入的控制越严格，审批权限就会越集中；而审批权越集中，其自由裁量权也就越大，审批权的价值就会越高；而自由裁量权越大，审批权价值越高，发生腐败的概率也就越

① 本报告写于2003年，并发表在《中国经济时报》2003年3月28日。

高。因为审批权限集中度越高，潜在的受贿者越少，而潜在的行贿者越多，通过行贿者之间的激烈竞争，“腐败租金”或“贿赂价格”就会迅速抬高。由于转轨时期，潜在的行贿者会大量增加，因而这种竞争会非常激烈。其结果，在高额腐败租金的诱惑下，发生腐败行为的官员的绝对数虽然可能会有所下降，因为集权导致拥有相关权力的官员人数减少，但是相对数却会大幅上升，即拥有相关权力而发生腐败行为的官员占拥有该项权力官员总数的比率会绝对地上升。在中国，长期以来一直对金融机构实行着严格的市场准入限制和过度保护政策，金融机构和上市公司作为一种“壳资源”，其“特许权价值”比起其他国家来就显得更加昂贵，因此争取“壳资源”就成为各方利益主体争夺的焦点；进而负责审批这种“壳资源”的金融监管者就成了“公关攻关”的重点，金融监管者手中的“审批权”也随之身价倍增。在这种情况之下，如果缺乏严格的内部约束机制和透明的政务公开制度，就难免会有某些金融监管官员在“暴利”的诱惑下置社会公众的利益于不顾，铤而走险。

（二）利用核心机密换取“腐败收益”

金融监管部门官员行使金融监管权力时，必然会遇到或产生大量的核心机密。这些机密，既包括国家机密，也包括大量的商业秘密。一般地，国家对金融的控制越严格，国家机密的市场价格就越高；而市场竞争的程度越激烈，商业秘密的市场价格就越高。作为转轨国家，一方面国家对金融的控制依旧十分严格，另一方面市场的竞争程度又日趋激烈，因此，国家机密和商业机密的市场价格都很高。如果国家机密或商业机密被以不适当的方式泄露出去，不仅会造成金融市场的不公平竞争，严重时还会造成金融市场的剧烈动荡。由于我国尚处于转轨时期，金融监管部门设立的时间还不很长，内部保密制度尚不够完善。更重要的是，长期以来我们对于机密的理解和定义一直是延用计划经济时期的传统观念，存在着“重政治机密、轻经济机密”“重政府机密、轻商业机密”“重政策内容、轻决策过程”的倾向。尤其值得一提的是，在市场经济条件下，金融监管当局有关决策的各种信息中有相当一部分属于高度核心机密，尤其是在政府决策过程尚不够透明的情况下，谁能够率先获得这些信息，谁就有可能在市场上占据先机，获取暴利。

（三）利用现职权力换取“腐败期权”

作为转轨国家，一方面，金融机构管理人才往往比较匮乏，而另一方面，金融机构的治理结构又存在严重缺陷，再加上传统的干部人事制度缺乏必要的约束机制，导致金融监管者与被监管者之间人员流动的随意性很大。在我国，具体表现为大量的金融监管官员主动“下海”经营金融机构和少数金融机构负责人“上岸”到监管部门任职。而对于这两种现象，有关部门至今尚未做出任何限制性规定。金融监管者与金融机构高管者之间随意“换位”的结果，造成监管者和被监管者之间角色混淆、站位不清。有些人，一会儿是“猫”——监管者，一会儿又当“老鼠”——被监管者，说不定过些日子还有可能又回来当“猫”。于是，在这种大的背景之下，就会有一少部分金融监管者，其所追求的并不是为了作好金融监管工作，也不是为了维护金融市场的公平竞争秩序，更不是为了什么国家利益，而只是为了编织自己的个人关系网，并通过在金融监管部门工作期间尽量提高自己的当前“位势”，为自己将来“下海”到金融机构当“老总”铺平道路，因此，干起监管工作来必然是“心慈手软”，总要为自己“留后路”“买人情”，以换取未来的“腐败期货”或“腐败期权”。另一方面，一旦这些人到了金融机构当“老鼠”时，则又显得比一般人更加“神通广大”，倚仗着自己当“猫”时织就的关系网可以“摆平一切”，别人办不成的事情他能办到，别的金融机构做不了的业务他能做，甚至将过去预留的“腐败期货”或“腐败期权”“变现”。如此，不仅造成了金融市场上的不公平竞争，而且弱化了金融监管的力度，使腐败行为更加隐蔽化、长期化和软性化。久而久之，难免会有一些“猫”和“老鼠”会因自己的身世相同或追求的目标一致而渐渐成为“一家人”，私下进行“共谋”，联手对付金融监管。这恐怕也是中国多年来一直在高喊“加强金融监管”，而金融监管却总也到不了位的重要原因之一。

二、金融监管中的腐败行为危害更大

金融是国民经济的命脉，信用是市场经济的基础，而金融监管决定着命脉的运行是否通畅、信用的基础是否稳固，如果金融监管中出现腐败行为，不仅金融市场的资源配置机能会受到扭曲、配置效率会大大降低，而且会由于公平竞争的原则得不到维护，使得金融监管部门的权威和信誉受到损害，最终将有可能破坏整个信用体系，造成金融市场秩序混乱，危及国家金融安全，甚至导致社会动荡。

（一）扭曲资源配置机制、降低资源配置效率

首先，金融监管本身是为了维护市场机能的正常发挥，如果在这一关键环节上出现腐败现象，就会因金融监管者的个人利益导向而导致金融市场资源配置机能的扭曲，造成金融资源的误配置，金融资源配置效率的低下。其次，金融监管环节如果出现腐败现象，必然会增加企业的运营成本，这不仅体现在生产企业为了获得融资、金融企业为了拓展业务而不得不向某些监管官员行贿，需要花费一定的费用，同时还体现在金融监管官员的寻租腐败行为会给生产企业和金融机构经营者带来巨大的时间成本。再次，金融监管部门如果出现腐败现象，必然会加重金融市场上的信息不对称现象，加大金融市场的振荡，从而削弱政府弥补市场缺陷的能力，并且有可能使市场化改革夭折，使整个市场经济出现“拉美化”和“菲律宾化”现象，使国家或迟或早都要为此而付出巨大而沉重的代价。这主要是因为，腐败所产生的“激励机制”会刺激官员们的“胃口”，使其提出的“要求”越来越高，“如果对受贿额10%的腐败行为听之任之，就会使人产生将受贿额提高到15%或者20%的冲动”；并且，尽管“审批权”可以垄断，但是“腐败权”却无法垄断，因此很快会有更多的有权者随之效仿，因示范效应而导致“腐败泛化”；进而还会出现对相关权位的激烈争夺。一般地，某项权力的垄断程度越高，权力争夺的程度也就越激烈。

（二）践踏公平竞争原则，丧失社会公众信赖

金融监管环节上出现腐败现象，必然会导致金融机构之间出现不平等竞争，使得少数金融机构能够凭借特殊关系获得特殊关照，从而迅速发展壮大；而大多数金融机构则在竞争中处于劣势地位，“总也赶不上点儿”，经常面临“一出手即被套牢”的局面。久而久之，一方面，对于少数得到“优惠待遇”的金融机构而言，金融监管形同虚设；另一方面，一旦人们发现少数金融机构与金融监管者之间的特殊关系之后，金融监管部门的信用和权威就会受到极大的伤害，令不能行、禁不能止的现象自然不可避免。

（三）信用体系面临崩溃，金融市场出现混乱

一旦金融监管部门因腐败而导致信用丧失和威信失坠，金融监管失灵，信用体系就会随之被瓦解，市场秩序也就会出现大乱，而隐藏多年的不良资产问题也就会立即显现，广大百姓就有可能从银行抽逃存款，从证券市场抽逃资金，从保险公司退保，从而使整个金融体系面临崩溃，甚至酿成金融危机。从许多爆发过金融危机的发展中国家和转轨国家来看，直接导致金融危机的原因固然多种多样，但或多或少都与金融监管当局的政策失误和平时的监管不严有关，而金融监管当局的政策失误或监管松懈的深层次原因又大多与腐败现象密不可分。

三、加强金融监管必先加强防范腐败

为整顿金融秩序，加强金融监管无疑是十分必要的。但从转轨国家的历史经验来看，要想加强金融监管，就必须首先加强对金融监管部门的监管，加强对监管部门腐败行为的防范。而对于金融监管部门的监管，必须“双管齐下”，一方面要强化金融监管部门的内控机制，另一方面则要加强对金融监管部门的外部监督。

（一）强化市场机能，减少行政审批

防范金融监管中的腐败行为，最有效的办法之一是强化市场机能，减少行政性审批，从而减少腐败行为发生的可能性。正所谓“皮之不存，毛将焉附”。将金融监管部门的行政性审批范围缩小到最低限度，就可以大大减少金融监管官员的“审批权限”和“自由裁量权”的空间，从而减少通过腐败行为牟取暴利的机会。

（二）实行政务公开，完善保密制度

对于那些必须由金融监管部门去做的事情，应从两个方面着手：一方面，对于凡是能够公开的政策内容以及决策过程，都应当实行政务公开制度，尽可能地增强金融政策尤其是决策过程的透明度，以便使市场人士能够对金融监管者进行有效监督；另一方面，对于那些在一定时期、一定范围内必须实行严格保密的政策和决策，必须加强保密工作，完善现行保密制度，修改有关机密的定义和对泄密行为的定性，以防止对有关金融政策和决策机密被泄露，防止在金融市场上出现有的人先知先觉，而有的人后知后觉；或者部分市场人士知道，而另一些市场人士则根本不知道的不公平现象。

（三）完善工资收入制度，建立激励—约束机制

有关“高薪养廉”的理论研究和实证分析表明，政府官员的工资水平与腐败行为之间在一定的范围内存在着统计上的负相关关系，即工资水平较高，则腐败水平相对较低。在理论上，可以将“腐败”进一步划分为“需求的腐败”和“贪婪的腐败”两种。政府官员为了能够保障自己家庭维持体面生活而实施的腐败行为被称之为“源于生活基本需要的腐败”；而超过部分被称之为“源于贪婪的腐败”。如果金融监管者的工资水平过低，与被监管者的反差过大，无疑会增加腐败行为发生的可能性，使得一些金融监管官员为了使自己和家庭能够过上“体面的生活”而不得不冒险。作为转轨国家，一方面，政府公务员工资沿袭计划经济时期的低工资制度，而另一方面，新兴办的金融机构职工工资，尤其是高管人员的薪金大都比

较高，因此呈现出监管者的工资水平普遍大大低于被监管者的“倒金字塔”形，这在我国表现得尤为突出：中央银行远不如商业银行，证监会远不如证券公司，保监会远不如保险公司。因此，不仅使得金融监管部门的腐败行为防不胜防，而且还导致监管人才的严重流失。因此，适当提高金融监管者的工资水平已成为防腐养廉的重要环节之一。但是，高薪“有利于”养廉并不等于说高薪就“一定能够”养廉。即使工资薪金达到较高水平之上，仍然会有一些金融监管官员或出于心理原因或出于道德原因，经受不住大额贿赂或高额“租金”的诱惑而铤而走险，发生“源于贪婪的腐败”。由此可见，一方面，提高金融监管官员的工资水平可以在一定程度上降低腐败程度和缩小腐败面，尤其是可以大大减少那些“源于需求的腐败”；但是另一方面，提高金融监管官员的工资水平，不仅要受到国家财力的限制，而且即便如此，也不可能从根本上杜绝“贪婪的腐败”。因此，有必要加大金融监管官员工资收入制度的透明度，辅之以纳税申报、遗产税、赠予税等项措施，并注意发挥大众传媒和社会公众的监督作用，使金融监管官员的“高薪”制度，既能够成为“养廉”的激励机制，也能够成为“防腐”的约束机制。

（四）加大查处力度，加重惩罚力度

作为转轨国家，防范金融监管中的腐败行为除了“高薪养廉”之外，还必须从提高腐败行为的成本和增大腐败行为的风险人手，不仅要加大对腐败行为的惩处力度，以提高腐败行为的经济成本和政治成本，而且要加大对腐败的查处力度和查处效率，增大腐败行为被发现的概率，使腐败行为一旦发生就能够被及时查处。首先，及时查处是从重处罚的前提。腐败水平同被查处的概率之间呈负相关关系。提高腐败行为被发现的概率也就加大了腐败行为的风险，因而能够有效地减少腐败行为的发生。其次，假定腐败行为被发现的概率为常数，那么对腐败行为的惩罚力度就成为决定腐败行为发生与否的重要因素。对此，学术界存在两种不同看法：一方面有学者认为，提高惩罚的强度固然会降低腐败行为发生的数量，但同时也

有可能导致依旧发生的腐败行为会提出更高的腐败收益要求，追求与高风险相对应的高收益，从而提高“腐败的质量”。另一种观点则认为，正是由于腐败行为的查处难度越来越大，被发现的可能性相对较低，在金融监管领域尤其如此，因此，腐败行为一旦发现就必须对其进行重罚，使其不敢再犯，使他人不敢效尤。我国正处于转轨时期，对金融监管领域中的腐败行为，既存在着查处不力、不及时的问题，也存在着处罚过轻、处罚力度不够的问题，因此必须“双管齐下”，从加大查处力度和处罚力度两个方面人手，切实增强防范腐败的实际效果。

（五）改革干部人事制度，完善法人治理结构

目前，我国金融机构的人事干部制度仍然沿袭计划经济的管理办法，既不利于金融机构的产权明晰和加强管理，也不利于金融监管部门加强金融监管，还容易导致金融监管部门官员为自己留后路，谋取“腐败期权”或“腐败期货”的现象发生。在一些体制比较健全的发达国家，金融监管官员通常是不能随意或直接到被监管的金融机构去担任高管职务的。金融监管部门的政府官员如到金融企业去任职，一般都存在着某种“回避制度”，需要一定的缓冲期，通常禁止公务员在退出公职若干年内到被监管对象去任职，此后如果到金融机构任职大多也只是从事律师、顾问之类的工作。只有当金融机构发生支付危机时，当金融机构被注入政府资金时，金融监管部门的官员才有可能随之进入相关金融机构的管理层，接管金融机构的经营管理工作。有鉴于此，作为转轨国家，我们有必要“双管齐下”，一方面，尽快改革金融监管部门现行的干部人事制度，实行金融监管官员职业化，并强化金融监管官员的职业道德教育和理想教育，使金融监管成为大多数金融监管官员为之奋斗终生的伟大事业；另一方面，应加快推进金融机构改革，建立和健全金融机构的法人治理结构和干部人事制度，大力培育金融机构经理人市场，使搞好金融机构的经营管理成为广大金融机构高层经管人员为之终生奋斗的唯一目标。

参考文献

[1] 埃德温・多兰 . 现代奥地利学派经济学的基础 . 杭州：浙江大学出版社，1976

[2] 安瓦・沙著，贾康等译 . 践行财政“联邦制”. 北京 : 科学出版社，2015

[3] 陈学彬 . 当代金融危机的形成、扩散与防范机制研究 . 上海：上海财经大学出版社，2001

[4] 陈志武 . 谁来解救“问题公司”? 财经，2004

[5] 出井信夫，参議院総務委員会調査室 . 地方財政デートブック . 学陽書房，2006

[6] 大川政三，大森誠司，江川雅司，池田浩史，久保田昭治 . 日本の財政一国の財政と地方財政の連関分析（新訂版）. 創成社，2004

[7] 大日本百科事典第 15 巻 . 小学館，1971

[8] 大矢俊雄 .（図説）日本の財政 平成 27 年度版 . 東洋経済新報社，2015

[9] 大西靖 . 中国財政・税制の現状と展望 . 財団法人大蔵財務協会，2004

[10] 地方公務員昇任昇格試験問題研究会 . 図表で地方自治法を理解する . 学陽書房，2003

[11] 地方債制度委員会編 . 地方債ハンドブック . 2008

[12] 樊纲, 王小鲁 . 中国市场化指数——各地区市场化相对进程 2006 年报告 . 北京: 经济科学出版社，2007

[13] 樊纲，王小鲁，马光荣 . 中国市场化进程对经济增长的贡献 . 经济研究，2011（9）

[14] 樊纲，王小鲁 . 中国各地区市场化相对进程报告 . 经济研究，2003（3）

[15] 樊纲 . 中国市场化指数 . 北京：经济科学出版社，2001

[16] 高培勇 . 公共经济学 . 北京：中国社会科学出版社，2007
[17] 宮脇淳 . 図解財政のしくみ：いっきにわかる財政危機の本質と問題点 . 東洋経済新報社，1997
[18] 郭济 . 行政管理体制改革：思路和重点 . 北京：国家行政学院出版社，2007
[19] 国家发展和改革委员会 .《中华人民共和国国民经济和社会发展第十二个五年规划纲要》辅导读本 . 北京：人民出版社，2011
[20] 国家行政学院国际合作交流部编译 . 西方国家政府改革评述 . 北京：国家行政学院出版社，1998 年
[21] 国务院办公厅秘书局，中央机构编制委员会办公室综合司 . 中央政府组织机构，北京：党建读物出版社，2009 年
[22] 行政管理研究センター調査研究部 . データ・ブック日本の行政 2003. 進栄社 . 2003
[23] 横道清孝 . 地方制度改革 . ぎょうせい出版社，2004
[24] 横田茂 . 巨大都市の危機と再生：ニューヨーク市財政の軌跡 . 有斐閣，2008
[25] 贾康 . 地方财政问题研究 . 北京：经济科学出版社，2004
[26] 今井照 . 図解よくわかる地方自治のしくみ . 学陽書房，2000
[27] 林谷蓉 . 中央與地方權限衝突 . 五南圖書出版有限公司，2005
[28] 刘国光 . 关于当前马克思主义理论的一些问题 . 马克思主义研究，2015（4）
[29] 刘宇飞 . 国际金融监管的新发展 . 北京：经济科学出版社，1999
[30] 楼继伟 . 中国政府间财政关系再思考 . 北京：中国财政经济出版社，2013
[31] 卢中原 . 财政转移支付和政府间事权财权关系研究 . 北京：中国财政经济出版社，2007
[32] 陆磊 . 寻求低成本的金融稳定 . 财经，2004（16）
[33] 马骏 . 中国国家资产负债表研究 . 北京：社会科学文献出版社，2012
[34] 马骏 . 货币的轨迹：通胀，央行独立性和人民币国际化 . 北京：中国经济出版社，2011
[35] 马斯格雷夫 . 财政理论与实践 . 北京：中国财政经济出版社，2003
[36] 麦金农 . 经济发展中的货币与资本 . 上海：三联书店上海分店，1997

[37] 毛蕾，王海萍．德国的横向财政转移支付及对我国的启示．科技和产业，2006，6（9）

[38] 内藤二郎．中国の政府間財政関係の実態と対応．日本図書センター，2004

[39] 彭和平．公共行政管理．北京：中国人民大学出版社，1995

[40] 錢穆．中國歷代政治得失．东大图书公司，1993

[41] 青木昌彦．政府在东亚经济发展中的作用．北京：中国经济出版社，1998

[42] 让・里韦罗，让・瓦利纳，鲁仁译．法国行政法．北京：商务印书馆，2008

[43] 财团法人自治综合中心．日本的地方自治制度．自治総合中心出版社，1987

[44] 沈荣华．中国政府改革：重点难点问题攻坚报告．北京：中国社会出版社，2012

[45] [日]辻清明．日本官僚制研究（新版）．北京：商务印书馆，2008

[46] 世界银行．蔡秋生译．1997 年世界发展报告——变革世界中的政府．北京：中国财政经济出版社，1997

[47] 世界银行．中国：深化事业单位改革 改善公共服务提供．北京：中信出版社，2005

[48] 亚当・斯密．国富论．北京：中央编译出版社，2010

[49] 托玛斯・赫尔曼，凯文・穆尔多克，约瑟夫・斯蒂格利茨．金融约束：一个新的分析框架．经济导刊，1997（5）

[50] 瓦格纳．瓦格涅财政學提要．世界書館，1931

[51] 王伟光．坚持人民民主专政，并不输理．红旗文稿，2014（18）

[52] 魏加宁，王莹莹等．改革方法论与推进方式研究．北京：中国发展出版社，2015

[53] 魏加宁．改革 为中国发展再献红利．人民日报，2012 年 12 月 10 日

[54] 魏礼群，李金早．市场经济中的中央与地方经济关系．北京：中国经济出版社，1994

[55] 魏礼群．科学发展与行政改革．北京：国家行政学院出版社，2010

[56] 魏礼群．中国行政体制改革报告．北京：社会科学文献出版社，2011

[57] 爱德华・肖．经济发展中的金融深化．上海：三联书店上海分店，1988

[58] 宇波弘貴 . 図説日本の税制 . 財経祥報社，2013
[59] 约翰・米尔 . 代议制政府 . 北京：商务印书馆，1982
[60] 约瑟夫・斯蒂格利茨，盖建玲 . 政府在经济发展中的作用 . 北京：经济管理出版社，2001
[61] 張忠任 . 中国の政府間財政関係における主権と分権の交錯モデル . 地方財政改革の国際動向 . 頸草書房，1999
[62] 張忠任 . 現代中国の政府間財政関係 . 御茶の水書房，2001
[63] 郑永年 . 中国的“行为联邦制”：中央—地方关系的变革与动力 . 北京：东方出版社，2013
[64] 政府间财政关系课题组编译 . 政府间财政关系比较研究 . 中国财政经济出版社，2004
[65] 周清杰 . 问题银行救助的最后贷款人政策 . 金融理论与实践，2003（2）
[66] 自治省，財政局 . 地方財政のしくみとその運営の実態 . 地方財務協会，1987
[67] 自治省消防庁総務課 . 平成 7 年版消防白書の概要 . 月刊フェスク，1995
[68] 総務省 . 地方財政の状況平成 27 年版 . 地方財政白書平成 27 年版（平成 25 年度決算）. 日経印刷株式会社，2015
[69] 総務省 . 地方財政白書平成 27 年版（平成 25 年度決算）. 日経印刷株式会社，2015
[70] 魏加宁，张承惠 . 警惕金融风潮，早采防范措施 . 国务院发展研究中心择要，1995
[71] 程文浩，卢大鹏 . 中国财政供养的规模及影响变量——基于十年机构改革的经验 . 中国社会科学，2010（2）
[72] Bastable C F. Public Finance[M]. Nabu Press，2010
[73] Bird R M. Federal finance in comparative perspective[M]. Canadian Tax Foundation Association canadienne d’études fiscales，1986
[74] Hague R，Harrop M. Comparative government and politics: An introduction[J]. Government & Politics of the United States，2007，2（1）:107－133
[75] Hughes O E. Public management and administration: an introduction[J]. Second

Edition Macmillan Education Australia，1998，17（5）:546-546

[76] Hunter J S H. Federalism and fiscal balance: a comparative study[M]. Australian National University Press，1977

[77] Krugman，P R. Pop Internationalism[J]. Journal of Marketing，1996，1（97）

[78] Ma J. Intergovernmental Fiscal Transfer: A Comparison of Nine Countries:（cases of the United States，Canada，the United Kingdom，Australia，Germany，Japan，Korea，India，and Indonesia）[M]. World bank，1997

[79] Musgrave R A. The theory of public finance : a study in public economy[M]. McGraw-Hill，Kogakusha，1959

[80] Shah A，Mundial B. The reform of intergovernmental fiscal relations in developing and emerging market economies[M]. Washington，DC: World Bank，1994

[81] Spahn P B，Föttinger W. Germany in Teresa Ter-Minassian，ed[J]. Fiscal Federalism in Theory and Practice，Washington，DC: International Monetary Fund，1997

[82] Vaillancourt F，Bird R. Expenditure-based equalization transfers[J]. International Tax Program Papers，2005，512

后 记

近年来，我一直在思考有关“体制改革”与“国家治理”等问题，应当说，这本书是对我多年来思考成果的一个阶段性小结。

关于国家治理现代化，我在2014年申请有关国家治理的课题时就形成了自己初步的研究框架，经过两年多的努力，终于形成了今天的初步成果。由于种种原因，本书在出版时删除了国企改革等微观体制改革的相关内容，将重点集中在探讨改革目标以及政府改革、财税改革和金融改革这三大宏观改革。

关于政府改革，在2013年国务院发展研究中心做“383”改革方案时，我就从调整政府职能、减少行政审批、提高决策科学性、提高政府运行透明度等方面形成了对政府改革的基本思考。2014年华夏新供给经济学研究院委托我就《政府改革：十三五期间的近期任务与面向2049的远期方向》进行研究，到2015年6月，已完成对该命题的撰写工作。

关于财税改革，早在2003年我开始研究地方政府债务问题时就深刻认识到，中央与地方财政收支结构的扭曲以及地方政府的事权与财力不匹配等问题是财税改革的当务之急。2005年，国务院发展研究中心宏观经济研究部组团赴日，就日本政府间事权划分问题进行了实地考察。2013年金融四十人论坛设立了《深化经济体制改革》课题，我同中国人民银行货币政策司的李波司长共同撰写了《构建有利于地方改革创新的统一大市场》子报告，并逐步形成财税改革“小四位一体”和“大四位一体”的财税改革思路。2013年承担金融四十人论坛《地方政府债务风险化解》课题时，我系统研究了不同国家不同类型的债务危机解决方案，形成了化解地方政府风险的具体思路。近两年，我着重进行了国际比较研究，将中国的财税体制与联邦制国家、单一制国家的财税体制进行比较，并形成自己“财税改革思路”。

关于金融改革，自20世纪90年代起，我就开始对存款保险制度的持续关注和逐步深入的探讨，2012年和2013年亚洲开发银行和金融四十人论坛分别资助我们开展了对存款保险问题和金融安全网问题的研究，得益于这两项研究成果，2014年我们出版了《存款保险制度与金融安全网研究》一书。近十年来，随着我国金融业的快速发展以及对外开放程度的不断提高，金融改革诸多任务中，利率市场化、金融机构民营化以及金融安全网建设这三大基础性改革必须给予优先考虑。值得一提的是，当前关于金融监管体制改革的争论，其实早在2004年7月我承担中财办《关于“金融分业监管的协调机制和金融风险防范研究”》课题时就指出过，并提出了一些改革建议，现在看来，当时的诸多建议依然具有参考价值。

总之，感谢国务院发展研究中心，它自由开放的学术氛围和兼容并包的学术精神，为我开展上述研究创造了有利的外部环境。

感谢金融40人论坛、新供给50人论坛等相关组织对我研究工作的持续大力支持。感谢我的导师吴敬琏先生，他是我研究改革的启蒙老师，也是对我的改革思路提出有益批评和建议的指导老师。

感谢唐滔、赵伟欣、杨坤、吕东青、张洋、谭聪、刘好、欧畅、杜贺裕等同学，他们为此书的写作收集了必要的文献资料，协助我绘制了丰富的图表。特别感谢唐滔在第三章财税改革部分，协助我制作了大量图表，并提出了诸多有益建议。

经过半年多的反复修改、补充和编辑、校对，等到完成这些工作之时，已经是到年底了，令人倍感光阴似箭，日月如梭。真心期盼在新的一年里，中国的改革能够攻坚克难，奋勇向前！

魏加宁

2016年12月31日